全国教育科学规划教育部青年专项课题
"政府、社会、院校多元需求下高职专业内涵提升路径研究"
课题批准号：EJA100436

# 职业教育专业建设新论

黄宏伟　著

ZHEJIANG UNIVERSITY PRESS
浙江大学出版社

# 序

  专业建设作为职业院校发展的生命线,是人才培养体系建设的重要支柱。本书作者紧密围绕《国家中长期教育改革和发展规划纲要》对职业教育提出的新的部署要求,遵循职业教育的发展规律,在理论与实践两个层面,从宏观到微观层次对基于区域经济、行业、院校互动的高职专业建设问题进行了全面解构,结合社会交换理论、教育供求理论和教育选择理论,从多个层次和视角分析了不同主体间的影响因素与互动机制。

  作者在梳理了自改革开放以来我国高职专业建设的状况及对我国高职专业目录基本分类变化情况、高职专业数量分布变化情况和高职专业大类分布结构情况进行了细致的分析后指出,尽管我国高职专业建设取得了一定的成绩,但是依然存在专业设置不适应市场需求的变化、专业建设目标与高职人才培养目标不匹配、具体院校的某些专业设置缺乏科学性和规范性、专业设置与产业发展不对接等问题。同时从理论分析的视角具体研究了我国高等职业教育专业建设与区域经济发展是一种决定与被决定、引导与被引导、带动与被带动、服务与被服务的互动关系。

  对于业内普遍关注的行业企业与高职院校在专业建设过程中的互动关系问题,作者基于"高职院校的专业建设必须考虑经济和社会的发展规律,必须适应产业结构的变化"的思路,认为在行业人才结构与专业人才结构、行业标准与专业课程结构体系、行业与专业教学实践体系等互动主体间,合作、交换、强制的关系共同存在。

作者并不回避错综复杂的校企关系中矛盾的存在，行业、企业在与职业院校互动过程中存在着"将自己的需求强加于高等职业院校，以争取利益最大化"的现象，但伴随着我国高等职业教育发展水平的不断提高，行业企业也在主动适应和影响高等职业院校的技能和就业教育，可以逐步实现"各取所需，相互交换，共同发展"。相关揭示和分析具有一定深度和现实性。

作者在以上研究基础之上，构建了一个区域经济、行业与高职院校专业建设互动的立体模型，可谓研究的一大成果。该模型以区域经济、行业、专业建设、高职院校四者为互动主体，以专业建设为核心，以合作、交换、强制、竞争、冲突等作为互动方式，具有互动主体更多元、互动方式更直接、互动形态更多样等特点，并通过模型的政策适应性分析，力求为高职教育专业建设探索出一条科学、规范、可行的路径。

作者具有多年从事职业教育管理工作的实践积累，同时勤于思考，积极钻研，以突出成果取得在职攻读博士学位的资格，并圆满完成学业，实属不易。本书就是他学业成果的结晶，鉴于客观条件和主观认识的限制，本书还存在着一些不足和缺憾，但还是一部很有特色的专著。期望作者继续努力，为我国现代职业教育的改革发展做出更多的贡献。

北京师范大学教授、博士生导师 俞启定

# 摘　　要

专业建设是构建人才培养体系的基础。高职院校专业建设缺乏与区域经济、行业之间的互动，是我国高职院校在专业建设过程中的一个严峻问题。本书从理论与实践两个层面，在宏观、中观、微观三个层次上对基于区域经济、行业、院校互动的高职专业建设问题进行解构，并结合社会交换理论、教育供求理论和教育选择理论建立理论分析模型，从多个层次和视角分析不同主体间的影响因素与互动机制。

宏观层次的研究首先从历史发展的维度梳理了自改革开放以来我国高职专业建设的状况，对我国高职专业目录基本分类变化情况、高职专业数量分布变化情况和高职专业大类分布结构情况进行了细致的分析。研究指出，当前高职院校存在专业设置不适应市场需求的变化、专业建设目标与高职人才培养目标不匹配、具体院校的某些专业设置缺乏科学性和规范性、专业设置与产业发展不对接等一系列宏观问题。其次，从理论分析的视角深入研究了我国高等职业教育专业建设与区域经济发展的互动关系。区域经济的产业结构、技术结构与高等职业教育的专业结构和专业层次结构之间存在着交换、合作、冲突、竞争和强制等五种最主要的互动方式。

中观层次主要是研究行业企业与高职院校在专业建设过程中的互动关系。在行业人才结构与专业人才结构、行业标准与专业课程结构体系、行业与专业教学实践体系等互动主体间，合作、交换、强制的关系共同存在。在市场经济条件下，高等职业院校必须以市场为导向。在区域经济发展的大背景下，高等职业教育要服务于区域经济，就必然要服务于区域经济内的行业和企业。

微观层次则通过分析专业建设过程中高职院校间及其内部因素间互动机制，深入研究高职院校校际之间、专业之间、专业群之间、专业建设与校园文化之间存在着合作与竞争的互动关系。

最后，在三个层次研究的基础上，运用理论模型与实践的有机结合，构建了一个全新的区域经济、行业与高职院校专业建设互动的立体模型。该模型以区域经济、行业、专业建设、高职院校四者为互动主体，以专业建设为核心，以合作、交换、强制、竞争、冲突等作为互动方式，与传统的互动模型相比，具有互动主体更多元、互动方式更直接、互动形态更多样等特点。此外，通过模型的政策适应性分析为高职教育专业建设探索出了一条可行的路径。

# 目　录

# 第1章 研究基础与设计

## 1.1 研究概况

### 1.1.1 研究背景

我国经过 30 多年的改革开放,科学技术迅猛发展带来的巨大变化,彻底改变了我国工业生产的落后局面,成为世界性的制造业大国。另一方面,随着经济的持续增长,传统的生产方式受资源、生态等生产要素的制约,经济的可持续发展面临严峻的挑战。随着世界经济格局的变化和我国科技水平的整体提高,我国提出要通过科学技术的创新驱动转变产业结构,实现从"中国制造"向"中国创造"转变,实现从"人口大国"向"人力资源大国"转变,通过提高劳动者的素质,增加产品的科技附加值。因此,经济的发展不仅要求大幅地增加技术应用人才的数量,更要求提升技术应用人才的素质。

顺应这种形势,我国高等职业教育以空前的速度发展起来,并取得了辉煌的成就。目前,全国独立设置的高职高专院校的数量已达到了 1168 所,占普通高校总数的 61%,而高职院校在校生人数达到 860 万,占了全日制普通高校学生总数的 46%,高职院校和接受高职教育的人数已占据我国高等教育的"半壁江山",在推动我国高等教育大众化进程中起到了主力军的作用。从高职教育现有规模来看,我国已成为高等职业教育的大国。如何实现高等职业教育从规模化发展向内涵式发展转变,完成高等职业教育从量的积累到质的跃升的变革,已经成为当前我国高等职业教育发展面临的重大课题。

与普通高等教育相比,高等职业教育具有更强的专业性,它是直接服务社会经济发展、直接面向学生就业的教育,具有很强的职业导向。因此,与普通高等院校强化课程建设淡化专业建设相比,高职院校在学校管理上,更加突出专业建设的地位,课程建设是为提高专业建设水平服务的。高职院校办学水平的高低、教学质量的高低、社会效应的强弱都与高职院校专业建设有着密切的关系。作为高职院校人才培养的重要管理环节和基本单位,专业是社会需求与高职院校实际教学工作紧密结合的纽带。专业建设是学校人才培养工作主动、灵活地适应社会需求的关键环节,是高职院校追求发展、促进建设的核心和重要组成部分,是提高教学质量,特色办学,培养高素质应用型人才的关键,是高职院校发展的核心工作。

然而,目前我国高职院校的专业建设还存在不少问题,如专业建设存在盲目性和随意性,特色不突出;结构、布局不合理;专业划分过细,口径偏窄;新兴、交叉、综合性专业发展程度不高,等等。更为重要的是,在高职院校的专业规划、设置、建设、调整和创新中,多数学校单纯思考自己学校的发展和现实情况,忽视了影响学校发展的主导力量对学校办学的作用,更没有把学校的发展放在区域社会经济发展的大环境中去考虑。高职院校专业建设缺乏与区域经济、与行业之间的互动,关在学校里面开展高职专业建设是我国高职院校在专业建设过程中存在的突出问题。

努力提高专业建设水平,是实现高职院校内涵发展的重要突破口。作为高职院校的管理者,不仅要充分认识到专业建设的重要性,还必须正视院校在专业建设工作中存在的问题。高等职业教育专业建设的历史是怎么样的?现状又是如何? 存在哪些主要问题? 这些问题是不是由于区域经济、行业、高职院校之间互动不紧密或者互动不良而产生的? 如果上述问题存在,那么区域经济、行业、高职院校之间的互动状况到底是怎样的? 这种互动包括哪些内容? 具有怎样的互动方式,在互动中存在怎样的具体问题? 该怎样解决这些问题以构建起一个完善的良性互动模型? 本研究以区域经济、行业、高职院校三者互动关系来探讨高职专业建设的着重点、出发点和落脚点,试图以三者互动博弈为线索、以专业分析为切入点、以高职院校发展为目标开展研究,为以上问题寻找答案。

## 1.1.2 研究的目的和意义

### 1.1.2.1 研究目的

本研究从高职院校专业建设的历史与现状出发,用历史的眼光和宏观的视野分析我国高职专业建设存在的问题,用中观和微观的视角研究高职院校与区域经济、高职院校与行业之间的互动关系,用微观的视角理清高职院校内部因素与高职专业建设的互动关系,通过三个层次的互动关系分析,试图构建起一个能够促使我国高职院校专业建设发展的基于区域经济、行业和高职院校良性互动的专业建设模型,从而在高职专业发展上探索出一条具有中国特色的高职院校发展之路,以适应新时期经济社会发展对高职人才培养规格和质量的要求。

### 1.1.2.2　研究的意义

（1）理论意义：高职院校是否能够突出办学特色，关键在于能否在专业建设上取得成就。我国有关专业建设的研究成果主要集中在普通高等教育方面，有关高职院校专业建设的研究成果相对较少。在既有的研究文献中，针对专业建设问题的对策性文章较多，系统地研究影响高职院校专业建设和发展的各种主要因素，指导专业设置、建设、分布的研究还很少。因此，本研究力图通过系统研究高职院校专业建设中的力量博弈规律，以弥补专业建设过程中具有指导价值的理论体系的欠缺。

在我国高职教育的办学实践中，专业定位不清、重复建设、难以形成特色、频繁更换等成为瓶颈，各个高职院校在专业建设过程中尽管积极探索，但由于没有科学有效的方法指导，使这条道路曲折漫长，严重地影响了地方高职院校的发展。我国高等职业教育研究中长期以来注重学科研究，对高等职业教育管理的研究，尤其是基于院校情景的"实践领域"的研究还显不足。因此，本研究选取"针对院校运行中的实际问题所作的应用性研究"的院校研究为主要方法，探索区域经济、行业企业、高职院校之间的互动关系，为推动高职院校科学管理提供理论基础。

专业建设是一项系统工程，是高职院校主动、灵活地适应社会经济发展的关键环节。专业建设的好坏直接影响到高职院校的招生、学生的培养以及毕业生的就业与创业，进而攸关高职院校的生存与发展。专业建设的首要环节是专业设置问题，因为它是市场与教育之间"依靠"与"服务"关系的具体表现。专业设置的过程是调节学校功能与社会需求之间关系的过程，集中体现在社会科技、产业发展和劳动力市场的变化。因此，针对高职教育动力问题进行系统地研究有一定的理论价值，将进一步丰富和完善高职专业建设的理论体系。

（2）实践意义：我国对于普通高校设置学科或专业制定了一个比较完整的参考标准，高职教育的专业设置虽也有一个对照的标准，但高职院校申报专业中自定的新专业还很多。不同于一部分学校关上校门搞专业建设，还有不少高职院校的专业建设完全依赖于市场的需要，设置专业缺乏科学依据，导致专业定位不明确，专业设置和分布混乱，浪费资源严重，这是高职院校专业建设中的两种弊端。因此，系统地对地方高职专业建设各影响因素进行分析研究，能为政府和教育主管部门科学地引导高职院校构建合理的专业体系，提供政策参考。

在市场经济条件下，尤其是在经济全球化对我国高校人才素质的培养提出新挑战的前提下，对高等职业教育的认识还需要深入，对高职教育专业建设的内容、途径及模式的研究还需要拓展,对区域高职院校专业改革与创新能力有待提高,这些对高职培养什么样的人才,怎样培养人才非常重要。在高等教育大众化阶段,如何实现高职由办学规模的扩大转向办学内涵的发展,受到了广泛的关注。本研究正是围绕高职教育培养高素质技能型人才的目标,从专业分析的角度,研究影响专业发展、创新的核心要素,为高职院校专业建设的改革与发展提供有益的启示或参考。

此外,以服务为宗旨,以就业为导向,走产学研结合道路,已成为高等职业教育发展的基本定位。研究高职院校在专业建设中体现的服务职能,从人才培养、课程改革、师资队伍、应用研究等方面研究如何服务地方经济社会发展,对于增强地方高职院校的社会适应性是非常必要的。政府的主导地位、社会的需求牵引对于高职教育来说,无论是现在还是将来都是不可或缺的。人才培养、专业发展等工作必须作为重点问题融入高职院校管理者的意识中去,对这些问题的系统研究,将对院校的教育管理者的办学决策、政府教育主管部门制定教育发展规划和经济发展战略有一定的参考价值。

# 1.2 核心概念界定

## 1.2.1 专业与专业建设

### 1.2.1.1 专业

"专业"一词最早是从拉丁文演化而来的,原意是指公开表达自己的观点和信仰。广义的"专业"指的是"某种职业不同于其他职业的一些特定的劳动特点[①]";而狭义的"专业"指的是"某些特定的社会职业[②]";在高等教育领域,专业具有其特指的含义。

目前,教育界对专业的解释也是多种多样的。第一种解释认为"专业"是"学业门类"。《新华汉语词典》给出的与教育相关的"专业"解释是"各高等学校或中等专业学校所分的学业门类[③]"。《简明教育辞典》中"专业"的意思是高等学校或者中等专业学校按社会专业分工需要规定的学业门类。第二种解释认为"专业"是"课程组织形式"。如潘懋元等将"专业"定义为"专业是课程的一种组织形式[④]"。还有学者将专业界定为"教育单位"或"教育形式",即专业是"依据确定的培养目标设置于高等学校(及其相应的教育机构)的教育

---

① ② 周川.专业散论[J].高等教育研究,1992(1):15—18.

③ 任超奇.新华汉语词典[M].武汉:崇文书局,2006.

④ 潘懋元,王伟廉.高等教育学[M].福州:福建教育出版社,1995:12.

基本单位或教育基本组织形式"①。

在高等职业教育领域,专家学者对"专业"具有比较统一的界定,他们认为"专业是教育部门根据劳动力市场对从事各种社会职业的劳动者和专门人才的需要以及学校教育的可能性所提供的培养类型"②。姜大源则认为,职业教育的专业既不等于学科门类,也不等于社会职业,一方面,它侧重于学科分类的学术性,另一方面,尽管它的专业强调职业性,但是其与社会职业之间也并不是那种——对应的关系。

本书中的"专业"是指高职院校在学科分类和社会职业分工基础上,对专门知识、专业技能和职业伦理进行教学活动的基本组织形式。专业既具有高深的学科知识的支撑,又具有社会职业的属性。高职院校与普通高校的专业有不同的含义,高等职业教育的专业是技术专业,是按照技术领域或服务对象进行分类的。因此,高等职业教育的专业的学业门类是为了培养学生掌握具有从事特定职业或行业工作所需的实际技能和知识。而从知识的角度来看,职业教育所进行的技术专业知识是由与不同的职业岗位技术工作相关联的各种知识和各种各样的职业世界的相关知识所构成的,这也就意味着技术类的专业知识与学科专业强调知识的完整性和系统性的特点不同,技术专业知识更加强调职业岗位技术工作的适应性、针对性与应用性,根据职业技术分工和职业岗位群对专门人才的要求进行设置,强调技术性和职业性,强调培养学生的综合能力,注重就业的适应性,它是由职业教育的本质特性及人才培养目标所决定的。

### 1.2.1.2　专业建设

目前学界对专业建设的概念还没有形成统一的定论,从不同的角度分析专业建设,会得到不一样的概念和内涵。从构成看,高等职业教育专业建设是由专业规划与布局、专业设置、专业培养目标定位、专业培养模式的革新、师资建设、课程建设以及实习和实训体系建设,以及一系列以自评和(或)他评形式进行的评估、验收活动所构成的系统工作;从目标方式看,专业建设是高等职业教育机构为保障教学质量而采取的一系列措施或手段。通过专业建设,高职院校可以培育相关专业的教学名师,开发出相应的精品课程,建设相关课程的精品教材,并推进实验室、实训室或实习基地的建设等。本研究理解的专业建设包括宏观、中观和微观三个层面。宏观层面指的是整个高等职业教育的专业体系建设,中观层面指的是某个高职院校的总体专业建设情

---

① 周川.专业散论[J].高等教育研究,1992(1):15—18.

② 姜大源.职业教育学研究新论[M].北京:教育科学出版社,2007:55—56.

况,微观层面则具体到某一学校的某一具体专业。后文将分别对以上三个层面的专业建设的过程性进行研究。专业建设是一个过程范畴,是一个专业从无到有的产生过程,宏观的专业建设过程包括对整个职业教育体系进行专业规划、布局、设置,以及优化调整专业结构、扶持重点专业等;中观层面的专业建设是指高职院校在适应社会经济发展需求的情况下,对学校的专业进行总体规划和布局,调整优化专业设置,加强重点专业和特色专业建设;某一具体专业的建设则是按照社会发展需求,设定该专业的培养目标与培养规格,制订相应的专业教学计划,建设课程、师资、实训基地和革新教学方法等一系列过程。专业建设的主体多元,专业建设不单纯是以学校作为主体的教学活动,一个专业的开设与否不仅要考虑学校的实力和条件,更需要考虑行业和企业的需求,需要来自行业和企业的参与。这不仅能提高专业建设的水平,更能使培养的人才适应社会需求。

## 1.2.2　区域经济

在《现代经济辞典》中,"区域"是"根据一定的目的和原则划分的地球表面一定的空间范围"[①],是"因自然、经济和社会等方面的内聚力形成,并由历史奠定具有相对完整的结构,能够独立发挥功能的整体"[②]。内聚力、功能、结构、规模以及边界构成了区域的五个基本要素。其中,"内聚力是区域形成和演变的基础"[③],它决定了区域的内部结构和功能,并进一步决定了区域规模和边界。

《现代经济辞典》进一步指出区域具有客观性、动态性、边界性和等级性等特征,其中最根本的特征是客观性、动态性。一方面区域具有客观性,说的是区域是一种客观存在现象,人们能根据一定的目的对"区域"进行描述和划分,并揭示出它的一般规律性;另一方面,区域又是动态的。社会经济在不断发展,区域内聚力也在发生相应变化,区域的功能、规模、结构和边界也因此而发生变化。与此同时,区域的边界性一直存在于区域的发展变化过程中。在某一特定时期内,区域具有一定规模且较为明确的边界。按照类型的不同,区域的边界可以是明确的边界线,也可以是模糊的相互交叉、融合的边界带。除此之外,区域的规模还有等级之分,不同等级的区域规模的差距可能很大。大规模的区域既可能只有一个经济地带那么大,也可能有一个国家那么大,甚至是几个国家联合而成的经济圈。小规模的区域可以是一个城市,

---

①②③　中国社会科学院经济研究所,刘树成. 现代经济辞典[M].南京:凤凰出版社,江苏人民出版社,2005:821.

也可以是某个城市中的工业区。但"区域并非是无限可分割的,它具有一定的最小规模,即单元区规模"①。

区域经济,从字面上来理解主要是指分布在各个行政区域内的国民经济,是以一定地域为范围,并与经济要素及其分布密切结合的区域发展实体,是"在一定的地域空间内,由经济中心和经济腹地(域面)组成,并通过经济网络连接、区别与周边地区的产业发展和布局的经济有机体"②。其主要特征包含经济发展的水平和速度、经济发展的方向、经济的转型和发展结构以及生产专门化和综合发展等。区域经济,从大的层面讲,有农业为主的经济、工业为主的经济、服务业为主的经济,从较小的层面讲比如工业为主经济中有以机械制造为主的,以纺织为主的,或者以冶炼为主等二级产业为标志的,还可以是更微小的层面。也就是说,区域经济可以从很多层次或者角度来讲,而本研究中主要是从区域经济中就业人口、劳动力结构、制约产业发展瓶颈、产业转型等与专业建设有关或者适合谈专业建设的角度来谈区域经济。

## 1.2.3 行业

"行业"是市场经济社会中一个广泛使用的概念,主要用来说明社会分工类别。《简明人口学词典》对"行业"的解释是:"劳动人口从事的劳动或工作单位,所属经济活动部门中的具体类别"③。杨金土认为,"行业就是人们为了研究和管理社会经济系统,并对独立经济单位的经济活动进行分类指导,按照一定的原则和分组标志进行的分类"④。宏观经济上,行业是按照生产的种类、提供服务的性质、经营项目和服务对象等进行分类的,它是国民经济总体的重要组成部分。根据国家计委、国家统计局和国家标准局相关标准,我国的行业共可分为 20 个门类,95 个大类,395 个中类以及 912 个小类。微观经济上,行业是企业之上的更高层次的经济系统,是宏观经济与微观经济间的一个中间环节,能够反映出国家经济组织和经济结构的中间层次。过去很长的时间里,我国实行部门管理,企业由各级政府直接进行经营管理。现在,经济体制从传统计划经济向社会主义市场经济转变,经济增长方式也从粗放型

---

① 中国社会科学院经济研究所,刘树成. 现代经济辞典[M].南京:凤凰出版社,江苏人民出版社,2005:821.

② 中国社会科学院经济研究所,张卓元. 政治经济学大辞典[M].北京:经济科学出版社,1998:224—225.

③ 韩明希,李德辉. 简明人口学词典[M].兰州:甘肃人民出版社,1987:185—186.

④ 杨金土. 90 年代中国教育改革大潮丛书·职业教育卷[M].北京:北京师范大学出版社,2002.

向集约型转变,所以国民经济也要在管理体制上相应地实现由部门管理向行业管理的转变。

## 1.2.4 高职院校

"高职院校"是实施高等职业教育的机构,是"以技术教育为主的高等院校"[①],目的是为了培养高层次的职业技术人才。在我国,高职院校必须符合以下三个条件:"一是主要培养高等专科层次的专门人才;二是以职业技术教育为主;三是全日制在校学生计划规模在 1000 人以上(但有特殊情况的不受此限)"[②]。目前,高职院校是我国实施职业教育的最高机构。需要特别说明的是,本书中所指的高职院校并不包括"高专",即高等专科学校。

## 1.2.5 互动

"互动"是本研究最重要的核心概念。"互动又称相互作用,指社会成员或群体成员在交往的基础上形成的心理和行为相互影响的现象"[③]。有学者认为,互动就是信息在不同个体或群体之间的信息传递。在人类生产实践中,不断地从周围的环境中收集到信息,并通过对这些信息的分析和判断,及时调整自己的行为,做出积极或消极反应,从而影响环境。

互动的概念在心理学之外的领域中也被广泛应用。在社会学上,通常讲的是"社会互动",意为社会交往活动,指社会上的个体与个体间、群体与群体间通过接近接触或手势语言等方式交换信息。个体与个体之间会发生互动,群体与群体之间也会发生互动,互动普遍存在于社会交往活动的主体之间。"根据人们之间依赖性行为的方向和特点区分,社会互动有假互动、单向互动和双向互动;根据互动行为的性质区分,社会互动有竞争、冲突、强制、顺从与顺应等多种类型"[④]。

互动有积极和消极之分,人们所追求的往往是积极和良性的互动。长期稳定的良性互动关系至少要满足三个条件:第一,主体之间需具有共同的或者相似的价值理念,而不能是相互对立的价值理念;第二,两个主体之间有共同的利益基础,有发生相互依赖性行为的必要性;第三,两个主体之间可以优势互补,实现资源共享,有发生相互依赖行为的可能性。

高职院校最主要的功能是人才培养,而人的因素是产业的基本要素,也

---

① ② 肖蔚云,姜明安.北京大学法学百科全书(宪法学、行政法学)[M].北京:北京大学出版社,1999:133.

③ 马国泉等.新时期新名词大辞典[M].北京:中央广播电视大学出版社,1992.

④ 廖盖隆.马克思主义百科要览·下[M].北京:人民日报出版社,1993.

是经济与社会发展的重要因素。从产业发展的整体和局部,从产业链的上游和下游来看,以人为基础的互动突出表现在区域经济、行业和院校之间。作为高职院校来说,它们与区域经济、行业有着共同的利益基础,可以实现资源共享。而且,在高职院校的实际办学过程中,其招生、教学、管理、学生就业等方面无不与区域经济、行业发生相互作用、相互影响、相互促进的关系。

# 1.3　文献综述

## 1.3.1　国外相关研究

国外高等职业教育专业建设的相关研究主要集中在专业设置和专业课程设置上。[1] 黄木生等人的国际比较研究表明,"强调专业设置针对性和灵活性,一直是国外高等职业技术教育的共同点",法国、英国、美国、德国和日本等发达国家在专业设置上都注重与社会需求相适应,而中东欧国家,如波兰、匈牙利等国家也在 20 世纪 90 年代大力调整专业设置和专业结构,减少专业种类和数量,拓宽专业领域,提高专业适应性[2]。美国的高职专业设置以职业岗位群为依据,企业和学校一起参与专业的建设与规划,具体的课程教学内容则是根据企业或行业的要求来安排的。美国高职重视实践教学,理论与实践课之间的比例接近 1∶1,对有些实践能力要求很高的专业,实践和理论学习的时间比例高达 3∶1。美国高职专业结构区分度适中,具有较强的社会适应性。

世界发达国家的高等职业教育与区域经济互动发展的经验十分值得借鉴,例如,美国高职,特别是社区学院已经逐步形成了其区域职业教育特色,在与区域内的企业相互促进、共同发展的过程中为美国经济做出了重要贡献,而美国高职为了使专业设置与区域经济发展保持一致,还掌控了可靠的劳动力市场信息来源。除了高职院校自身直接跟踪毕业生就业情况,定期走访毕业生所在单位进行调查分析外,美国高职还利用专门的中介公司及服务机构,包括官方正式的信息收集、调查、分析机构,以及私人的公司与机构。这些机构的调查结果准确性高、可靠性强,为美国高职的专业设置与调整提供了较强的参考性。德国由高等专科学校和职业学院构成的高等职业教育体系体现了德国高职教育的"双元制"特色,各州的高等职业教育与地方经济

---

①②　长江职业学院课题组. 高职高专教育专业设置与管理问题的研究——国内外高职高专教育专业设置与管理的比较[J]. 湖北成人教育学院学报,2002(2):36—42.

发展实现了紧密的结合,为该区域的相关企业输送生产一线所需要的技能型、应用型人才。例如,德国的苏德堡高专和西尔法斯海姆高专地处森林覆盖面广、地势较为平坦、流经水域面积广阔的萨克森州,他们根据区域资源特点分别开发了水利专业和森林保护专业。这种符合区域经济发展的专业的开设,使得苏德堡高专和西尔法斯海姆高专的毕业生受到了社会的普遍认可和欢迎。日本高等专门学校和短期大学都是孕育在日本地方经济发展的土壤之中,受到了企业界人士的欢迎。王丹宁专门研究了韩国专门大学与韩国区域经济之间的互动关系。王丹宁指出,韩国的专门大学在韩国区域经济发展过程中不断调整专业结构,优化专业建设。这主要表现在:一方面,专门大学以分化和统合的方式不断淘汰落后专业并增设新兴专业,以2010年韩国专门大学的专业系列调整为例,工科系列专业进行分化后,变成了生产自动化、建设、土木、产业经营、建筑、国防、新材料、机械、机械设计、多媒体、医疗器械、互联网、电气、电子、信息通讯、环境、汽车、园艺、造船、计算机信息应用、计算机游戏等21个系列。在专业分化的同时,专业统合现象也在出现,如把建筑、土木和环境结合在一起的建筑土木环境专业,把造船、机械、电子和通信结合在一起的新造船专业等。另一方面,韩国专门大学为了适应地方经济发展方向的调整,也主动开设地方特色产业需要的新专业,这些人才源源不断地充实到生产一线,成为地方企业的技术骨干和主力军。如位于韩国西海岸汽车带的亚洲汽车大学、新星大学、群长大学、大元大学都开设大量的汽车专业;为促进釜山制鞋产业和物流产业的发展,位于釜山的庆南情报大学开设了制鞋专业、釜山经商大学开设了流通物流专业和航空海运贸易专业等①。王丹宁还用个案研究的方式分析了济州观光大学和济州道观光产业的发展之间的互动关系。

在高职院校与企业互动方面,美国社区学院采取的多是"合作教育"的模式,一般的做法是:学生入学后半年接受系统全面的校内学习,之后就一直以两个月为周期交替地在企业实习与在学校学习,直至毕业,并由学校出面,与企业签订劳动合同。美国高职院校的专业设置主体由多种社会团体和组织构成,宏观上包括国家教育部门、高职院校、企业等,微观上则包括学院相关专业教师及学生代表,教育主管部门官员,当地社区民众、企业员工等代表。相关企业的技术人员与高职院校教师、职教专家联合组成专业建设指导委员会,共同研究制定专业教学计划、课程设置以及人才培养方案。

① 王丹宁.从共生互动关系看高等职业教育与区域经济的发展——以韩国专门大学为例[D].上海:上海师范大学,2011:23.

虽然在高等职业教育促进区域经济增长方面,国外专门的研究成果不多,但是职业教育促进区域经济增长的相关研究已有不少。这些研究主要持两种不同的观点,一种认为职业教育不具有促进经济增长的作用,另一种则持反对观点。

1982 年,Gusman 和 Steinmeier 就提出了职业教育对经济增长的作用甚小,甚至可以说是没有作用[①]。Bishop 在 1989 年对美国教育进行了调查研究,研究发现职业教育能够在参与度、工作匹配度以及工资水平上给受教育者带来优势。但是,如果他们从事的工作不是自己所学的专业,这些优势就无法体现出来[②]。Chung Y 对中国香港地区的研究[③],Min W 和 Tsang M C 对中国的研究[④],以及 Arriagada 和 Ziderman 对巴西的研究[⑤]也得出了相似的结论。

另一些研究者的研究却发现,职业教育对经济增长具有十分显著的促进作用。David 和 Francis 于 1996 年的研究提出发展职业教育可以推动劳动生产率的提高,从而促进经济增长[⑥]。2003 年,Sharmisha 和 Richard 的研究成果表明,日本的高职教育与其他各级各类教育相比,对日本经济长期增长的推动作用更为明显[⑦]。2004 年,Bishop 和 Mane 的研究发现,1980—1990 年,商业领域对技术的需求不断增加,技术更新较快,接受职业

---

① Gustman A, Steinmeier, T. The relation between vocational training in high school and economic outcomes[J]. NBER working paper, No. 642.

② Bishop J. Occupational training in high school: when does it pay off? [J]. Economics of Education Review, 1989(8):1-15.

③ Chung Y. Educated mis-employment in Hong Kong: earnings effects of employment in unmatched fields of work[J]. Economics of Education Review, 1990(9): 343-350.

④ Min W, Tsang M C. Vocational education and productivity: a case study of the Beijing General Auto Industry Company[J]. Economics of Education Review, 1990(9):351-364.

⑤ Arriagada A, Ziderman A. Vocational secondary schooling, occupational choice, and earnings in Brazil. World Bank Policy Research working papers WPS 1037. Washington: The World Bank, 1992

⑥ David A, Francis G. Education, training and the global economy[M]. Edward Elgar Publishing,1996: 169-201.

⑦ Sharmisha S, Richard G. Education and Long-run Development in Japan [J]. Journal of Asian Economics,2003(14):565-580.

教育的回报也在不断增加①。

### 1.3.2 国内相关研究

#### 1.3.2.1 关于高职院校专业建设的相关研究

近些年来,我国高职教育迅速发展,高职专业建设方面的研究也有比较丰厚的积累,它们主要集中在论述专业建设的重要性,专业建设的特性、体系、内容、过程、步骤、方法,专业建设存在的问题、解决策略与路径等方面。

专业建设事关职业教育的全面、协调、高质量和可持续发展问题。刘宪亮认为,专业建设是学校一切工作的核心,是检验学校工作成效的标准,学校的一切工作都应该围绕专业建设,为专业建设服务,把专业建设作为高职院校内涵建设的重心。赵昕也同意该观点,他认为,职业院校的生存发展与该校的专业建设密切相关,它是学校与社会融合的交叉点,也是学校主动、灵活地与社会需求相对接的关键环节。

在专业建设的特性上,董圣足、马庆发从专业建设的动态过程出发,认为高职教育专业建设的特性主要体现在方向性、持续性、多变性、结构与技术发展的同一性和不可分离性五个方面②。张海峰等人从专业建设内容的角度,指出高职院校的专业具有职业性、高技术性、综合性、灵活性等基本特征,并认为专业建设必须遵循这些特征③。关注专业建设,就不能够脱离其职业性。姜大源在《职业教育学研究新论》一书中指出,职业教育的专业更多地具有职业属性,研究专业应先研究职业与职业特征,要以职业性原则为基础进行专业划分与专业设置,必须从职业特性入手把握专业与职业的关系④。高职院校培养人才的本质要求是培养高素质技能型人才,培养具有一定职业素质的服务于生产、建设、服务和管理一线的技能人才,因此,作为人才培养目标单位的专业建设,必须考虑到行业、企业、职业的要求。马真安等认为,分析专业及其课程设置首先必须充分体现地区产业和企业的特点,把面向企业、面向基层、面向生产第一线培养行业、企业发展需要的各类应用技术和管理人才作为根本目标。产业结构决定高等职业教育的专业结构,而专业结构又对

---

① Bishop J H, Mane F. The impacts of career-technical education on high school labor market success[J]. Economics of Education Review,2004(4):381-402.

② 董圣足,马庆发. 基于专业建设的高职发展研究[J]. 职业与教育,2008(26):8—10.

③ 张海峰,王丽娟,向南阳. 整体观下高职院校专业建设的基本问题[J]. 职教通讯,2006(5):5—7.

④ 姜大源. 职业教育学研究新论[M]. 北京:教育科学出版社,2007:56.

课程结构产生依赖。因此,高职教育的专业及不同专业的课程设置过程中,应该力图以支柱产业为核心,与此同时也应该兼顾其他产业。专业及其课程设置要保持相对稳定性、体系性,这就需要在专业和课程设置的过程中,及时对培养目标进行调整,课程内容的更新也要依据经济发展和产业调整对人才需求变化所提出的要求①。黄东昱也指出,高职专业建设不仅要体现"职业性",还要体现高职教育的高等性和区域性特点。

高职院校的专业应该符合区域经济发展,应该结合地方特色,应该按照区域经济的特点对专业进行设置,并及时跟踪学生就业情况的变化,相应地对专业设置进行调整,在进行专业教学改革的过程中应以学生为本从而促进学生的长远发展。由此可知,高职院校的专业建设涉及方方面面的因素,高职院校的专业设置、专业结构的调整和优化、培养人才的规格和要求、专业教学内容和实践教学的强化、专业设置的口径选择、产学研人才培养的确定等各方面的内容都会对高职专业建设产生重要的影响②。田和平认为,建设目标、培养模式、课程体系与教学内容、实践教学、教学设计与教学方法、师资队伍、社会服务等七个方面正是专业建设的内涵所在③。刘宪亮认为专业建设由五大体系构成,即课程建设、师资队伍建设、实践条件建设、基础设施建设和教学质量建设④。杨光在其博士论文《高等职业技术教育专业建设市场性研究》中对高等职业技术教育专业建设的市场性做了研究,提出高等职业教育的专业建设受到市场规律、市场机制和市场原则的影响与制约,具有鲜明的市场性⑤。

对于专业建设的实施,卢小萱从专业建设的发展过程出发,认为专业建设分为专业设置、专业创新两个阶段⑥。蒋德喜指出,高职院校专业建设是集专业开发、专业设置、专业调整和专业教学为一体的活动,包括市场分析、专

---

① 马真安,孙英伟. 从高职示范院校的遴选指标体系谈专业建设内涵[J]. 辽宁高职学报,2009,9(5):5—10.

② 黄东昱. 新建高职院校专业建设中的问题与对策[J]. 三门峡职业技术学院学报,2007,6(1):9—11.

③ 田和平. 解读高职院校的特色专业建设[J]. 陕西青年职业学院学报,2008(4):17—20.

④ 刘宪亮. 高职教育要牢固确立专业建设的核心地位[J]. 徐州建筑职业技术学院学报,2009,9(1):1—4.

⑤ 杨光. 高等职业技术教育专业建设市场性研究[D]. 武汉:华中科技大学,2004.

⑥ 卢小萱. 试论影响高职专业建设的三大因素[J]. 湖北成人教育学院学报,2007,13(6):1—3.

业设置和教学、实践教学体系和基地建设及师资队伍建设四个方面的内容①。赵昕从类型上把专业建设分为新专业开发和已有专业改造两大类,主要包括专业设置与开发、专业基础能力建设、专业管理(包含教学管理等)与专业评估,其中专业基础能力建设又包括专业师资、专业文化、专业设施设备的建设与利用等。李占军提出一个更加细化的结构,他认为高职专业建设是一项由教学团队、课程体系、实验实训条件、教学对象、教学管理等多个要素构成的系统工程。高职专业建设的核心要素是课程体系,而第一要素则是教学团队②。

高职教育在我国发展的历史较短,各个方面都在不断地探索之中,经过近十年的发展,高职教育在规模上得到了突飞猛进的发展,但各种问题也相伴而来。黄东昱、郭志戎等人都认为,高职院校重新专业申请,轻专业建设;专业与行业、企业界联系不密切,没有足够的市场调查和论证;人才定位模糊,存在与普通高校趋同的情况;社会急需的新专业开发不够,不能满足社会对应用型人才的需要③。赵玉认为许多高职院校目前仍无法完全、准确地根据社会需求来设置专业④。学者们几乎都注意到学生实习实训存在的问题,如,陈光寰、赵阳等指出,不少高职院校实训条件差,学生实际操作技能培养不到位⑤。郭志戎也认为,高职专业建设中实训条件滞后,造成学生应用技术能力培养欠缺,动手能力差,毕业生很难满足用人单位工作的要求⑥。陈光寰指出,一些高职院校新专业设置缺乏专业的规范性和科学性;未兼顾职业需求与学生个人发展,忽略对学生个人综合能力的培养⑦。郭志戎分析后认为,对专业设置的相关理论研究不深入,缺乏科学理论指导,对专业建设与人才培养之间的关系认识不够等原因是专业建设目前存在的主要问题⑧。

要解决高职教育专业建设中存在的诸多问题,有学者认为,要遵循适应性和超前性相结合的原则,遵循政府导向和自主发展相结合的原则,遵循职业分类和特色发展相结合的原则⑨。李洛、廖克玲等提出专业建设一要有根

①　蒋德喜.地方性高职院校专业建设现状与对策[J].湖南科技学院学报,2007,28(7):142—143.

②　李占军.高职专业建设要素组合的逻辑顺序[J].职教论坛,2008(2):38—40.

③　黄东昱.新建高职院校专业建设中的问题与对策[J].三门峡职业技术学院学报,2007,6(1):9—11.

④⑥　赵玉.浅析高职院校专业建设的几个问题[J].职教论坛,2009(1):74—76.

⑤⑦　陈光寰.谈高职专业建设存在的问题[J].网络财富,2009(9):102.

⑧　郭志戎.高职院校专业建设中存在的问题及原因分析[J].职业时空,2008(10):76.

⑨　王前新,严权.高等职业教育专业建设研究[J].教育探索,2008(1):25—26.

据有基础,二要目标明确,三要内容翔实①。郑虹提出要以市场需求为导向设置专业,科学地调整专业结构与规划布局,加强特色优势专业建设②。对专业选择而言,要考虑社会需求和学校实际,要考虑短期经济效益,更要兼顾学校和专业的长远发展,要在立足现实的基础上有适度的前瞻性。耿金岭认为高职专业建设要适应需求,积极发展;优化结构,合理布局;坚持特色,保证质量③。李伟通过实际调查后提出,高职院校的专业建设应该主动与地方(行业)经济发展和市场对专业人才的需求相适应;应根据不同职业岗位群的定位不同,利用不同学科间的交叉,完成相似专业复合的基础上的创新;通过实现专业的特色获得发展,创建出自身的品牌竞争优势;专业建设过程中注重产、学、研的结合④。

　　正如前文所述,许多学者都认为,高职教育的专业建设应该首先解决其职业性的问题。如,陈广山通过调查发现,一方面有近一半的高职毕业生在从事着与专业不对口的工作,而另一方面企业却一直在抱怨找不到合适的人才。他因此针对高职专业建设中的"职业化"策略进行了研究并撰文,认为高职教育的专业建设要实现四个方面的"职业化",即人才标准的职业化,专业文化的职业化,专业技术的职业化,专业课程的职业化⑤。职业化的问题不解决,学校人才培养工作就难以对接社会的需求。李南峰、王燕、李军等人从操作的层面强调,高职教育的专业建设必须注意认真进行市场调研,必须实行分类管理,必须进行专业评价⑥。这一观点与张忠纯的一些观点一致,张忠纯认为,专业建设一定要面向经济建设,满足市场对人才的需求,根据市场需求进行专业建设,经常性地开展专业调研活动⑦。很多研究者都认为高职的专业建设注意市场的要求和变化是非常重要的,如,赫超提出高职院校要立足

---

　　① 李洛,廖克玲.高职示范性专业建设的思路与措施[J].职业技术教育,2007(14):8—10.

　　② 郑虹.高职院校专业建设问题的探讨[J].辽宁高职学报,2005,7(6):69—71.

　　③ 耿金岭.对加强高职院校专业建设的思考[J].安徽商贸职业技术学院学报,2004,3(10):59—61.

　　④ 李伟.对高职专业建设的四点思考[J].职教论坛,2005(4):16—17.

　　⑤ 陈广山.基于"职业化"策略的高职专业建设研究[J].职教论坛,2008(5):39—40.

　　⑥ 李南峰,王燕,李军.高职教育专业建设浅论[J].十堰职业技术学院学报,2005,18(3):17—20.

　　⑦ 张忠纯.高职教育专业建设理性思考[J].河北能源职业技术学院学报,2005(1):24—16.

社会调研,合理设置专业;赵阳强调要充分考虑专业建设的区域性与开放性[①]。

从所查阅到的文献来看,学者们对高职教育发展分别从理论的和实践的角度进行不同程度的分析,涉及高职教育的方方面面。尤其是目前我国关于高职专业建设的研究文章很多,但多数侧重于对问题的描述和问题对策的思考,对高职院校专业建设进行全面、深入、系统的研究较少,从区域经济、行业和高职院校互动的角度研究高职专业建设的研究更少。

从总体来看,这些研究主要集中在对高职院校专业建设内部微观问题的研究,如专业建设的课程、师资、实训基地等。在内容上,经验性、对策性的文献较多,系统的理论思考的研究较少。对引导、促进和制约高职教育发展的各种力量,如区域经济、行业等主要力量的研究还不多,对这些影响因素的研究多分散在一些对策研究的文章中。对政府的研究主要集中在政策文本的分析上,对社会的研究偏重校企合作,还没有发现集中、系统、完整分析高职教育与周围环境系统交流互动的文献,尤其是对区域经济、行业和高职院校三者在高职教育发展过程中的互动关系的研究更少。而且,目前国内的高职教育研究,实践居多,理论偏少,多数文章还处在经验介绍层面,理论提升还不够。在研究国外高职教育的文献中,笔者所见的文献主要论述普通高等教育与区域经济、行业的关系,至于高等职业教育,相关的研究也比较零散。因此,研究高职教育发展的主要推动因素,探索各主要力量互动的规律,弥补有关高职教育发展的理论不足,是当前高职研究的一项重要课题。

**1.3.2.2 区域经济、行业与高职院校互动的相关研究**

任君庆等研究了浙江省宁波市经济发展状况和宁波经济发展对高等职业教育的需求,分析了宁波高职院校专业设置与地方经济发展的对应度,认为宁波经济发展、产业结构调整是专业建设的基础,面向地方发展设置专业,培养技术性人才是高职院校的主要任务。宁波高职院校的专业建设要增强与地方经济发展之间的适应性,高职院校要兼顾多方需求,掌握专业开发技术,提升专业建设的水平,提高对地方经济发展的贡献率[②]。蔡芳萍、王洪斌在其研究中指出社会与高校之间的互动关系,指出高校应选择以大学文化与大学精神引领发展、以吸引与稳定优秀人才促进发展、以产学研相结合赢得

---

① 赵阳.谈高职高专院校专业建设存在的问题及解决问题的对策[J].吉林经济管理干部学院学报,2009,23(1):117—120.

② 任君庆,李珍,杨静.宁波高职院校专业建设与地方经济发展互动研究[J].宁波职业技术学院学报,2007(3):42—47.

发展、以质量监管体系保证发展的发展路径,促进高校与社会的互动发展①。袁媛媛通过对上海市高校与社区互动的调查和分析,归纳总结了某一区域内高校与社区互动的方式方法,高校与社区互动取得的成就以及存在的问题,并在此基础上提出了具体的对策②。李先武以区域高端教育与区域社会互动的概念以及互动问题的研究思路为切入点,剖析了湖北省区域高等教育与区域社会互动的问题及成因,并提出了解决思路③。刘志超则从分析企业职业教育的概念入手,以职业教育理论、职业教育全面质量管理理论、政府职能理论、公共产品理论、社会互动理论为理论指导,比较了部分发达国家相关领域的发展现状、研究成果和先进经验,探索了我国企业职业教育中存在的问题,并希望建立一种政府、学校和企业合作互动的模式④。以上研究为本研究的开展奠定了一定的基础,为本研究从区域经济、行业与高职院校互动的角度开展专业建设提供了依据。

# 1.4　研究设计

## 1.4.1　研究思路

根据研究的需要,本研究首先分层分类地搜集和整理文献资料,认真分析研究前人对相关问题的研究,通过文献分析明确学者们研究这些问题的方法、内容、程度和范围,分析前人研究的优点和存在的不足,从而找出本文的研究重点和范围,拟定研究方法,找出本研究的突破口和新的研究视角,使自己能够在前人研究的基础上实现创新,突出研究的意义。

其次,本研究进一步梳理我国高职院校专业建设的历史和现状,并在此基础上指出高等职业教育专业建设的问题所在。这是从历史的角度分析我国高等职业教育专业建设问题。

再次,本研究从理论和现实两个层面分析高职院校专业建设与区域经济互动的内容、互动的方式和互动的过程中存在的问题。这是从宏观层面上分

---

①　蔡芳萍,王洪斌. 基于社会互动理论的高校发展路径研究[J]. 大庆社会科学,2011(8):131—133.

②　袁媛媛. 高校与社区互动的理论与实践[J]. 济南职业学院学报,2009(3):37—39.

③　李先武. 湖北省区域高等教育与区域社会互动问题研究[D]. 武汉:华中师范大学,2005.

④　刘志超. 企业职业教育中的政府、学校、企业互动模式研究[D]. 成都:电子科技大学,2012.

析我国高职院校专业建设的问题。

之后，本研究从理论和现实两个层面分析高职院校专业建设与行业互动的内容、互动的方式和互动的过程中存在的问题。这是从中观层面上分析我国高职院校专业建设的问题。

继而，本研究从理论和现实两个层面分析了高等职业院校专业建设与高等职业院校内部其他因素互动的内容、互动的方式和互动的过程中存在的问题。这是从微观层面上分析我国高等职业教育专业建设的问题。

在对我国高等职业教育进行历史的梳理和现实的研究之后，在宏观、中观、微观三个层面上分别分析了高职院校专业建设过程中区域经济、行业和高职院校的互动关系，本研究试图构建一个新的基于区域经济、行业、高职院校的互动模型，并进一步分析该模型的政策环境及可能遇到的挑战。

### 1.4.2 研究方法

#### 1.4.2.1 文献分析法

文献研究是社会科学研究的常用方法之一，其获取资料的来源是既有的文献，属于间接性研究。文献研究不与调查者直接接触，不会产生对研究对象的干扰，但是由于资料来源为二手文献，如何判断文献的真伪就成为文献分析法的最大难题。利用文献研究可以对社会问题进行历史的分析，研究成本较低，并且具有纵贯研究的功能[①]。

本研究中，笔者通过阅读教育学、高等教育管理、职业教育管理、博弈论、院校管理等各类相关书籍，上网查阅关于专业建设、专业发展、校企合作以及相关影响因素的国内外期刊、学位论文和网络文章，收集与专业发展和专业建设相关的背景资料。通过查阅文献，从相关研究中找到课题研究的线索，发现解决问题的思路，了解人们对高职教育发展中区域经济、行业对高职院校发展的作用和影响的主要研究成果、所达到的研究水平、研究重点和方向，了解本研究方向中已经解决的问题和尚待进一步研究的问题，从而完善本研究的设计和方案。

#### 1.4.2.2 比较研究法

比较是人类认识、区别和确定事物异同关系，进而揭示事物本质的最常用的思维方法。[②] 教育科学研究作为一种复杂的认识过程，必然要运用比较的方法。由于我国高职教育起步较晚，虽然已经在规模上取得了跨越式的大

---

① 林聚任，刘玉安. 社会科学研究方法. 第二版[M]. 济南：山东人民出版社，2008：80.

② 朱德友. 高校教师激励机制研究[D]. 武汉：武汉大学博士论文，2010.

发展,但从专业建设内涵发展上还处于初级阶段,因此,批判地借鉴国外成熟的职业教育办学经验,对于我国高职教育的深入发展意义重大。目前在我国,对国外的职业教育的研究文献很多,多数集中在学校办学的层面,对于区域经济和行业对高职教育发展的影响、促进或者是阻碍作用的研究还不多。立足我国国情,借鉴国外已有成果,针对性、有选择地汲取国外先进的经验,是本研究得以顺利进行的基础,并且为探寻我国高等教育大众化时期如何提高高职教育质量和高职院校在专业建设过程中如何更好地利用、处理和借助经济和行业的力量丰富办学资源提供了宝贵的经验。此外,通过梳理我国高职专业建设历史,对不同时期我国高职专业建设的情况进行分析,从历史发展中汲取宝贵的经验,是历史分析法与比较方法的综合运用。

### 1.4.2.3　历史分析法

历史分析法是通过对历史资料进行科学的分析,说明它在历史上是怎样发生的,又是怎样发展到现在状况的一种研究方法。分析的目的,是为了弄清楚事物在发生和发展过程中的"来龙去脉",从中发现问题,启发思考,以便认识现状和推断未来。作为高等职业教育的专业建设研究,从历史的角度分析不同时期高职专业建设的情况,比较不同时期高职专业建设的指导目录和政策文件,能够从中发现高职教育专业建设与不同时期经济社会发展、行业企业产业结构和发展结构变化的相互作用,在这种时间的纵深比较中,能够更为清晰地发现专业建设与区域经济、行业企业以及高职院校校际之间的相互促进或相互阻碍。这种历史角度的切入使得研究者能够站在理论和实践的高地去整体把握高职教育专业建设中存在的诸多问题,能帮助研究者进一步凝练研究所要解决的重点和难点问题,进一步理清已有的研究框架和研究思路。同时,这种宏观的把控对于论文的整体写作奠定了扎实的基础。

### 1.4.2.4　实证研究法

实证研究法是认识客观现象,向人们提供实在、有用、确定、精确的知识研究方法,其重点是研究现象本身"是什么"的问题。实证研究法试图超越或排斥价值判断,只揭示客观现象的内在构成因素及因素的普遍联系,归纳概括现象的本质及其运行规律。通过对相关高职院校专业建设实践的实证研究,可以进一步发掘专业建设存在的问题,破解区域经济、行业、院校三者在专业建设过程中互动的内部规律,为高职教育专业建设探索出一条可行的路径。

# 第2章　理论基础分析

## 2.1　社会互动理论

社会互动,即"社会相互作用,是指在一定的社会关系背景下,人与人、人与群体、群体与群体等在心理、行为上相互影响、相互作用的动态过程"①。互动论作为研究社会生活的一个理论视角,主要研究的是人们是如何在日常生活中进行交往的,在交往的过程中具有什么特点。在社会学理论中,"社会互动"这一概念是指不同的行动者之间通过信息的传播而进行的相互依赖的社会交往活动。这里的"行动者"既可以是个人,也可以是群体。在教育社会学中,不同的社会互动理论家、教育学家对社会互动与高等教育之间问题的看法也是莫衷一是。但是,正是各种不同的社会互动理论的研究与主张,用不同视角极大地丰富了高等教育与社会互动问题的有关知识②。

社会关系是在不同的行动者之间形成的,对这些社会关系起到凝固化、制度化的是社会中的规范、制度或结构。欧洲第一位互动理论学家德国社会学家齐美尔认为,社会只是特定互动总体的综合体,是社会关系的总和。齐美尔对社会交往、社会冲突与凝聚,以及统治与服从进行了深入的研究,并提出互动的维度和性质是社会互动理论研究的重要内容,通过研究日常生活中人们的互动方式,将互动分为顺从型、冲突型和合作型等类型③。以下是两种具有代表性的社会互动理论。

### 2.1.1　符号互动论

"符号互动论"是以乔治·米德为代表人物提出的社会互动理论。米德通过研究发生在日常生活中的事件,提出人们在社会中通过与不同群体之间

①② 蔡芳萍.王洪斌.基于社会互动理论的高校发展路径研究[J].大庆社会科学,2011(8):131—133.

③ 李学林,苏蔓.基于社会互动理论的构建油地和谐关系研究[J].西南石油大学学报(社会科学版),2010(5):6—10.

的相互作用,形成了一种经验的现实。我们在社会中形成什么样的交往模式,是根据对各种情景的不同定义而形成的。"符号"是指能够代表其他事物的事物,"互动"是指在有意义的符号基础上形成的一个行动过程。要理解人们的行为就需要解释不同的符号所代表的意义,而人们就是通过不断地对符号所代表的意义进行修正,才能够在与其他群体进行互动的过程中理解他人的态度以及不断掌握各种概念的意义。① 符号互动理论中强调的"对符号所代表意义的不断修正"对于高等职业教育专业建设有重要的借鉴意义,专业建设中,在区域经济、行业发展总体不能控制的前提下,高职院校要适时地调整自己的专业建设目标指向,要在专业建设的动态过程中去主动适应区域经济的变化,要在专业建设的目标指向中匹配行业的发展。

### 2.1.2　本土方法论

加芬克尔提出的"本土方法论"认为社会互动是由人们在交往过程中认为理所当然的规则所决定的。互动的进行需要一定的程序、规范进行约束,一旦违背这些规则,互动就不能顺利地进行下去。这些对人们的互动行为进行约束的规范、程序与过程,又称为"蓝图"。② 社会互动理论的相关研究,对于人们完善日常生活互动中的行为方式、把握人们的互动规律,并改善人际关系具有很重要的意义。因此,在进行区域、行业与高职院校之间的互动关系的研究中,无疑具有明显的启发作用。③

按照社会互动系统论的观点,社会系统需要与外部环境相互作用,作为一个开放的自组织系统,需要通过相互作用,逐渐形成自身的结构,并发挥出自身的功能。同样,高职院校专业建设也是一个巨大的复杂系统,由很多子系统构成,我们需要这些子系统形成合力并发挥功能。现实发展来看,区域经济、行业以及各职业院校都是专业建设系统中的重要组成部分,它们之间存在着协调和互动机制。运用互动理论去分析它们之间的利益关系和联系状态,对于高职院校专业建设有着极其重要的先导作用。

## 2.2　社会交换理论

社会交换理论(Social Exchange Theory)产生于 20 世纪 50 年代的美国,是由霍曼斯在《美国社会学杂志》中首次提出的。该理论秉持的理念对功能

①②③　李学林,苏蔓.基于社会互动理论的构建油地和谐关系研究[J].西南石油大学学报(社会科学版),2010(5):6—10.

主义提出的"强调宏观、结构、秩序、均衡"和"忽视微观、行动、变迁、冲突"的缺陷提出了批评,从而把相关研究视角重新拉回到行动、变迁和冲突上。基于此种理念,越来越多的人开始强调个人主义,强调个人发展,因而交换理论的发展是"社会学对人的社会地位这个古老问题的新争论"①。

该理论的研究属于社会学研究的范畴,古典功利主义、古典政治经济学、行为心理学、人类学以及一些社会学的传统思维都被它学习和吸收,它的观点是:人与人之间的交往是一种计算收益和损失的理性行为,它认为所有的人类行为交互都是为了追求令人满意的最佳利益。正因为它强调人类行为的心理因素,所以该理论也被称为社会心理学的行为主义理论。

## 2.2.1 乔治·霍曼斯的行为主义交换论

受古典经济政治学、人类学以及行为主义心理学的影响,霍曼斯的社会交换理论更加强调心理学对于解释社会现象的重要性,这种把社会行为解释都归于心理学的观点固然较为偏颇,但是他将经济学中诸如成本、利润的概念充分运用到行为主义心理学的解释,是我们在高等职业教育专业建设中值得借鉴的地方。霍曼斯还接受了洛克的思想体系,强调自然认同和意识自由。一方面,霍曼斯交换论认为,社会学主要的研究单位是人,对社会现象的合理解释必须以人性的内在心理结构为基础,这正是功能主义所忽视的问题。另一方面,霍曼斯认为,任何科学都有两件事要做,即发现和解释,但功能主义只做了发现和描述,并不能进行解释。在所有解释社会行为的科学里面,只有心理学命题才具有普遍的意义,只有它才能够解释经验性的、一般性的、演绎的命题。霍曼斯认为人类行为是个人之间进行报酬和惩罚的交换,交换理论的核心是工具理性。

霍曼斯一直试图通过演绎进行解释,即通过一般命题系统演绎出经验规则,解释人类行为。他的关于人类的社会行为的一般命题系统包括成功命题、刺激命题、价值命题、剥夺—满足命题、攻击—赞同命题和理性命题。成功命题是其理论最基本的公理,它指出人们的行动总是追求报酬,逃避惩罚。刺激命题指出行动受到经验和情景的制约。价值命题指出人在进行行动选择时是有价值判断参与的。剥夺—满足命题是说明心理学的情景强化原则或经济学的边际效用规律,该命题限制了价值的时效性。攻击—赞同命题指出了前四个命题成立的两种条件,即引起攻击行为的条件和引起赞同行为的条件,揭示了人类行动的感情色彩,行动受自我公正感的支配。理性命题指

---

① 贾春增.外国社会学史(修订本)[M].北京:中国人民大学出版社,2000.

出了贯穿前三个命题的功利主义因素,在指出行动价值的基础上,进一步指出行动的可能性问题。

霍曼斯认为这六个命题都是关于个人之间的交换行为,单个命题只能对人类行为做出部分解释,但联系起来,整个命题系统同样能对社会制度、社会结构进行解释。霍曼斯把经济学中"经济人"的概念引入到他的交换论中,认为人在交换过程中为了获得最大利益,其行为都是理性的,但在现实生活中,许多人的行为不是理性的,是由非理性的偏好和习惯决定的。

## 2.2.2　彼得·布劳的结构交换论

布劳的理论来自于许多不同派别,其中又以社会学的结构主义和经济学的功能主义这两个理论的影响为主。布劳首先批判霍曼斯不从社会的角度解释人的交换行为,他指出霍曼斯的理论建立在没有认识到社会结构整体性效应的基础上。通过批判行为主义交换理论,布劳建立了结构交换理论的目标:克服霍曼斯交换理论在宏观领域解释不足的毛病,为制度化和非制度化的人际关系结构的分析提供了一个总体框架,从而填补了理论社会学的微观研究和宏观研究差距。

结构交换论研究主要集中在社会结构上,考察基本的交换过程对社会结构的形成和发展所造成的影响,并且考察已经形成的社会结构如何制约交换过程。布劳与霍曼斯一样,把社会形成的基础以及人们生活的最基本动机界定为追求报酬的交换。他同样认为,社会交换能够带来外在性和内在性两类报酬。但是,与霍曼斯不一样的是,布劳的社会交换的定义更为狭义,因为他认为并非所有人的行为都受到交换的指导,社会交换不过是人类行为的一部分而已,并非全部。能称之为社会交换行为的都必须满足两个条件:一是只通过与他人互动实现最终目标的行为,二是该行为必须采取必要手段来帮助实现这些目标。

布劳结构交换理论提出了五项基本原则,分别是理性原则、互惠原则、公正原则、边际效用原则和不均衡原则。理性原则指的是,参与交换的个体都是理性的人,他们将交换过程视为一种付出与回报的关系,在交换之初,他就对回报充满期待。所以说,参与交换过程的行动者就像"理性经济人"一样精于计算,在他们的心里有着一个价值与行动的比例关系,根据比例的大小来决定是否从事某项行动。布劳假设,为了能够得到回报和收益,行动者需要彼此回报,这就是被他称为社会互动的"启动机制"。如果社会交换发生了,受惠方必须承担并履行相应的义务,提供相应的回报;如果有一方行动者破坏或出现了违背互惠规则的行为,交换就会自动停止,有时甚至会出现冲突,这就是互惠原则。布劳认为社会规定了代价与报酬的某一比例,这一社会规定直接制约了行动者对报酬的期待程度,这一社会规定的出现,为所有行动者提供了一个衡量公正的标准,这就是公正原则。边际效用原则指的是,行动者在某一交换活动中得到越多的报酬,那么该交换活动的价值就越小,于是就只有更少的行动者愿意从事该交换活动。不均衡原则指的是,在某一社会单位中,越是稳定均衡的交换关系,越容易使得该社会单位中的其他交换关系变得越不均衡和不稳定。

"社会引力"是布劳理论的核心概念,指的是人际交往中个体的交往倾向性,它是人及交换的动力。社会交换过程的产生需要具备两个条件,一个是社会引力,另一个是所有行动者遵守互惠互利的规则,能组成互动群体。社会交换的实现则需要竞争,在竞争过程中,地位分化开始出现,随后发展产生权力。布劳认为,权力的分化有助于建立集体性社会组织,能促进形成两种动力,一种是合法化动力,另二种是对立动力。从微观领域角度,布劳概括出了一个大概的交换过程,该过程可以分为四个阶段,分别是吸引、竞争、分化和整合(冲突)。布劳以交换过程四个阶段为核心,形成了一个基本的分析框架,他运用这个框架来考察包括宏观现象在内的所有社会过程。从宏观领域角度,布劳认为,人与人之间的以间接交往方式为主的交往活动是需要某种特定媒介的。这种特定媒介正是共享价值,它在交往的宏观结构中起着基础性作用,它的存在使得宏观交换关系的形成具有了可能性。如果在此基础上,将交换关系制度化,那么这一关系即能够形成结构化。

可以看出,无论是乔治·霍曼斯的行为交换还是彼得·布劳的结构交换,在他们的理论解释中,都有着人力、物力和财力交换这些核心的概念。从区域经济、行业、院校互动的高职专业建设角度来看,要建成符合学生和学校发展需要,适应行业企业需求,助推区域经济发展的专业,必然涉及区域经济发展的引领,涉及行业企业和学校之间的人力、物力和财力的相互交换和相互协调,只有在彼此的"交换"中,我们才能保证专业的适应性和可发展性。

# 2.3  教育供求理论

高等教育供求理论将高等教育的供求分为高等教育需求和供给两方面。其中高等教育需求是指国家、社会和个人对高等教育支付能力的需要;高等教育的供给则是指高等教育机构能提供的教育机会或产品。高等教育供求理论,为分析专业设置与社会需求的互动关系提供了理论支持。高等教育的供求追求的是一个平衡发展的过程,而这种平衡是通过社会的需求进行不断调整的。国家、社会和院校通过高等教育市场的需求信息,对未来社会的人才需求状况进行预测,社会管理部门和投资主体则根据预测情况对高等院校的招生类型、规模、专业和课程设置进行规范的调整。整体而言,一个国家的高等教育供应和需求之间的矛盾都呈现出不同的层次和结构特点。作为高等教育的重要组成部分,高职教育学校更倾向于根据市场的信号对供求市场进行调节,从而通过不断调节教育资源的流向,防止和避免教育资源的浪费。而作为连接社会和高校的首要桥梁,专业设置是调节两者的首要形式,通过调节高职院校专业设置的不良结构,从根本上确保高职教育市场按照需求调节自身,走上良好的发展道路。

# 2.4　教育选择理论

1997 年,《学校选择理论的回顾和前瞻》(School Choice in Theory and Practice:Taking Stock and Looking Ahead)一文根据教育资助方式和教育生产方式的标准将教育服务的提供与生产的类型分成了四种模式:第一种模式是私立学校和家庭学校,这一模式是由私人资助和私人生产的;第二种模式是教育凭证制度、特许学校、磁石学校等,它由公共资助的私人生产方式;第三种是消费者付费的和非公共资助的高等教育,这是私人资助公共生产教育类型;第四种是传统的功利学校,由公共资助的公共生产教育类型。

我国研究者翟静丽在此基础上将西方教育选择理论分为三大派别:教育公共选择、教育市场选择、教育完全市场化。

## 2.4.1　教育公共选择

教育公共选择派别保持第四种类型的教育基本形式不变,由政府提供资助并能直接供给。改革在这样的前提下进行,学校、学生和家长能减少在公共资助和公共生产组合中所受的约束。教育公共选择仅仅是通过体制内的不断变革,为学生们和家长们提供更多的选择机会,事实上,它并不主张改变传统的公立教育体制的基本形式。学生们和家长们得到的选择机会主要是指学生能自主地选择自己喜欢的学校,以及在学校里学生也能自主选择种类繁多的课程。该学派强调,一些外部问题和一些像信息不完整问题会难以预见地出现在教育服务的提供与生产过程中。这就意味着,市场在教育服务的提供与生产过程中并不是全能的,所以还需要使用政府力量。

## 2.4.2　教育市场选择

教育市场选择派别的观点是,在第四种类型的教育模式向第二种类型的教育模式的转变过程中,政府应该提供不同资助方式的学校公平竞争的机会,而不是直接的教育机会,这样做的好处是,通过竞争可以将市场机制引入教育,从而进行转化。教育市场选择学派认为教育要实现的个人目标和社会目标是相互统一的,如果每个家庭实现自身的教育偏好,这也就相应地实现了学校教育的目标。教育市场选择学派因此而认为教育市场需要教育凭证,因为建立相应的教育凭证制度能够保证所有学生都具有可以自主选择自己想要的教育服务的权利。这一制度认为教育凭证制度对教育市场的选择所起的主导作用是:政府将每个学生需要的教育费用折合成证券,并告知学生的家长,家长能够根据自己的家庭实际承受能力来为孩子选择其将要就读的学校类型,从而打破了原有的政府开办学校或给学校拨款的形式,让家长能够使用政府发放的证券来为子女缴纳学费,以此学校可以再到政府部门将证券换成现金。可以看出,教育凭证的使用对于教育改革具有重要的意义。[①]

### 2.4.3  教育完全市场化

教育完全市场化这一派别认为亚当·斯密的"看不见的手"的概念适用于教育,其提出的自由市场模型也能运用到该领域中。在实现第四种模式与第一种模式的转化过程中,个体选择教育空间和方式与选择私人产品没有多大的差别。政府不再对教育进行资助,相应的教育税也必须取消,这样通过减轻家庭税收负担的形式来提高每个家庭的教育支付能力,对学校的直接拨款或者是给家长教育凭证都不再需要。教育机会由营利性的组织提供,营利性的组织会尽可能地满足家长和学生的教育需求从而追求自身的利益。激进派认为这种完全市场化的教育选择能够避免税收带来的额外财政成本,同时也将营利性组织引入到教育之中,因此这一派别认为需要充分相信市场的力量。[②]

从教育供求和教育选择的理论角度来看,高职院校专业设置要符合区域经济结构调整和产业发展变革,只有那些符合区域经济发展方向、符合行业企业需求的专业才能保持专业的活力。然而我们同时应该注意到,高职院校的专业在一定时间和空间范围内是极具稳定性的,这种稳定性所带来的滞后性和区域经济、行业引领下的专业的及时性和创新性是相互矛盾的,如何调和高职院校专业设置,使其在专业稳定性和创新性之间寻得发展的平衡,既能满足区域经济和行业企业的"动",也能符合高职院校本身的"静",也是本研究着重探寻的一个重要问题。

---

①②　翟静丽. 西方教育选择理论述评[J]. 外国教育研究,2006(12):28—32.

## 2.5　区域经济发展的相关理论

### 2.5.1　区域经济发展的非均衡理论

"非均衡"是经济学术语,原意指不存在完善的市场,即"不存在灵敏的价格体系的条件下所达到的均衡"①。在非均衡发展状态下,资源配置方式会变得复杂,效益也会受到相应的影响。但实际上,非均衡也是均衡的一种,是一种市场不完善下的均衡,是一种存在于现实生活中的均衡,因为在现实条件下完全绝对的均衡是不存在的。经济的发展过程就是在非均衡状态下,通过经济内部的不断改革与运作,达到一个相对均衡状态的过程。区域经济非均衡增长理论又可以细分为两类理论:无时间变量的非均衡增长理论与有时间变量的非均衡增长理论。

### 2.5.2　无时间变量的非均衡增长理论

较为著名的无时间变量的非均衡增长理论主要有:增长级理论、非均衡发展理论和区域经济发展梯度转移论。增长级理论认为,经济增长以不同的强度首先出现在某些增长点或增长极上,接着通过不同的渠道和方式向其他地区扩散,最终对整个经济产生影响作用,这种经济增长的情况并不是同时出现在所使用的地区,因此这种非均衡增长的必然性会对其他少数地区产生支配效应,这样就会使少数地区处于经济发展过程中的支配地位,从而共同推动经济的增长。对其他地区产生的支配效应指的是"少数经济单位通过不对称、不可逆或部分不可逆的效应控制着其他经济单位的现象"②。此外,该理论也认为,"创新能力在地区间的差异是支配效应的主要决定因素,而规模、交易能力和经营性质的差异决定了各个地区的创新能力不同"③。

在增长极理论之后,美国经济学家赫尔希曼提出了非均衡发展理论。该理论认为,经济进步不是同时出现在每一处,但是经济增长一旦出现,就会首先从一个或多个实力较强的区域中心(或者称为增长点或增长级)开始,而且在经济发展过程中,国际与区域间的经济不平等是经济增长本身不可避免的伴生物。

区域经济发展梯度转移论以产品生命周期理论为基础,用梯度来表现各地区经济发展水平的差异,并将这种区际的发展不平衡看作是产品生命周期

---

① ② ③　张振助. 高等教育与区域互动发展研究[D]. 上海:华东师范大学,2011:14.

的空间表现形式。该理论指出,区域产业结构的优势及转移是决定区域经济盛衰的主要因素,而产业结构的更新是地区经济向高梯度发展的根本动力,并且产业结构的更新随着时间的推移,将有序地从高梯度地区逐步向低梯度地区转移。

### 2.5.3　有时间变量的非均衡增长理论

目前,关于有时间变量的非均衡增长理论的研究中,比较有代表性的是美国区域规划专家弗理德曼提出的区域发展核缘模式以及美国经济学家威廉姆逊提出的倒"U"字理论。

核缘模式理论指出,区域经济增长包括四个空间组织的发展阶段:在工业化初始阶段,以矿业和地方性农牧业资源的开发为主,进而建立起没有明显区域划分的相对独立的地方发展中心;进入工业化初始,经济投资主要集中在一两个地区,逐步形成了比较单一的空间经济二元结构,同时,区域的差异也趋于增大;在工业化成熟时期,增长次核出现在边缘地区,导致多元核缘关系更加复杂,此时,区域之间的差异逐渐减少;在区域发展的后期,建立了相互依赖、多级体系的核缘关系,因此,区域发展逐渐稳定,并达到一个相对均衡的状态。从上述发展过程来看,核缘模式理论注重在过渡时期(工业总值占国民生产总值的 10%～25%),在区域政策的基础上为核心地区逐步建立相对良好的成长环境以及空间组织能力,进而逐级使"新的核心地区在边缘活起来",直至达到"空间经济完全一体化",最终建立完善的核缘结构。[①]

倒"U"字理论指出,经济发展初始时期,经济增长的必要条件是区域发展差异以及非均衡过程及其扩大,但是当经济发展到一定规模或水平后,经济增长的必要条件是需要满足区域发展差异以及均衡过程缩小这两个条件。可见,不同的经济发展时期所要满足的必要条件是完全相反的。[②]

## 2.6　本章小结

对于一个新的研究而言,理论基础的描述往往提供的都是研究的切入点和创新的起点。对于高职院校专业建设而言,社会互动理论、社会交换理论、教育供求和教育选择理论以及区域经济发展的相关理论描述,进一步告诉我们高职院校专业建设的复杂性。作为高职院校专业建设的前提,市场分析和社会互动理论、区域经济发展理论密切相关;而专业培养计划与课程体系作

---

①②　张振助.高等教育与区域互动发展研究[D].上海:华东师范大学,2011:14.

为专业建设的核心则是教育供求与选择理论更多的外在表现,进一步涉及的实践教学和实训基地建设更多显示的是社会交换理念。此外,专业建设中"双师型"教师的建设以及专业建设与学生之间的互动更是增加了专业建设的困难性和复杂性。由此推之,理论描述在提供专业建设理论范式的同时,为研究的进一步深入和创新奠定了扎实的基础。

# 第3章　我国高等职业教育专业建设历史沿革、现状与问题

## 3.1　我国高等职业教育专业建设历史沿革

从宏观上来说,高等职业教育的专业建设应由全国范围内所有高等职业院校的专业建设和地方政府对专业建设采取的一系列政策措施共同组成。在一定时期内,全国范围内所有高等职业院校专业建设和地方政府对专业建设采取的一系列政策措施的变化会引起我国高等职业教育专业设置质的变化,这种变化就是我国高等职业教育专业建设的发展变化,是宏观层面上的高等职业教育的专业建设发展变化。在宏观上,这种专业建设的变化尤其突出地反映在专业目录的变化当中,因此,要查看一定历史时期专业建设的宏观发展,就要看该时期内专业目录的发展和变化。从我国高等职业教育的发展变化来看,我国高等职业教育的专业目录总体上经历了一个从借鉴、上挂本科专业目录到逐步形成自身特点并自成体系的过程。

### 3.1.1　专业目录形成之前的高等职业教育专业建设

高等职业教育产生之初并没有属于自己的专业目录,而此时的普通高等教育的专业目录已经成型并趋于成熟。因此,借鉴普通高等教育的专业目录成为高等职业教育专业建设的必由之路。但是本科教育的专业目录是按照学科性要求来设置的,而高等职业教育作为高等教育类型之一,是一种不同于普通高等教育的教育类型,尤其是在专业划分上,普通高等教育是以学科划分专业的,这种专业划分方式并不适合于高等职业教育。所以,创立时期的高等职业教育既借鉴又创新,对于专业相同或相近的,就上挂本科目录;对于本科专业目录没有而社会又很需要的专业,就结合实际进行创新。

伴随着高等职业教育的进一步发展,高等职业教育的专业建设越来越突出自身的特点。各职业大学在创办过程中,都比较注重结合社会经济发展来设置专业,从职业性、地方性出发,结合实际,创办了一些具有职业性特点的

新专业。这些新专业填补了我国高等职业教育在专业设置上的空白,适应了社会经济发展对各类人才的需求,同时也对我国高等职业教育的改革产生了推动作用,并为今后高等职业教育地方和全国建设统一的目录积累了宝贵经验。

在前期专业建设经验积累的基础上,高等职业教育更加明确了专业设置必须切合职业教育本身的规律,必须符合地方实际情况,体现地方性、职业性等特点,服务于地方社会经济发展。一些高职院校根据高等职业教育的培养目标,在实践中积极探索。比如说,当时的深圳职业技术学院将学院的专业设置基本思路概括为,"以市场需求为导向,以职业岗位(群)为依据,以技术含量为参数综合研究专业的设置"。该学院从 1993 年的 2 个专业发展到 1998 年的 33 个专业,专业设置中基本看不到带"学"字的专业名称,都是指向特定职业岗位群的专业,岗位方向明确,体现了高等职业教育地方性、职业性的特点。

## 3.1.2　专业目录形成之后的高等职业教育专业建设

在各高等职业教育院校积极创新的同时,一些地方教育行政主管部门为了促进高等职业教育的发展,也积极调查研究,先后出台了一些省内的高职指导性专业目录。如原江苏省教委于 1998 年出台了《江苏省高等职业教育指导性专业目录》、上海市教委出台了《上海高等学校高职专业目录》。这些地方性的高职指导性专业目录不是按照学科体系,而是根据职业岗位的需求,尤其是地方社会经济发展的需要建立的,有力地促进了高等职业教育专业目录的科学化与规范化。

高等职业教育作为高等教育的一种类型,必须有自己的特色,这种特色首先应该在专业设置上体现出来。在我国高等职业教育专业目录没有颁布的时候,我国高等职业教育所设置的专业名称不够规范,我国各个地区的各个高校产生了种类繁多、名目不同的许多专业,其中有不少专业的叫法虽然不一样,但是内涵其实是相同的。此外,还有许多高职院校中的专业采用了本科教育的专业名称。这种专业名称混乱的现象限制了高等职业教育专业结构的调整和培养人才类别的划分、统计,也影响了社会对人才能力结构的了解和毕业生的就业,同时也影响了高职教育人才培养质量。

1999 年以来,教育部先后下发了有关文件,协调、督促有关单位开展全国高职高专指导性专业目录的研究工作。为加强高职专业设置的科学性、规范性,提高高职教育的质量,2003 年 2 月教育部成立了"全国高职高专指导性专业目录"课题组,并于第二年 6 月下发了 3 号和 4 号文件,分别是教高〔2004〕3

号《教育部关于印发〈普通高等学校高职高专教育指导性专业目录（试行）〉的通知》（后文简称《高职目录》）、教高〔2004〕4 号《教育部关于印发〈普通高等学校高职高专教育专业设置管理办法（试行）〉的通知》（后文简称《管理办法》），同时出版了《中国普通高等学校高职高专教育专业目录》（以下简称《目录》）。《目录》在考察了与专业对应的学科的规范性和岗位群基础上，充分考虑了专业内涵的多样性与普遍性相结合，将我国高职教育分成 532 种专业，其中包括农林牧渔、交通运输、生化与药品、资源开发与测绘、材料与能源、土建、水利、制造、电子信息、环保气象与安全、轻纺食品、财经、医药卫生、旅游、公共事业、文化教育、艺术设计传媒、公安、法律等 19 个大类和 78 个二级类（专业类）。

新的专业目录改变了以往专业名称混乱的情况，不同地区不同院校的相同专业可以并且提倡有不同的专业特点。但是使用同一个专业名称，为了区别相同专业的不同特点，需要简要说明每个专业的培养目标、专业核心能力、专业核心课程与主要教学实践环节以及可能的就业方向等重要内容。

"《目录》的颁布是关系我国高职高专教育改革与发展的一项带有全局性的重要举措，对于改革人才培养模式，提高人才培养质量，增强高职高专教育毕业生的适应性等方面都具有十分重要的意义。"这是教育部教高〔2004〕3 号文件对《高职目录》颁布意义的评价。在 2004 年 12 月教育部召开的《高职目录》新闻发布会上，原教育部副部长吴启迪说："这是我国第一次在专科层次颁布全面系统的专业目录，填补了我国缺少高职高专教育专业目录的空白。"

根据《中国普通高等学校高职高专教育指导性专业目录》（2004 年）所分的 19 个专业大类和当年我国高职院校的在校生规模，2005 年我国高等职业教育的专业布局结构可以划分成 3 个层次。

第 1 个层次是由财经、制造、电子信息和文化教育四个大类组成，在校生规模要大于 50 万人。其在校生总数要达到所有大类在校生总数的 64%，约274 万人；其中，每大类都必须达到招生 22 万人以上的规模。这四个大类招生数总和为 109 万人，比剩余大类招生数总和还要多出 0.7 倍，专业分布达到最高的密度，设置了 224 个专业，每个专业平均招生人数为 6680 人，其中，数控技术、网络技术、会计、电子商务、物流管理、机电一体化等热门专业招生人数超过 3 万。其中，财经大类的招生总人数大于 34 万，排在招生人数的第一位，不仅如此，财经大类的在校生人数总和达到了 80 多万人，约是法律、旅游、交通运输等其他 12 个大类专业在校生人数的总和。

第 2 个层次由土建、艺术传媒、医药卫生、交通运输、旅游等大类构成，在校生人数介于 10 万到 30 万之间,招生规模处于 5 万到 12 万之间,招生规模为 40 多万人,增幅最大的是艺术设计传媒类的招生人数,达到当年毕业生总人数的 3 倍多;五个大类共设置了 202 个专业,每个专业平均招生 2000 多人,在校生数是 4600 多人,合计在校生数约为 94 万人,大约是 19 个大类在校生总数的 22%;其中,各个大类专业分布存在较大差异,像旅游大类开设了 16 个专业,交通运输大类开设了 60 个专业,但前者平均每个专业在校生数是后者的 3.5 倍。

第 3 个层次由法律、生化、农牧、环保、资源等 10 个大类构成,在校生人数多小于 10 万,而且招生规模都在 4 万人以下,招生数只有 23 万多人;10 个大类共设 333 个专业,每个专业平均招生人数约为 700 人,1800 多人的在校生,分布密度相对低;在校生总人数近 60 万,比财经类或电子信息类的一个大类的人数还要少得多,比 19 个大类在校生总数的 25% 还要少,增长速度也较缓慢。尤其是资源开发和测绘、水利这两个大类,其每个专业的平均招生人数均少于 350 人,在校生人数不到 1000 人。

总的来说,三个层次中的各专业大类的发展规模并不均衡,水利大类仅占财经大类招生人数的 1/48,为 0.7 万人,是招生人数最少的专业;不同专业间的在校生规模差距亦较大,比如,财经大类约 81 万人,而旅游、法律等 11 个大类的在校生人数的总和都赶不上财经大类;此外,各大类的专业规模大相径庭,财经大类各专业在校人数依旧占据大头,测绘和资源开发等大类的每个专业在校生人数仅占财经大类的 4%。

我国高等职业教育的专业目录发展从无到有,从模仿借鉴到突出自身特点,走出了一条不断完善的发展之路。表 3-1 呈现了我国高等职业教育专业建设的发展之路。

表 3-1　我国高等职业教育专业建设历史沿革

| 教育层次 | 专业总数 | 大类专业数 | 第一层次专业大类划分 | 颁布年份 |
|---|---|---|---|---|
| 研究生(博士、硕士) | 381 | 12 | 哲学、经济学、法学、教育学、文学、历史学、理学、工学、农学、医学、军事学、管理学 | 1997 |
| 大学本科 | 249 | 11 | 哲学、经济学、法学、教育学、文学、历史学、理学、工学、农学、医学、管理学 | 1998 |

续 表

| 教育层次 | 专业总数 | 大类专业数 | 第一层次专业大类划分 | 颁布年份 |
|---|---|---|---|---|
| 高职专科 | 163 | 7 | 经济学、法学、文学、工学、农学、医学、管理学 | 1999 |
| | 531 | 19 | 农林牧渔、交通运输、资源开发与测绘、生化与药品、材料与能源、制造、电子信息、土建、水利、环保气象与安全、医药卫生、轻纺食品、财经、旅游、公共事业、公安、法律、文化教育、艺术设计传媒 | 2004 |
| | 800 | 19 | 农林牧渔、交通运输、资源开发与测绘、生化与药品、材料与能源、制造、电子信息、土建、水利、环保气象与安全、医药卫生、轻纺食品、财经、旅游、公共事业、公安、法律、文化教育、艺术设计传媒 | 2010 |

注：上表结合姜大源.职业学校专业设置的理论、策略与方法［M］.北京：高等教育出版社,2002:122 和 2004 年、2010 年《全国普通高职高专专业目录》统计。

### 3.1.3 2004 年和 2010 年我国高职专业目录的比较分析

#### 3.1.3.1 我国高职专业目录专业大类变化情况

笔者首先对 2004 年和 2010 年我国高职专业目录专业大类变化进行分析。从表 3-2 可知,2004 年我国高等职业教育的大类专业[①]有 19 个,2010 年我国高等职业教育的专业大类依旧是 19 个,因此专业大类的数量并没有发生变化。2004 年我国高等职业教育的专业总数是 531 个,而 2010 年我国高等职业教育的专业总数增加到了 800 个,增加了 269 个专业,增加了 50.7％。

#### 3.1.3.2 我国高职专业目录专业类比和专业数量变化情况

2004 年的《目录》把高职教育分成 19 个大类、78 个二级类（专业类）和 531 种,包括农林牧渔、交通运输、资源开发与测绘、生化与药品、材料与能源、制造、电子信息、土建、水利、环保气象与安全、医药卫生、轻纺食品、财经、旅游、公共事业、公安、法律、文化教育、艺术设计传媒 19 个大类。新的专业目录改变了以往专业名称混乱的情况,不同地区不同院校的相同专业可以并且提倡有不同的专业特点,但是使用同一个专业名称,为了区别相同专业的不同

---

① 社会分工是职业产生的基础,同时也是职业划分的主要依据。为了适应社会分工的发展、社会职业种类的变化,学校教育专业进行了分类,这样既适应了职业发展的需要,也便于对专业进行管理和研究。目前较为认可的专业分类方法有按学科层次分类、按三次产业分类、按行业分类三种。

表 3-2　2004 年和 2010 年我国高职专业目录基本分类变化

| 颁布年份 | 专业总数 | 大类专业数量 | 一级专业大类名称① |
|---|---|---|---|
| 2004 年 | 531 | 19 | 农林牧渔、交通运输、资源开发与测绘、生化与药品、材料与能源、制造、电子信息、土建、水利、环保气象与安全、医药卫生、轻纺食品、财经、旅游、公共事业、公安、法律、文化教育、艺术设计传媒 |
| 2010 年 | 800 | 19 | 农林牧渔、交通运输、资源开发与测绘、生化与药品、材料与能源、制造、电子信息、土建、水利、环保气象与安全、医药卫生、轻纺食品、财经、旅游、公共事业、公安、法律、文化教育、艺术设计传媒 |

特点,每个专业需要简要说明专业培养目标、专业核心能力、专业核心课程与主要教学实践环节以及可能的就业方向等重要内容。

2010 年,按照 2004 年试行的《普通高等学校高职高专教育指导性专业目录》和《普通高等学校高职高专教育专业设置管理办法》,教育部组织专家对各地上报的 2010 年拟招生的普通高等教育高职高专专业点进行了汇总、整理,完成了 2010 年的年度专业设置整理工作。

本研究对 2004 年和 2010 年两个版本的《高职目录》进行了详细的对比分析,见表 3-3 所示。

从表 3-3 可以看出,2010 年的《目录》在 2004 年的《目录》基础上,新增了 268 个新的专业,其中,农林牧渔、交通运输、制造、电子信息、轻纺食品、文化教育 6 个大类新增的专业数最多,均增加 20 个以上专业,尤其是电子信息大类增加了 30 个新专业;资源开发与测绘、材料与能源、土建、财经、艺术设计传媒 5 个大类新增专业数在 10 个(含)以上,但不超过 20 个;水利、环保气象与安全、医药卫生、旅游、公共事业、公安、法律 7 个大类新增专业均在 10 个以下。

---

① 按学科层次分类的专业产生和发展与自然科学、社会科学的不断分化及综合的趋势密切相关。根据国际上的一般情况,专业可以分为三个层次:第一个层次是学科门类,第二个层次为一级学科,第三个层次为二级学科(学科、专业)。

表 3-3　2004 年与 2010 年我国高职专业目录专业类比和专业数量变化情况

| 名称 | 专业数 | | 不同专业 |
|---|---|---|---|
| | 2004 年 | 2010 年 | |
| 农林牧渔大类 | 38 | 58 | 农业技术类（6 个）：茶艺、绿色食品生产与经营、绿色食品生产与检测、药用植物栽培加工、食药用菌、农业技术类新专业 |
| | | | 林业技术类（5 个）：商品花卉、森林工程技术、城市园林、林副新产品加工、林业技术类新专业 |
| | | | 畜牧兽医类（4 个）：动物医学、蚕桑技术、动物科学与技术、畜牧兽医类新专业 |
| | | | 水产养殖类（1 个）：水产养殖类新专业 |
| | | | 农林管理类（4 个）：农业技术与管理、林业信息工程与管理、都市林业资源与林政管理、农林管理类新专业 |
| 交通运输大类 | 51 | 71 | 公路运输类（4 个）：公路机械化施工技术、公路工程管理、公路工程造价管理、公路运输类新专业 |
| | | | 铁道运输类（1 个）：铁道运输类新专业 |
| | | | 城市轨道运输类（1 个）：城市轨道运输类新专业 |
| | | | 水上运输类（3 个）：船机制造与维修、船舶舾装、水上运输类新专业 |
| | | | 民航运输类（6 个）：航空港管理、航空电子电气技术、飞机维修、飞机控制设备与仪表、航空发动机装配与试车、民航运输类新专业 |
| | | | 港口运输类（3 个）：港口与航运管理、港口机械应用技术、港口运输类新专业 |
| | | | 管道运输类（2 个）：交通运营管理、管道运输类新专业 |
| 生化与药品大类 | 23 | 31 | 生物技术类（1 个）：生物技术类新专业 |
| | | | 化工技术类（4 个）：涂装防护工艺、化工设备与机械、花炮生产与管理、化工技术类新专业 |
| | | | 制药技术类（1 个）：制药技术类新专业 |
| | | | 食品药品管理类（2 个）：技术监督与商检、食品药品管理类新专业 |

| 名称 | 专业数 | | 不同专业 |
|---|---|---|---|
| | 2004 年 | 2010 年 | |
| 资源开发与测绘大类 | 45 | 61 | 资源勘查类(2个):矿山资源开发与管理、资源勘查类新专业 |
| | | | 地质工程与技术类(4个):地质灾害与防治技术、工程地震与工程勘察、岩土工程技术、地质工程与技术类新专业 |
| | | | 矿业工程类(3个):冶金工艺与设备、矿山安全技术与监察、矿业工程类新专业 |
| | | | 石油与天然气类(3个):石油工程技术、宝玉石鉴定与营销、石油与天然气类专业 |
| | | | 矿物加工类(1个):矿物加工类新专业 |
| | | | 测绘类(3个):测绘与地理信息技术、测绘工程技术、测绘类新专业 |
| 材料与能源大类 | 21 | 31 | 材料类(4个):无机非金属材料工程技术、建筑材料工程技术、磨料磨具制造、材料类新专业 |
| | | | 能源类(4个):制冷与空调技术、工业热工控制技术、反应堆与加速器、能源类新专业 |
| | | | 电力技术类(2个):输变电工程技术、电力技术类新专业 |
| 土建大类 | 27 | 42 | 建筑设计类(1个):建筑设计类新专业 |
| | | | 城镇规划与管理类(2个):城镇建设、城镇规划与管理类新专业 |
| | | | 土建施工类(1个):土建施工类新专业 |
| | | | 建筑设备类(4个):工业设备安装工程技术、供热通风与卫生工程技术、机电安装工程、建筑设备类新专业 |
| | | | 工程管理类(4个):电力工程管理、工程质量监督与管理、建筑工程项目管理、工程管理类新专业 |
| | | | 市政工程类(2个):建筑水电技术、市政工程类新专业 |
| | | | 房地产类(1个):房地产类新专业 |
| 水利大类 | 19 | 26 | 水文与水资源类(1个):水文与水资源类新专业 |
| | | | 水利工程与管理类(3个):农业水利技术、水利工程造价管理、水利工程与管理类新专业 |
| | | | 水利水电设备类(2个):水电站设备与管理、水利水电设备类新专业 |
| | | | 水土保持与水环境类(1个):水土保持与水环境类新专业 |

续 表

| 名称 | 专业数 | | 不同专业 |
| --- | --- | --- | --- |
| | 2004 年 | 2010 年 | |
| 制造大类 | 32 | 54 | 机械设计制造类(11 个):焊接质量检测技术、激光加工技术、飞行器制造工艺、钢结构建造技术、家具设计与制造、假肢与矫形器设计与制造、机械质量管理与检测技术、内燃机制造与维修、电线电缆制造技术、锁具设计与工艺、机械设计制造类新专业 |
| | | | 自动化类(2 个):包装自动化技术、自动化类新专业 |
| | | | 机电设备类(6 个):医疗电子工程、设备安装技术、导弹维修、冶金设备应用与维护、电气设备应用与维护、机电设备类新专业 |
| | | | 汽车类(3 个):汽车运用与维修、摩托车制造与维修、汽车类新专业 |
| 电子信息大类 | 29 | 59 | 计算机类(9 个):计算机网络与安全管理、游戏软件、数据通信与网络系统、航空计算机技术与应用、软件开发与项目管理、广告媒体开发、三维动画设计、计算机音乐制作、计算机类新专业 |
| | | | 电子信息类(14 个):光电子技术、智能产品开发、音响工程、信息技术应用、电光源技术、信息技术应用、电子产品质量检测、电子表面组装技术、飞行器电子装配技术、无损检测技术、电子信息技术及产品营销、电子信息类新专业、嵌入式系统工程、液晶显示与光电技术、 |
| | | | 通信类(7 个):卫星数字技术、通信线路、光纤通信、邮政通信、通讯工程设计与管理、电信商务、通信类新专业 |
| 环保、气象与安全大类 | 15 | 22 | 环保类(2 个):环境工程技术、环保类新专业 |
| | | | 气象类(1 个):气象类新专业 |
| | | | 安全类(4 个):安全保卫、信息技术与地球物理、城市应急救援辅助决策技术、安全类新专业 |
| 轻纺食品大类 | 25 | 53 | 轻化工类(2 个):皮革制品设计与工艺、轻化工类新专业 |
| | | | 纺织服装类(8 个):纺织品设计、服装制版与工艺、服用材料设计与应用、服装工艺技术、服装设计与加工、纺织服装类新专业、服装养护技术、鞋类设计与工艺 |
| | | | 食品类(12 个):食品卫生检验、食品检测及管理、食品分析与检验、食品加工及管理、发酵技术、酿酒技术、粮油储藏与检测技术、食品工艺技术、乳品工艺、营养与食品卫生、食品工艺与检测、食品类新专业 |
| | | | 包装印刷类(6 个):轻工产品包装装潢设计、电子出版技术、包装印刷类新专业、版面编辑与校对、出版与电脑编辑技术、出版信息管理 |

| 名称 | 专业数 | | 不同专业 |
|---|---|---|---|
| | 2004 年 | 2010 年 | |
| 财经大类 | 36 | 46 | 财政金融类(3 个):产权交易与实务、机动车保险实务、财政金融类新专业 |
| | | | 财务会计类(1 个):财务会计类新专业 |
| | | | 经济贸易类(1 个):经济贸易类新专业 |
| | | | 市场营销类(2 个):广告经营与管理、市场营销类新专业 |
| | | | 工商管理类(3 个):企业资源计划管理、项目管理、工商管理类新专业 |
| 医药卫生大类 | 27 | 36 | 临床医学类(1 个):临床医学类新专业 |
| | | | 护理类(1 个):护理类新专业 |
| | | | 药学类(2 个):中药学、药学类新专业 |
| | | | 医学技术类(4 个):医疗仪器维修技术、医学实验技术、实验动物技术、医学技术类新专业 |
| | | | 卫生管理类(1 个):卫生管理类新专业 |
| 旅游大类 | 8 | 14 | 旅游管理类(4 个):会展策划与管理、历史文化旅游、旅游服务与管理、旅游管理类新专业 |
| | | | 餐饮管理与服务类(2 个):西餐工艺、餐饮管理与服务类新专业 |
| 公共事业大类 | 24 | 33 | 公共事业类(3 个):妇女工作与管理、体育场馆管理、公共事业类新专业 |
| | | | 公共管理类(3 个):电子政务、国际质量管理体系认证、公共管理类新专业 |
| | | | 公共服务类(3 个):听力语言康复技术、音乐康复技术、公共服务类新专业 |
| 文化教育大类 | 39 | 63 | 语言文化类(7 个):应用西班牙语、应用阿拉伯语、应用意大利语、应用越南语、应用泰国语、应用缅甸语、语言文化类新专业 |
| | | | 教育类(16 个):综合文科教育、综合理科教育、计算机教育、教育管理、应用心理学、俄语教育、中国少数民族语言文化、科学教育、书法教育、舞蹈教育、茶文化、武术、民族传统体育、实验管理与教学、艺术教育、教育类新专业 |
| | | | 体育类(1 个):体育类新专业 |

**续 表**

| 名称 | 专业数 | | 不同专业 |
|------|--------|--------|----------|
| | 2004 年 | 2010 年 | |
| 艺术设计传媒大类 | 30 | 47 | 艺术设计类(5 个):应用艺术设计、广告与会展、木材加工技术、美术、艺术设计类新专业 |
| | | | 表演艺术类(4 个):乐器维修技术、钢琴调律、杂技表演、表演艺术类新专业 |
| | | | 广播影视类(8 个):新闻与传播、信息传播与策划、传媒策划与管理、电视摄像、摄影、作曲技术、剪辑、广播影视类新专业 |
| 公安大类 | 29 | 33 | 公安管理类(1 个):公安管理类新专业 |
| | | | 公安指挥类(1 个):公安指挥类新专业 |
| | | | 公安技术类(1 个):公安技术类新专业 |
| | | | 部队基础工作类(1 个):部队基础工作类新专业 |
| 法律大类 | 13 | 20 | 法律实务类(2 个):海关国际法律条约与公约、法律实务类新专业 |
| | | | 法律执行类(1 个):法律执行类新专业 |
| | | | 司法技术类(4 个)应用法制心理技术、罪犯心理测量与矫正技术、毒品犯罪矫治、司法技术类新专业 |
| 合 计 | 531 | 800 | 新增 269 个专业 |

注:根据 2004 年和 2010 年颁布的《普通高等学校高职高专教育指导性专业目录(试行)》整理而成。

## 3.2 我国高等职业教育专业建设现状

2010 年,全国共有高等职业学校 1113 所,高等职业教育专业大类 19 个、二级专业类 78 个和专业 800 种,教育部核定的《目录》内专业点 43298 个,《目录》外专业 376 种,专业点数 1337 个,其中新增设的专业 95 种,详见表 3-4。

从表 3-4 可见,19 个专业大类分别是农林牧渔、交通运输、生化与药品、资源开发与测绘、材料与能源、土建、水利、制造、电子信息、环保气象与安全、轻纺食品、财经、医药卫生、旅游、公共事业、文化教育、艺术设计传媒、公安、法律。其中,农林牧渔大类包括农业技术类、林业技术类、畜牧兽医类、水产养殖类、农林管理类 5 个二级专业类,共 58 个三级专业;交通运输大类包括公

表 3-4　教育部高职高专教育指导性专业目录统计表(2010 年)

| 专业大类 | 二级专业类 | 三级专业数 |
|---|---|---|
| 农林牧渔大类 | 农业技术类 | 58 |
| | 林业技术类 | |
| | 畜牧兽医类 | |
| | 水产养殖类 | |
| | 农林管理类 | |
| 交通运输大类 | 公路运输类 | 71 |
| | 铁道运输类 | |
| | 城市轨道运输类 | |
| | 水上运输类 | |
| | 民航运输类 | |
| | 港口运输类 | |
| | 管道运输类 | |
| 生化与药品大类 | 生物技术类 | 31 |
| | 化工技术类 | |
| | 制药技术类 | |
| | 食品药品管理类 | |
| 资源开发与测绘大类 | 资源勘查类 | 61 |
| | 地质工程与技术类 | |
| | 矿业工程类 | |
| | 石油与天然气类 | |
| | 矿物加工类 | |
| | 测绘类 | |
| 材料与能源大类 | 材料类 | 31 |
| | 能源类 | |
| | 电力技术类 | |

续　表

| 专业大类 | 二级专业类 | 三级专业数 |
|---|---|---|
| 土建大类 | 建筑设计类 | 42 |
| | 城镇规划与管理类 | |
| | 土建施工类 | |
| | 建筑设备类 | |
| | 工程管理类 | |
| | 市政工程类 | |
| | 房地产类 | |
| 水利大类 | 水文与水资源类 | 26 |
| | 水利工程与管理类 | |
| | 水利水电设备类 | |
| | 水土保持与水环境类 | |
| 制造大类 | 机械设计制造类 | 54 |
| | 自动化类 | |
| | 机电设备类 | |
| | 汽车类 | |
| 电子信息大类 | 计算机类 | 59 |
| | 电子信息类 | |
| | 通信类 | |
| 环保、气象与安全大类 | 环保类 | 22 |
| | 气象类 | |
| | 安全类 | |
| 轻纺食品大类 | 轻化工类 | 53 |
| | 纺织服装类 | |
| | 食品类 | |
| | 包装印刷类 | |

续　表

| 专业大类 | 二级专业类 | 三级专业数 |
|---|---|---|
| 财经大类 | 财政金融类 | 46 |
| | 财务会计类 | |
| | 经济贸易类 | |
| | 市场营销类 | |
| | 工商管理类 | |
| 医药卫生大类 | 临床医学类 | 36 |
| | 护理类 | |
| | 药学类 | |
| | 医学技术类 | |
| | 卫生管理类 | |
| 旅游大类 | 旅游管理类 | 14 |
| | 餐饮管理与服务类 | |
| 公共事业大类 | 公共事业类 | 33 |
| | 公共管理类 | |
| | 公共服务类 | |
| 文化教育大类 | 语言文化类 | 63 |
| | 教育类 | |
| | 体育类 | |
| 艺术设计传媒大类 | 艺术设计类 | 47 |
| | 表演艺术类 | |
| | 广播影视类 | |
| 公安大类 | 公安管理类 | 33 |
| | 公安指挥类 | |
| | 公安技术类 | |
| | 部队基础工作类 | |
| 法律大类 | 法律实务类 | 20 |
| | 法律执行类 | |
| | 司法技术类 | |
| 合　计 | | 800 |

注:此表根据 2010 年普通高职高专专业目录汇总。

路运输类、铁道运输类、城市轨道运输类、水上运输类、民航运输类、港口运输类、管道运输类7个二级专业类,共71个三级专业;生化与药品大类包括生物技术类、化工技术类、制药技术类、食品药品管理类4个二级专业类,共31个三级专业;资源开发与测绘大类包括资源勘查类、地质工程与技术类、矿业工程类、石油与天然气类、矿物加工类、测绘类等6个二级专业类,共61个三级专业;材料与能源大类包括材料类、能源类、电力技术类3个二级专业类,共31个三级专业;土建大类包括建筑设计类、城镇规划与管理类、土建施工类、建筑设备类、工程管理类、市政工程类、房地产类等7个二级专业类,共42个三级专业;水利大类包括水文与水资源类、水利工程与管理类、水利水电设备类、水土保持与水环境等4个二级专业类,共26个三级专业;制造大类包括机械设计制造类、自动化类、机电设备类、汽车类等4个二级专业类,共54个三级专业;电子信息大类包括计算机类、电子信息类、通信类等3个二级专业类,共59个三级专业;环保、气象与安全大类包括环保类、气象类、安全类等3个二级专业类,共22个三级专业;轻纺食品大类包括轻化工类、纺织服装类、食品类、包装印刷类等4个二级专业类,共53个三级专业;财经大类包括财政金融类、财务会计类、经济贸易类、市场营销类、工商管理类等5个二级专业类,共46个三级专业;医药卫生大类包括临床医学类、护理类、药学类、医学技术类、卫生管理类等5个二级专业类,共36个三级专业;旅游大类包括旅游管理类、餐饮管理与服务类2个二级专业类,共14个三级专业;公共事业大类包括公共事业类、公共管理类、公共服务类3个二级专业类,共33个三级专业;文化教育大类包括语言文化类、教育类、体育类3个二级专业类,共63个三级专业;艺术设计传媒大类包括艺术设计类、表演艺术类、广播影视类3个二级专业类,共47个三级专业;公安大类包括公安管理类、公安指挥类、公安技术类、部队基础工作类等4个二级专业类,共33个三级专业;法律大类包括法律实务类、法律执行类、司法技术类3个二级专业类,共20个三级专业。

近年来,我国高等职业教育不断向前发展,2010年的高职高专专业目录统计出来之后,又有不少新兴专业出现,同时又有一些落后专业被淘汰,因此高等职业教育的专业数量在不断变化之中。

## 3.3 我国高等职业教育专业建设问题分析

我国高等职业教育专业目录出台实施之后,相应的高职专业建设管理办法也陆续出台。当前,我国高职教育专业建设逐步走向专业化、规范化、制度化。它改变了原先照搬传统本科专业设置及建设的状态,专业设置紧密遵循国民经济行业分类原则,更加注重切合社会经济发展需求,强调突出高等职业教育的特点。专业设置是专业建设的重要组成部分,缺少合理的专业设置,专业建设不可能科学,所以,专业设置是专业建设的基础。目前,仍有一些高职院校在专业设置上存在随意性和盲目性,对高职专业建设的认识具有片面性。

### 3.3.1　专业设置不适应市场需求的变化

高等职业教育服务于社会经济发展,为社会经济发展提供人才。所以人才培养的类型、层次、规格需要满足劳动力市场的要求。而为了培养符合社会需求的技能应用型人才,高职院校的专业建设就需要和劳动力市场紧密接轨。可以说,高职专业建设是经济和社会的发展、产业结构的调整、职业与岗位变化的晴雨表。[①②]

例如,当市场发展需要大量电子商务人员时,电子商务专业毕业生就会出现供不应求的现象,电子商务专业就会增加招生规模,但是面临的结果就是几年后,电子商务人员会相对供过于求,导致毕业生面临严重就业压力。所以,高职院校需要及时分析市场需求和预期,把电子商务专业方向予以细化,提高学生的专业度,以此更好地适应市场发展对新型电子商务人员的需求,使报考率和就业率得到缓和和改善。这种情况也出现在计算机等专业中,因此,院校只有与信息化发展相结合,才能培养大量信息化技术人才和高级复合型智能人才,增加在市场上的竞争力。同样,很多快速发展的新型职业,像物流、营销、形象设计等,都需要高职教育设置与市场相结合的专业,着眼于市场需求,关注潜在市场,有计划、有目的地培养市场需要的人才。这既是高职院校和高职教育者的历史责任,也是高职院校生存与发展的依托和条件。[③]

### 3.3.2　专业建设目标与高职人才培养目标不匹配

目前的专业建设中,对于高等职业应用技术性人才的培养模式具有特色不鲜明、专业定位不够准确、依据不够充分等不足。这主要是因为高职教育在我国发展比较晚,总体上没有形成各自发展的特色模式,尤其是在专业教学改革中,对于职业性与学术性之间的关系还不能有效地进行处理,在专业建设深层次的理论和实践问题中,很多高职教育还处于探索阶段,未来还存

①③　杨光.高等职业技术教育专业建设市场性研究[D].武汉:华中科技大学,2000.

②　林鹏.建省中职商贸财经类专业建设研究[D].福州:福建师范大学,2009:22.

在很大的发展和调整空间。例如,有些专业的培养目标定位缺乏准确性,培养目标定位的层次或高或低;有些学校由于没有进行专业发展的整体规划,对于专业发展的战略层面缺乏有效的策划与思考,专业设置和社会、市场的需求存在不一致性,开设专业随意、盲目、粗放以及主观,没有在市场调研和科学论证下进行分析,更没有把定性分析和定量分析相结合,市场需求真实数据的缺乏,就导致了专业设置和社会人才需求缺乏一定程度的关联性;很多专业建设缺乏战略性,存在严重的功利主义色彩,没有认识或重视社会发展需要和个体发展相统一,没有深刻理解高职教育的办学理念是以人为本、以人的全面发展为宗旨;不能及时改造和调整老专业和传统优势专业,导致与社会、经济、科技发展以及市场需要不相适应,使得专业建设没有明显的特色;尤其是在专业教学改革中,往往缺乏人权意识,忽视提升或者培养人性理念和人文精神,有些专业建设甚至表现出明显的短期行为,只求短时间的"适应",或者急功近利,或者对人才成长后劲的培养不够;缺乏有效优质教育资源,软硬件建设跟不上专业建设的需求,师资队伍中具有"双师素质"的教师数量比较少,而且数量不足,质量不高,学历层次比较低,不能和高职教育的发展相适应;人才培养方案时常带有学科痕迹;教学质量不高,缺乏强有力的教育、教学改革力度,专业建设不能很好地和行业、企业、职业、岗位紧密联系,校企合作不能深入;高职教育使用或者体现高职教育特色的教材比较少,等等。

不仅如此,目前中高职的衔接仅仅还处于以招生为联系的浅层次衔接上,在课程设置、教学内容、使用教材等方面缺乏深层次的结合;高职教育还处于专科层次;一些试验实施的高职教育与普通本科教育对接的"专升本立交桥",使得高职教育原本的培养目标容易发生偏离,面临重回应试教育轨道的困境和危险;还没有形成非学历教育和学历教育双重发展的终身教育体系①。

### 3.3.3 具体院校的专业设置不够科学规范

在国家、地方颁布的专业目录指导下,高职院校可以根据当地劳动力市场需求因素、教育市场供给因素和学校办学教育资源因素对专业进行适时调整,停办教学内容陈旧、生源缺乏、毕业生就业率低的专业,积极增设地方经济发展急需的新专业。然而,在学校的专业设置与调整过程中,出现了同内涵的专业却有不同的叫法,同叫法的专业却并非是相同专业的现象,此外,还

---

① 杨光.高等职业技术教育专业建设市场性研究[D].武汉:华中科技大学,2000:23.

出现专业名称用词不准确、不规范等问题。这些问题的存在影响了各个高职院校的招生和毕业生的就业,给学生选专业以及用人单位人才招聘造成了混乱。

第一种情况是:同内涵专业不同专业名称。高职专业划分需要确定不同专业的界限,这个界限就取决于这些专业所培养人才的相互不可替代性,即每个专业培养的人才不仅能相互区别,而且不能交换从事工作岗位,每个专业的人才都具有能区别于别的专业的特殊能力,固定的专业对应固定的职业岗位。尽管现代教育强调专业的互通性,强调培养人才的迁移能力,相近专业的工作岗位还能够延伸互通,但是不同专业所培养的人才的特殊能力是不能彼此替换的。

2004 年,教育部颁布了《目录》后,高职专业比以往更加科学规范,但是专业名称不统一的问题依然存在。比如,有的高职院校将会计专业叫作"会计电算化专业",而另一个高职院校则将会计专业称作"电算会计专业",虽然两者字面意思差别不大,但是在进行专业统计时,就会遇到问题,这到底该算是一个专业还是两个。还有的院校将会计专业叫作"电脑财会专业"和"财会电算化专业"等,这就更是给专业名称统一造成困难。还比如物流专业的别称也很多,像"物流管理"、"现代物流管理"、"现代物流技术与管理"、"物流配送营运与管理"、"现代物流管理与策划"等,它们的专业内涵其实都一样。这样专业划分过细,不仅不利于人才培养的统一,更阻碍了用人单位或学生对专业的理解和界定。

相反,另一种情况是相同的专业不同的内涵,它会造成专业培养方案的多样化,对专业教材的统一使用、对课程的安排等造成困难。比如会计专业,各个学校的培养方案不同,有的是培养财务会计,有的是培养管理会计,有的是培养成本会计。再比如电子商务专业,有的学校培养的是电子技术人才,有的学校培养的是高级商务人才。

另外,专业名称用词不准确也是影响专业设置规范性的重要因素。比如:电子商务与电子政务、电子商务与物流管理、电子商务与国际贸易、航空与旅游管理、电脑财会与营销、会计统计与审计等等,这些专业名称是由两个专业合并而成,而合并的原因并不是劳动力市场对人才类型的需求,而仅仅是出于高职院校降低办学成本的需要。

## 3.3.4　专业设置与产业发展不对接

招生与产业人才需求不相适应。近年来,高职院校盲目扩大办学规模,扩充专业,一厢情愿地想把专业型院校办成大而全的院校,而自身办学条件又有限,办学成本较低的专业,如会计、法学等文科类专业数量大大增加,应用型专业由于办学成本高,专业教师缺乏,开设这类专业的高职院校数量有限,增长缓慢。而事实上,这些与第二产业紧密相关的专业人才正是我国当前产业发展急需的[①]。此外,第一产业的一些专业如园艺技术、农业工程等发展也相对缓慢。

从行业分布来看,高职专业设置和社会经济发展对人才的需求也不相适应。整体来看,近些年的文教行业、卫生行业、文化娱乐行业、商务服务行业(如电算化会计、商务英语、电子商务、旅游管理、市场营销等)、计算机服务行业、信息传输行业的专业在高职教育领域设置的数量很多,很多高职院校不顾市场需求量重复设置,而其他行业紧缺人才却没有学校能够培养,从而造成了高职院校专业比例结构与行业人才需求不相适应。

第三产业的人才培养已经成为当前我国高职院校的热点。在高等职业教育领域,第三产业的专业多且全,但是在第三产业的对应领域,高职院校的专业设置依然无法与人才需求相适应。对河北省高等职业教育专业设置的一项调查中可以发现,2007年推销展销专业、营业服务专业、保险业务专业、家庭服务专业、餐饮服务专业、计算机软件专业的人才需求缺口最大,但是计算机网络技术专业、计算机应用技术专业、护理专业、商务英语专业、电子商务专业、会计电算化专业、物流管理专业的招生人数却最多,出现计算机应用技术、财会、护理等专业严重供过于求的现象。

### 3.3.5 专业建设的功能错位

高职院校在专业建设过程中专业人才培养偏离人们预期的培养目标,造成培养目标与培养结果相背离,称为高职院校专业建设功能错位。

高职院校专业建设功能错位的第一个表现是专业设置趋同。在高等教育大众化背景下,不少高职院校不考虑自身的办学现状和宗旨,一味增加学校专业数量,只考虑专业的广度,忽视其内在宽度和长远发展。有些学校只要有市场需求就去增加专业,只要报考人数多就去增加专业,或者只要是热门流行的专业就增加。有些学校为了减少成本,获取利益,不考虑学校有无能力、有无教学人员或者能否招到学生,会开设成本投入少的专业。从短期发展来看,这样盲目地开设专业可以缓解学校的办学资金,一定程度上提升其知名度,但是从长期发展看,这种追求短期效益的做法难免会适得其反[②]。

---

① 翟国静.简论河北省高等职业教育专业设置问题与对策[EB/OL]. http://www.lwlm.com/jiaoyulilun/201102/543102.htm

② 刘虎.高等职业院校专业建设研究[D].上海:华东师范大学,2011:29—37.

广东技术师范学院的谭英芝在对多所具有代表性的示范性高职院校进行比较研究后的统计结果明确指出①：无论是中部地区还是沿海地区，无论是行业办学还是地方性办学，在努力发展学校专业优势的同时都想追求学校规模，被调查的 28 所学院都开设了的专业有会计、计算机应用技术和市场营销等，而且这些同类专业有相似度很高的课程设置。这样盲目、粗放地开设热门专业，不仅会影响优势专业的发展，使其不能在优势专业上有比较多的投入，还会导致资金和资源的严重浪费，最后面临开设"鸡肋"专业的惨状。不仅如此，市场需求也会饱和，也会供过于求，最后除了人力、财力、物力等的浪费外，还会造成恶性循环的就业难情况，提高失业率，进一步对社会稳定和经济结构造成一定影响②。

早在 1998 年，《21 世纪的高等教育展望与行动宣言》③提到："高等教育的质量是一个多层面的概念"，要"考虑多样性和避免用一个统一的尺度来衡量高等教育质量"④。2005 年，我国高等教育领域达成共识，强调："高等教育要以社会需求为导向，走多样化人才培养之路。高等学校要根据国家和地区、行业经济建设与社会发展的需要和自身特点，科学定位，办出特色，办出水平。要根据不同专业的服务面和特点，结合学校实际和生源状况，大力推进因材施教，探索多样化人才培养的有效途径。"⑤但是，当时我国高等教育界的很多高校都还没建立起制度化、多样化的专业人才培养模式，其中也包括高职院校。

目前，我国高等职业院校的办学机制是高度统一的，专业的设定、教学计划的制定都是按照国家统一制定的专业目录设定的，而且使用的基本上是国家统一的教材，形成了培养目标单一、培养规格相同、培养要求一致、评价标准一致的局面。不仅如此，在具体专业人才培养阶段，一般都呈现"公共课＋专业基础课＋专业课"的课程设置结构模式；而由学校统一制定的专业教学计划，对课程、学时、理论与实践比等都有比较明确的规定。对于课程、教师和学习时间等都不能自由选择，只能服从，课程表和教学计划之间的关系十分刚性，就可能

① 谭英芝. 高职院校专业设置"同质化"的危害及应对策略[J]. 江苏技术师范学院学报，2009(2)：43.

② 粟荔. 高职院校特色专业建设研究[D]. 长沙：湖南师范大学，2011.

③ 1998 年巴黎世界高等教育会议通过该宣言。

④ 白波，张应强. 高等教育大众化与高校多样化人才培养[J]. 黑龙江高教研究，2008(1)：152—154.

⑤ 《关于进一步加强高等学校本科教学工作的若干意见》(教高〔2005〕1 号)文件。

造成不同学校同样专业培养的人才千篇一律,人才的个性特色上也是千篇一律①。所以说,当前我国高职院校的专业建设同构化现象十分严重。

诸如专业设置趋同、专业设置同构等问题的专业建设功能错位会给高职院校发展带来四个十分严重的后果,具体来说,第一是会造成毕业生的结构性就业矛盾,使毕业生就业更加困难;第二是会导致专业的人才培养质量整体下滑;第三是导致教育资源的利用率下降,出现更多的教育无效供给;第四是人才培养规格趋同,千校一面,难以实现教育创新。

**3.3.5.1　实践教学和基地建设有待加强,产学结合的运行机制尚未形成**

麦可思调查研究结果显示,实训实践课程缺乏、课程内容陈旧不实用、不注重培养学生的主动学习能力是 2009 届高职高专毕业生表现出的当时我国高职教育中最突出的三大问题,其中实践课程缺乏所占比例最高,达 41%②。由此可见,加强高等职业教育的实践课程,完善高等职业教育的实践环节成为提高高等职业教育质量的紧迫任务。其中,加强实践教学和基地建设,形成产学结合运行机制是关键。

更进一步说,高职院校实践教学无法与企业的技术应用保持相对一致,技术水平不能及时跟进,训练项目与企业岗位不能匹配是高职实践环节的一大缺陷。而实训时间短,训练少,也导致学生无法顺利掌握技术技能。教学设备落后、实训技术不匹配、教学时间不足这些问题已经成为高职实践教学基地建设的瓶颈问题,而其根源在于实习实训教学的资金缺乏。在职业教育领域,实习实训基地建设是职业教育经费使用的大头,特别是工科类专业更是如此,但当前国家对职教领域少有专项资金拨款,也缺少相关政策引导,使得很多高职院校资金紧缺。

资金紧缺对高职院校专业教学活动的开展特别是实践教学活动的实施产生了较大影响。目前,大部分高职院校传统专业的实习实训沿用多年前的设施设备,条件落后。新兴专业实习基地建设也尚不完善,不能满足技能教学的需要,部分高职院校甚至没有能力建设新专业的实训基地,只能将少量现有的实训设备分散在各个专业中。

由于资金缺乏,大部分高职院校虽然设置了专业实验,设置了实训内容,但是开设的基本上是成本低的演示性、验证性实验实训内容,基本上无法满足模拟操作的要求,智力开发、创新教育型的技能训练相对缺乏,在一定程度

---

① 邓远关.培养制度人性化:多样化人才培养的必然选择[J].广西民族大学学报,2007(11):185—188.

② 数据来源:麦可思—中国 2009 届大学毕业生求职与工作能力调查[EB/OL].http://www.mycos.com.cn.

上难以提高学生的专业技能和实践能力，或者毕业生无法达到企业用人要求，不能直接上岗。

校企合作力度不够是高职院校专业建设功能错位的另一个原因。当前我国职业教育的经济社会功能尚未完全发挥出来，高职院校与行业企业间没能形成一种良性互动的运行机制。我国制定的职业标准、资格证书制度、劳动准入制度等实施力度小，行业企业参与职业教育的政策执行效果差，没能有效发挥沟通、协调行业企业与职业教育关系的作用，使得高职院校只能单纯依靠教育系统内部的资源，与行业企业隔阂起来，造成高职院校产学研相结合难以落到实处。

从我国职业教育的整体来看，可以说，现阶段职业教育校企合作举步维艰。学校热衷于合作，企业却并不感冒，出现这样的状况，究其原因，还是因为部分高职院校的培养目标并没有落实"以就业为导向、以能力为本位"，培养的人才无法满足行业企业的用人需求。除了培养的人才规格不合行业企业要求外，高职院校服务企业的其他能力也相对较弱，专业教师基本上无法帮助企业解决技术问题，在企业科研、企业培训方面也无法给予实际的帮助，高职院校自身的实力又远远没具备吸引企业主动与学校联系、主动寻求与学校合作的向心力。由于缺少国家政策法律的约束和引导，行业企业参与校企合作没有法律的强制作用，校企合作关系成为校企双方的自发行为，这是行业企业不热衷参与和举办高职教育的原因。

不少企业在实习中不注重培养学生的实践能力，只注重学生作为廉价劳动力的使用价值，他们不按照学校和企业商量好的教学计划实行教学实践，而是按企业的生产需要，安排工作岗位。而且绝大多数的校企合作还处于合作的浅层，企业只负责提供实训场所和实习岗位、指导实践教学，较少参与课程开发、教学计划制订、教学设施配置等教学核心工作。

**3.3.5.2**　专业结构与地区产业结构及人才需求结构的适应性有待加强

专业建设是个周期性的过程，专业设置和调整必须具有前瞻性，需要根据现阶段的劳动力供需关系准确预测今后某一时期内的劳动力供需关系变化情况，不能仅仅看到眼前社会需要的人才。所以，专业内涵建设不仅要体现新技术，运用新工艺和新材料，还要着眼于新行业、新产品、新服务的发展动向，从整体上进行结构优化。我们可以借鉴 2009 年山东省三大产业发展状况与当年山东省高等职业教育专业比例变化进行分析。2009 年，山东省三大产业的国民生产总值贡献率由高到低排列依次是第二产业、第三产业和第一产业，其中最高的是第二产业，产值贡献率已达 66.9%，第二产业涉及的专业在所有专业中占 58.2%。而第一产业的产值贡献率还不到 3%，专业数所占比例也不足 2%。根据山东省社会经济发展政策,山东省着力发展现代农业,提出要建设农业强省的方针政策。此外,山东省还提出了建设制造业强省的发展战略,信息技术、软件等高新技术产业成为其大力发展的重点产业,金融保险、现代流通、旅游、房地产、会展、文化、教育、中介和社区服务等第三产业是其积极发展的重点产业项目,从这个发展规划来看,山东省将缺少大量高素质的农林类专业技术人才和第三产业的高技能型人才。山东省高职院校根据自身的办学实力和上述产业需求预测,增设了部分与第二产业相关的专业,加强了制造类专业建设。

除以上指出的我国高等职业教育专业建设问题外,高职院校专业建设问题还集中在专业建设的管理制度建设和落实、专业建设的考核评价体系建设等方面,这些问题同样制约着高等职业教育专业建设的长期健康可持续发展。

## 3.4 本章小结

本章主要从宏观视野的角度来研究我国高等职业教育专业建设的相关问题。

文章首先运用历史研究法,梳理了自改革开放以来,我国高等职业教育专业建设的历史发展概况,并且通过分析 2004 年和 2010 年新核定的普通高职高专专业目录的调整变化情况,对我国高职专业目录基本分类变化情况、我国高职专业数量分布变化情况和我国高职专业大类分布结构情况进行了细致的分析。

在梳理了我国高职专业建设的历史沿革和分析了普通高职高专专业目录变化之后,本章指出了目前我国高职专业建设的特色,主要有:突破传统的学科体系分类方式,将职业岗位群或技术领域作为主要分类依据;以就业为导向,充分体现高职产学合作特点,实行双证书教育;以专业类构建公用课程平台,实现教育资源共享;专业建设采用信息化和标准化的手段,宏观调控与动态调整相结合;以专业教育指导委员会为核心,同行交流不断加深,高职专业的社会效应逐步提升。

在此基础上,分析了目前我国高职专业建设存在的一些宏观问题,诸如:专业设置不适应市场需求的变化;专业建设目标与行业企业人才需求目标不匹配;具体院校专业设置不够科学,专业建设功能错位等一系列问题。

我国高职专业建设所存在的这些宏观问题,集中反映了我国高职专业建设过程中区域经济、行业和高职院校缺乏互动的现实状况。这些宏观问题正是本研究努力探讨和解决的问题,这些宏观问题的提出为笔者对区域经济、行业和高职院校互动的高职专业建设研究提供了研究方向和研究范畴。

# 第4章 高等职业院校专业建设与区域经济的互动研究

## 4.1 高等职业教育专业建设与区域经济互动内容研究

高等职业教育专业建设与区域经济互动在内容上表现为区域经济的产业结构与高等职业教育的专业结构互动、区域经济的技术结构与高等职业教育的专业层次结构互动这两个方面。

### 4.1.1 区域经济产业结构与高等职业教育专业结构互动

产业结构是指一个国家或地区的产业构成、产业发展水平以及产业间的技术经济联系与联系方式。从狭义上分析,把国民经济各个产业之间以及产业内部的比例关系结合成为产业结构;从广义上分析,产业结构不仅指产业间的技术经济联系和联系方式,还包括人口产业结构。一般认为,产业结构包含四方面的内容:"产业组织、国民经济各产业间以及产业内量的比例关系、产业的技术水平以及产业的区域分布①。"本研究中的产业结构是指狭义的产业结构。虽然产业结构的划分方式很多,但是我国一直采用以农业为主的第一产业、以工业为主的第二产业以及以服务业为主的第三产业的产业划分方式。

需求结构、资源供给结构、科学技术因素、教育因素、国际经济关系变化情况是影响某一个国家产业结构发生变化的五个重要因素。一般来说,产业结构随着国家经济水平的发展而发展,这种发展变化通常表现为一个国家的产业结构重心和经济发展重点由第一产业逐步向第二、第三产业转移。配第-克拉克定理就曾指出,"随着经济的发展,人均国民收入逐步增加,劳动力首先由劳动报酬率低的第一产业向劳动报酬率高的第二产业转移,进而向劳动

---

① 陈钱敏.福建高等教育学科专业结构与产业结构、人口职业结构关系研究[D].厦门:厦门大学,2008:34—38.

报酬更高的第三产业转移。"[①]并且,各个产业内部也相应发生变化,技术水平逐步提高。各个产业部门的产值变动过程和就业者与国民收入的比例变动过程也深刻反映着这一变化。最终,随着产业结构高级化进程的加快,原先的技术结构和就业结构也必然发生改变。

### 4.1.2 区域经济的技术结构与高等职业教育的专业层次结构互动

"技术结构,是指一个国家或地区在经济建设中所运用的不同层次的生产操作技术的比重及其构成状况"[②]。马克思指出,机器并不会给人们带来任何财富,而是要有相应生产技术的劳动者操作生产设备同生产对象结合起来,才能创造财富。因此,生产技术状况与劳动者的生产技术水平成正比。在经济发展过程中,依靠科技进步与提高劳动者素质是两个并行的至关重要的因素。

随着区域经济的不断发展,区域经济的技术结构不断向高层次发展,机械化与自动化技术逐渐替代传统手工技术,所以,高智能的成长型的技术人才越来越受到社会的欢迎,应用型、复合型高技能人才需求越来越旺盛。而高等职业教育所培养的人才结构必须满足区域经济发展的技术结构,这样高等职业教育自身才能获得生存和发展。因此,区域经济发展的技术结构高层化所带来的人才需求层次的高移化,决定了高等职业教育的人才培养目标必须做出相应的调整。现阶段,根据高等职业教育的发展规律,结合区域发展水平及其对高等职业教育的人才培养需求,我国高等职业教育应致力于培养应用型复合型高技能人才和成长型技能人才。

## 4.2 高等职业教育专业建设与区域经济互动方式研究

### 4.2.1 强制式互动

按照社会互动理论,高等职业教育专业建设与区域经济互动是一种强制的互动形式。在这一互动关系中,区域经济更具主动性,高等职业教育的专业建设更具被动性。也可以说,没有一定发展水平的区域经济,就不会产生相应的专业,更不会有相应的专业结构和专业层次结构。例如,中西部地区的经济发展水平较东部地区低,相应的,中西部地区的高等职业教育的专业

---

① 陈钱敏. 福建高等教育学科专业结构与产业结构、人口职业结构关系研究[D]. 厦门:厦门大学,2008:34—38.

② 刘春生,徐长发. 职业教育学[M]. 北京:教育科学出版社,2002:120.

建设就会比东部地区弱,甚至有些东部地区已经建设成熟的专业在西部地区还没有出现,而某些落后的或者冷门的专业在东部经济发达地区已经消失,而这些专业在中西部地区却依然处于建设当中。因此,某一专业的建设水平有赖于当地的区域经济发展水平。

### 4.2.1.1　区域经济发展的产业结构决定高等职业教育的专业结构

区域经济发展的产业结构变化引起高等职业教育的专业结构变化。高等职业教育专业结构与区域经济结构的相互作用主要表现为:高等职业教育结构"与社会经济结构的适应性变动,这种适应性模式的基本内容是:产业—职业—教育,即学科专业结构与产业结构的吻合是高等职业教育与经济紧密结合的起点"①。区域产业结构决定高等职业教育专业结构的设置。"从某种意义上说,一个以市场为主要调节手段的国家,其高等教育学科专业结构就是产业结构的缩影"②。高等职业教育的培养目标是高素质应用型人才,它为三大产业的所有部门提供技术人才,它所培养的人才规模、结构、规格都需要和产业结构保持一致。所以,高等职业教育专业结构只有合乎产业结构,高等职业教育才能真正地为三大产业部门培养并输送数量、层次和种类相当且质量合格的各类专门性技术人才,才能对区域经济发展起到促进作用。因此,有什么样的产业结构,就应该有与之相适应的高等职业教育学科专业结构。

我国各个区域的经济发展状况各不相同,但是总体上来说处于一个产业结构高级化的变动过程中。这个变化主要表现为:新中国成立初期,我国是一个农业大国,而 20 世纪 90 年代以后,我国三次产业结构发生明显变化,第一产业比重持续下降,第二产业比重继续上升,第三产业比重逐步提高,目前我国的经济发展重点或产业结构重心逐步由第一产业向第二和第三产业转移。我国现有的产业结构空间布局已经发生变化,与之相应,各个产业部门以及产业部门的劳动对象、劳动手段也发生了变化,其所要的劳动力的质量和数量也都发生了变化。这就要求我国的高等职业教育在专业规模、专业布局、专业人才培养的层次结构等多个方面也做出相应的调整,如设置新兴专业,协调传统学科和新兴学科的比重,实现高等职业教育专业结构的多样化,使其所输出的人才不仅在总量上,而且在专业结构上符合产业结构变化的需要。所以说,产业结构的高级化要求高等职业教育学科专业结构必须做出相应调整。

---

①② 　陈钱敏. 福建高等教育学科专业结构与产业结构、人口职业结构关系研究[D]. 厦门:厦门大学,2008:34—38.

### 4.2.1.2 区域经济发展对人才的需求决定了高等职业教育专业层次结构

区域经济发展的高层次人才需求决定高等职业教育专业建设的高层次人才培养定位。区域经济的发展水平和人才需求层次的互动关系可以用"微笑曲线"来表示。1990年,以台湾"IT教父"著称的施振荣第一次提出了"微笑曲线"的应用价值,并且在个人电脑业乃至整个制造业和产业价值链中得到了广泛应用。"微笑曲线"用"V"字形表示,像一个微笑的表情(如图4-1所示)而得名。该曲线表达的意思是获得利润最低的企业是在中间地带,也就是抛物线底端的制造、加工企业(如图4-2所示);而处于抛物线两高端的左方的上游企业和右方的下游企业,其获得利润最高,也就是附加值最高,其中上游企业一般指研发等知识型组织,下游企业一般指营销等服务型组织。

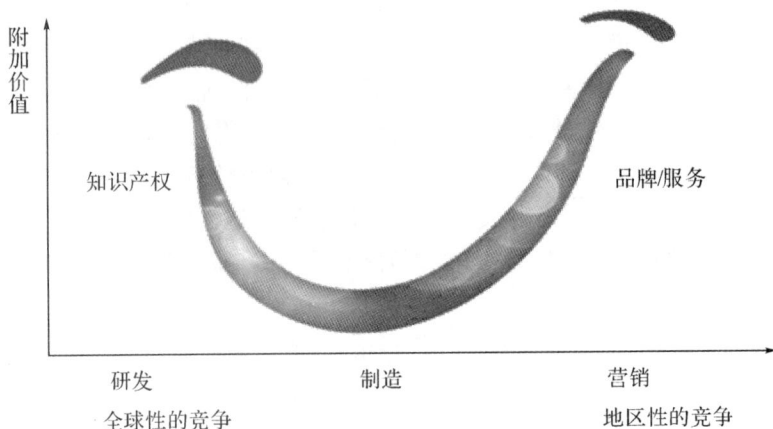

图4-1 "微笑曲线"的产业链价值分布图

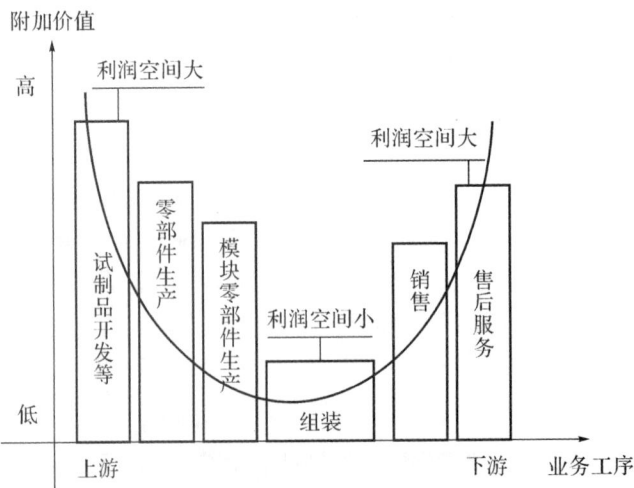

图4-2 "微笑曲线"的产业链分布图

在经济快速增长的情况下,我国仍然扮演着世界工厂的角色,因处于世界产业链的最低端而只能获取微薄利润(图 4-3)。因此,中国想要突破世界大国成为世界强国,必须及时调整产业结构,优化"微笑曲线",逐渐从低端向高端转变和发展。[①]

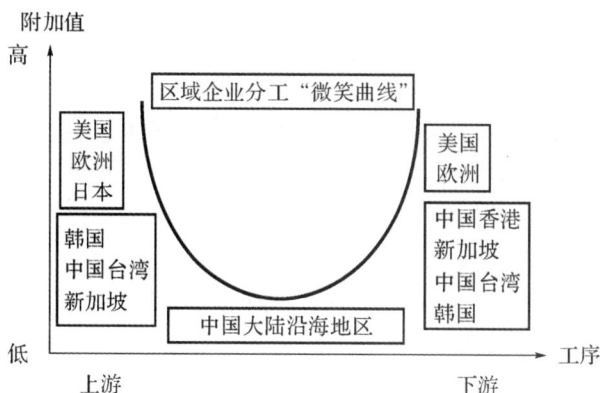

图 4-3　"微笑曲线"的国家分布图

要实现"微笑曲线"的路径优化,不管是发展先进制造业还是高科技产业,都需要依靠人才及人力培养体系的强力支撑。无论是低端的农民工培训,还是从相对中端的操作型高技能人才培养,甚至高端的创新型高技能人才培养,这一系列人才及人才体系的支撑,都构筑了基于"微笑曲线"的高职教育实现长远发展的整个链条。"微笑曲线"的实现要求高等职业教育的专业建设注重人才培养的高层次性。这就要求高等职业教育专业建设必须适应当前我国区域经济发展对高技能人才的需求,在专业建设时重点突出高技能人才的培养,加大高技能专业设置比例和招生数量,尤其是加大复合型人才的培养数量,将高等职业教育的人才培养定位在培养复合型人才上。

在我国经济体制变革过程中,市场竞争日趋激烈,企业集团纷纷向多元化方向发展,掀起了向多个相关或不相关的产业领域进军的热潮,以此扩大企业规模,占据更大更广阔的市场,以期获得更大的经济效益。在企业扩张过程中,不可避免的问题就是企业的组织机构必会随之变得庞大,组织机构的庞大进一步意味着管理层次的增多,并最终导致管理难度增大。由此就需要具有能够对企业进行有效管理和组织的管理人员,尤其是企业经营类管理人员。经营管理人员也是一种复合型人才,他们需要掌握各个专业领域的基

① 熊惠平."微笑曲线"及其优化——高职教育发展的新话语[J].宁波职业技术学院学报,2007(1):55—57.

本知识和技能,能够洞察不同领域产业发展方向,对各国产业发展了如指掌,从而促进企业能够走向成功。

通过吸收和借鉴发达国家与地区的成功经验,可以看出中小企业数量比重相当大,而其在国民经济发展中起到了重要的作用。在面对技术创新过程中很多的不确定性,相对于大企业来说,中小企业更有灵活性优势,而很多成功的高新技术企业也是从小企业起步发展起来的。中小型企业灵活易变,能对瞬息变化的市场做出最迅速的反应,同时大量的中小型企业的出现也能吸纳大量的社会劳动力,促进经济发展。中小型企业发展最需要的就是复合型人才。复合型人才一身数职、精通各个领域专业知识,能在管理规模较小的中小企业中发挥最大的作用。

显然,区域经济的发展需要复合型人才。复合型人才中的"复合"指的是某一种人才具备了两个(或两个以上)专业的基本技能和基本知识。复合型人才将多种知识和技能进行相互渗透,并使之有机结合,从而将多种知识结构和技能结构进行多重的整合,从而最终能够实现融会贯通,有效地将各种知识、素质、能力进行融合并发挥它的综合性作用。复合型人才具有基础知识和技能扎实、知识的相关度适宜、各种知识相互交融等基本特征。唯有扎实的知识基础,而且至少精通两个(或两个以上)专业的基础理论知识和基本技能,才符合复合型人才的基本要求。科学技术的发展水平越高,科学技术的综合性就越强,不同学科和专业之间的相关性也越强。复合型人才所掌握的多个专业知识之间不仅需要适宜的相关度,而且需要交叉渗透,完全融合成为新的知识。将不同知识交融后发挥其作用,不仅有助于解决自身专业的问题,而且有利于创造出新的成果。

根据区域经济增长的非均衡理论,区域与区域之间的发展速度并不相同,所以区域经济间的发展差别要求我国高等职业教育专业建设不能一刀切,必须符合本区域内的经济发展速度,适合区域内的产业结构变化需求,顺应区域内的人才层次和类型需求。区域间的高等职业教育专业建设各有特色,才能与本区域经济发展产生良性互动。

## 4.2.2　交换式互动

高等职业教育的专业建设也会反作用于区域经济发展,强制的互动方式不可能单独存在于这两者的互动关系之中。在高等职业教育专业建设和区域经济发展的关系中,强制的互动方式也与交换的互动方式共同存在。

### 4.2.2.1　区域经济是高等职业教育进行专业建设的物质基础

区域经济是高职教育的物质基础,一方面,区域经济要为高等职业院校办学经费提供支持,另一方面高职院校的生源也来源于区域内部,高职院校的毕业生也需要在区域内实现就业。区域经济对高职教育的基础性地位决定了高职教育的发展规模、发展速度、专业结构、人才培养层次等都要满足区域经济发展的需求。

区域经济为高等职业教育的专业建设提供人力和物力支持。高等职业教育的专业建设必须建立在当地经济发展水平的基础之上,因此高等职业教育的专业建设必然决定于区域经济的发展水平。通常,区域经济的发展水平越高,政府对高等职业教育投资的力度就越大,高等职业教育用于专业建设的人力和物力就越多,高职院校的专业建设能力也就越强;反之,区域经济发展水平越低的地区,高等职业教育的专业建设能力就越弱。因此,从总体上来说,区域经济是高等职业教育进行专业建设的物质基础。另一方面,高等职业教育本身具有促进区域经济的经济功能,高等职业教育的专业建设为区域经济发展提供技术支持和人才支持,能够优化劳动力素质结构、促进区域经济的技术创新发展和促进区域经济产业结构优化升级。

### 4.2.2.2　高等职业教育专业建设服务于区域经济发展

随着高等职业教育规模的不断扩大,高等职业教育对区域经济的影响越来越大,也更加直接。一方面,高等职业教育具有扩大内需的作用,它是国民投资消费的重要领域,在区域内,教育的消费投资就占据了很大比重,而由区域内高等职业教育实施带来的附加消费,如高校教师和学生的住宿、餐饮、交通等也是推动区域经济发展的重要力量;另一方面,高等职业教育不仅能够提升国民素质,培养社会所需的劳动力,而且区域内高职院校的建设以及与教育相关产业的大力发展为社会就业提供了大量的岗位,增加了就业机会,从而也能促进经济增长。在本章所指的高等职业教育推动经济发展的作用主要指的是高等职业教育通过人才培养和科技创新等所发挥的经济功能。

在人才培养方面,高等职业教育的经济作用需要满足一定的条件才能有效发挥,那就是高等职业教育的发展速度要满足区域经济的发展要求。如果不能适应区域经济的发展需求,高等职业教育甚至可能阻碍区域经济的发展。例如,高职教育规模太小,会导致区域经济发展人才短缺;反之,高职教育规模过大,超出了区域经济发展的承受能力,会造成教育资源浪费;此外,无效供给所造成的人才不足或过剩也会浪费教育资源。因此,发展高等职业教育,并发挥职业教育的经济功能,就必须十分清醒地认识到高等职业教育的职责,最大限度满足区域经济对人才、技术等的需求。

合理的高等职业教育专业建设对区域经济发展的作用。按照区域经济增长非均衡理论,技术创新与劳动力资源是影响区域经济发展的重要因素,是"区域经济发展和产业结构更新的主要推动力"①。

首先,区域经济增长非均衡理论指出"技术创新会直接打破区域平衡"②。带有创新技术的产品集中在市场广阔的高梯度地区,这是因为创新产品的生产地址较为集中,产品多为高端品牌,价格昂贵,常常具有专利权,其使用或者购买者多数是高收入家庭和技术密集型企业。所以说,非均衡发展是技术创新的基本前提。为了实现区域经济增长,获得技术创新的收益,必须及时了解消费对象以及消费对象的需求,除了提供创新技术服务或创新技术产品外,还需要为消费者提供配套的专业服务。

区域经济增长非均衡理论认为影响区域经济非均衡发展的一个重要指标是区域劳动力资源状况差异。由于区域劳动力质量作为区域创新能力的一项重要指标,若把人当作是生产者,那么某一区域所能够提供的劳动力数量和质量都制约着区域经济的发展。劳动者的各种自身条件,如劳动者的身体健康素质、生产劳动态度、科学文化素养等,决定了区域劳动力的质量。通常,梯度高的地区的劳动力质量较高。如果把人当作是消费者来看,那么区域总有效需求的量和结构是由区域内的社会经济结构、居民消费习惯、工资水平、福利待遇、纳税标准、就业率高低等因素来决定的。通常情况下,居民的工资和消费水平、福利待遇和他们的受教育程度成正比,失业率则与之成反比。同样是在高技术密集型产业中,白领们就是接受了较多教育的一些人,他们的消费除了满足吃、穿、住、行等基本的需求之外,还会在医疗、教育、娱乐、旅游等消费活动上大量支出。

有一个公式表达了"效率工资"的概念,这个公式写作 $E = W/T$,其中,$E$ 是效率工资,$W$ 是货币工资指数,$T$ 是劳动力生产指数。这三者之间的关系用文字来表达就是,如果货币工资指数与劳动力生产指数的比值越大,那么效率工资越高,也就意味着该地区劳动力资源的优势越小。当然,劳动力的资源优势还同时取决于劳动力数量和质量,以及劳动力工资水平这三个因素。

根据区域经济非均衡发展理论对技术创新和劳动力资源这两个重要的影响区域经济发展和产业结构更新的因素的揭示,笔者认为高等职业教育的专业建设正是通过技术创新和劳动力资源这两个因素对区域经济产生重要影响。

而刘春生和徐长发认为,专业设置是职业教育为经济、社会服务的关键。"专业设置是教育与经济的接口,是职业教育为经济发展服务的具体体现。教育与经济之间'服务'与'依靠'关系的建立,最集中、最突出的就是体现在

---

① ② 张振助.高等教育与区域互动发展研究[D].上海:华东师范大学,2011:14.

专业设置上"①。专业设置主要通过影响劳动力结构、产业结构和技术结构来实现为经济社会服务的目的。在劳动力结构方面,职业教育培养的是各行业部门一线岗位上的中级或初级技术人员和专业劳动者,他们构成了劳动力的主要部分。在产业结构方面,"专业设置与产业结构相互作用,前者能够对产业发展升级乃至产业结构调整产生促进或推动作用,后者则是前者存在和发展的前提和基础。当两者关系融洽,发展和谐时,高职培养出的人才就会有更高的就业率。如果两者关系恶劣,即使各自单独发展得再好,也对彼此毫无益处。比如,即便学校办得再好,投资再大,培养出来的人才如果不能符合当地产业发展要求,造成人才的过剩和积压,就业无门,而行业和企业所需要的人才却会紧缺,这样的专业设置很难对当地的产业发展起到推动作用。所以,专业设置与产业结构有着密切的联系。"②在技术结构方面,通过职业教育合理的专业设置,可以将适合的生产设备和生产工具与具备相应生产技术水平的劳动者结合起来,创造财富,进而推动技术结构转变和技术进步。

专业建设作为专业设置的基础与经济发展有着密切的联系,对经济发展产生重要影响,主要表现在专业建设优化劳动力素质结构、促进区域经济的技术创新发展和促进区域经济产业结构优化升级三个方面。

(1)专业建设优化劳动力素质结构。高等职业教育为区域经济培养人才,高职院校不同专业的毕业生进入劳动力市场后成为区域经济劳动力的一部分,总体上提升了区域劳动力的素质,优化了劳动力素质结构。高职院校通过专业建设优化专业设置,调整专业比例,在一定程度上也对劳动力结构产生影响。在经济转型时期,生产力也在转型升级,技术密集型越来越成为经济发展的重要力量,其对高技术人才的需求也在不断增长,高等职业教育培养的应用型高技能人才为劳动密集型向技术密集型转变提供了人才保障。高职院校师资雄厚,设备先进,基础设施建设较为完善,高职院校中的科研机构和专业教师掌握了前沿技术,拥有技术创新、技术转化的能力,这些条件为高职院校高素质技术人才的培养提供了智力保障。

(2)专业建设促进区域经济的技术创新发展。我国要发展成为一个创新型国家,需要最大程度地发挥大学的基础性和生力军作用。显而易见,研究型和工程型大学在开展基础研究,以及在前沿高技术研究方面具有鲜明的优势。既然如此,是否也就意味着应用型高职院校在创新型国家建设过程中就没有任何作用了。其实不然,在包括原始创新、集成创新和引进吸收基础上的再创新(亦称扩散创新)这三种技术创新模式中,我国的高职教育能够起到

---

①② 刘春生,徐长发.职业教育学[M].北京:教育科学出版社,2002:119.

很重要的作用,这种重要作用包括对于集成创新的团结协作,以及对于引进吸收基础上的再创新的消化吸收。可以看出高职教育在促进建设创新型国家的过程中起到了很重要的作用。

高职教育的实质是转变为现实生产力的中转站作用,这一中介作用将研究型、工程型大学科技成果推向市场,促进科研成果产业化,并最终转化为现实的生产力。一直以来,我国自主创新所创造出的科技成果很有限,很多产品因为转化率太低而不能使用。能够促进原创性科技成果批量、有效和快捷地转化为生产力的长效机制还未形成。此外,我国高职教育作为引进成果的消化以及吸收过程中的转化应用的中坚力量,在消化吸收技术、引进科技的效率方面与发达国家相比还很低。我国引进技术的资金和用于引进技术消化吸收的投入比例仅仅为1∶0.07,而发达国家如日本和韩国则为1∶5,可见我国在吸收技术、引进科技效率方面还需要不断提高。正是鉴于这种技术引进过程中的"瀑布效应",更应创造更多的机会,从而能够积极发挥高职教育的骨干作用。[①]

高等职业教育专业建设为现代服务业发展提供技术资源。以就业为导向,以服务为宗旨,走产学研相结合之路,是高职教育办学的核心理念。而高等职业院校的社会服务主要任务分为以下几个方面:不断地为区域和行业提供技术应用型和高技能型人才,开展培训与培养工作;促进各种先进技术的创新、推广和服务;传播先进文化,并使学校成为区域技术技能培训中心、区域学习型社会建设中心、新技术研发推广中心,使高职院校具有鲜明的区域性和行业性特征。随着区域现代服务业的不断发展,对高职院校主动加强专业建设与改革提出了更高的要求,需要高职院校能够充分结合区域产业发展新特征,参与到新产品开发和技术改造等企业发展活动中,从而极大地发挥出技术理论研究的优势,最终能够协助企业完成营造"学习型企业"的任务,实现校企双方资源的有效共享,达到双赢的结果。[②]

高等职业教育为区域经济发展提供科学技术,促进科技创新。"伴随着科学技术和信息经济的发展,科学技术是第一生产力,决定了一个国家的经济发展能力,否则就会面临经济的衰退。职业教育可以在区域经济发展中提供科技创新,进而推动科学技术向生产力的转化,在促进区域经济发展中发

---

① 熊惠平."微笑曲线"及其优化——高职教育发展的新话语[J].宁波职业技术学院学报,2007(1):55—57.

② 戴凤微,蒋海霞.区域现代服务业发展与高职专业建设的互动模式研究——以杭州为例[J].中国科教创新导刊,2010(23):82—83.

挥不可替代的重要作用。"①

第一,高职院校具有雄厚的人才资源。高职院校的科研人员可以帮助企业解决技术上的问题,加强学校和企业的交流,进而促进企业的发展。高等院校可以结合自身优势条件,推动区域产业结构的调整优化。高职院校可以根据区域产业的地缘优势,进入企业进行深入调查,参与企业新产品的研制开发,提升企业产品的技术含量。

第二,高职院校兼具软硬件实力,不仅具有先进的科学技术人才,还有完善的实验设备,为科技创新提供了支持。学校除了通过企业把科研成果转化为现实生产力,促进区域经济的发展外,还能根据区域经济发展的需要,及时调整科技计划和方向,保证科研的有效性和前瞻性,为区域发展创造更多经济效益和社会效益。高等院校和企业合作过程中,一方面使企业应用学校的科研成果,另一方面也能为企业培训专业技术人员,以此提高他们的创新能力和科研水平,为企业的战略性发展提供必要的技术支持。②

第三,高等职业教育提高了生产技术创新能力。高职院校把知识形态的科学技术转化到劳动者身上,提高了其科学技术能力,推动技术人员把理论技术转化为实际的生产力。不仅如此,通过与企业全方位、多层次的联系和合作,使得新的科技成果在生产中得到验证和改进,在合作过程中提高企业的生产技术创新能力。③

众所周知,高水平的"双师型"教师是高职院校人才培养质量的重要保证。目前,高职院校的很多专业都缺乏一定质量的专业教师。教师缺乏一定的实践能力、专业技能以及社会服务能力,尤其是缺乏"双师型"教师。一些地方传统的优势行业,一般通过项目联结、人员联结等校企合作方式共同成立应用型研究所;一些优势专业经过政、校、企的交流合作,与行业企业合作成立专业性公司,通过在社会上承接项目,由教师自己进行招投标,中标教师需要带领学生共同完成项目,项目评判依据与企业的要求保持一致,学校通过一些政策给予支持;高职院校要充分利用政校、校企合作建立实训基地,有机结合社会培训、科研合作以及科技服务等,充分使用技术和设备的作用,积极、及时地培养企业所需的人才,提供员工培训、产品研发、咨询、技术推广等服务,协助企业解决生产中出现的问题;加强和企业的科研合作保证科技成果转化为实际生产力。同时,高职院校教师在为区域经济发展服务过程中,也会提升自身的科研能力、创新能力以及实践能力,理论与实践相结合,进而促进工学结合的有效开展。①

（3）专业建设促进区域经济产业结构优化升级。高等职业教育的专业结构一方面受到区域经济发展的制约，另一方面，高等职业教育的专业建设也促进区域经济产业结构的优化升级。产业结构的优化升级是区域经济发展的关键。高等职业教育想要培养出区域经济发展所需的人才，就必须将其专业结构调整到与区域经济产业结构相适应。比如说，在第一产业发达地区的高职院校就要大力提高第一产业对应专业的数量，提高第一产业对应专业的招生规模，将第一产业对应的专业设为重点专业与特色专业。

职业教育可以优化升级产业结构。职业教育可以提高劳动力的综合素质，在产业从劳动密集型向知识密集型发展的同时，使其具有从第一产业向第二、第三产业转变的条件；利益方面，专业结构的发展促进了产业结构的升级，专业结构优化的是专业设置比例，也就是说新专业设置的方向需要与产业结构的升级保持一致。②

"教育结构需要主动与经济结构相协调，通过对人才需求的科学预测，进而调整学科专业结构。但是，需要注意教育结构与经济结构的协调性是相对的，而学科专业结构、产业结构、人口职业结构的变化是绝对的，它们三者之间没有一成不变的模式。所以，教育改革的经常性任务是要保持人才供求的动态平衡，积极改革并调整学科专业结构，以此与产业结构的变化相适应和协调。"③

## 4.3  高等职业教育专业建设与区域经济互动问题研究

### 4.3.1  互动主体目标不一致

高职专业建设人才培养目标的定位，关系到高职毕业生能否适应市场需求。高职教育的培养目标与普通本科教育、中等职业教育、职业培训相比，有自己的特点所在。高职教育的人才培养比普通本科教育更注重实践，更强调应用，对学生动手能力的要求更高；高职教育又区别于中职教育，在理论层次、技术层次上都要比中职教育的要求高，而且比中职教育更注重学生综合

---

①  黄宏伟. 浙中地区城市群发展与高职教育人才培养模式的创新[J]. 江苏技术师范学院学报，2008(11)：27—30.

②  房建州. 产业结构调整背景下高等职业教育的再思考[J]. 江苏教育，2010(30)：64.

③  陈钱敏. 福建高等教育学科专业结构与产业结构、人口职业结构关系研究[D]. 厦门：厦门大学，2008：34—38.

能力的培养;高职教育也不同于职业培训,它更加关注学生的职业成长和可持续发展,更强调知识、技能、素质的系统化培养。区域经济发展需要高等职业教育为其培养出高层次的技术型人才。但是,实际上,高等职业教育专业建设的目标与区域经济发展的目标不一致,主要表现为培养目标的定位偏离,出现定位过高或定位过低的问题。定位过高就是把培养目标定位于理论型或研发型人才,向普通本科教育倾斜,甚至不切实际地超过了本科教育的培养目标;定位过低就是把高职教育等同于中职教育,将学生培养成不懂理论的低技能操作人员。目标偏离则行动偏离,高等职业院校找不到自身合理的定位,不仅使自己失去特色,还会给自己带来发展的困境。在专业层次定位上不准确,导致区域经济所需的应用型、高技能人才缺乏,不能满足区域经济发展的需求。前几年在珠三角和长三角地区出现的劳动力市场"技工荒"现象就是由此引发。

　　除了人才规格的目标不一致之外,我国高等职业教育的专业建设与区域经济发展互动存在的问题还有人才类别的目标不一致。很多高等职业院校专业建设的区域特色不明,专业设置追求大而全,区域特色定位不准确。当前,高等职业院校有一种倾向,就是都要办成综合性院校,都希望学科齐全,却使高校失去办学特色和学科优势。一些大学的专业及课程设置中专业趋同现象明显,盲目的专业及课程设置导致供给严重大于需求。[①] 据统计,2006年湖北省 110 个高职办学实体一共开设 317 个专业,而其中 60% 以上集中于 50 个专业。如开设计算机应用专业的学校共有 94 所,市场营销专业有66 所,文秘专业有 58 所,商务英语专业有 58 所。云南部分高职院校在专业建设过程中,存在两种亟待纠正的认识和实践误区,这表现在一是部分高职院校追求"大而全、小而全"的专业设置模式,认为其他院校有的专业,自己就应该拥有,从而因为重复建设造成了资源浪费;二是部分高职院校在专业设置中没有考虑到社会需求,而只关注较少成本的专业建设,导致人才滞销于劳动力市场,培养出来的学生不能服务地方经济发展。[②] 高燕南研究了浙江省的劳动力市场结构以及数量上的变化与浙江省的高职院校专业设置之间的相关程度,得出"浙江省的高职院校专业设置及其调整与劳动力市场呈弱度相关"[③]的结论,在一定程度上反映了高等职业教育专业设置与区域

---

　　① 蔡永斌.高职教育与兵团区域经济发展关系研究[D].石河子:石河子大学,2011:18.

　　② 梁爱文.创新高职专业建设的路径分析——基于区域经济发展的视角[J].德宏师范高等专科学校学报,2009(1):13—16.

　　③ 高燕南.浙江省经济社会需求与高职院校专业设置互动研究[D].金华:浙江师范大学,2011:47.

市场经济不相协调的问题。山东滨州地区的高职院校在进行专业设置时也存在类似"专业布局与当地'黄蓝经济'产业布局不吻合、不匹配的问题"①。

### 4.3.2 互动缺乏前瞻性

教育自身所特有的滞后性要求高等职业教育在专业建设时必须具有前瞻性,根据当前区域经济的发展速度和规模,预测今后一段时间内区域经济对专业人才的种类和数量的需求,建设新兴专业或淘汰落后专业,调整现有专业的建设和结构,并建立一套自适应机制和运行控制机制,以应对区域经济结构的变革,适应区域经济的发展需求。因此,在高等职业教育专业建设与区域经济互动过程中,也需要具有前瞻性的眼光。

目前,我国高等职业教育专业建设与经济发展动态联系不够紧密,对劳动力市场调研不够充分。即使有些职业院校或研究机构对此做过分析和预测,也多是从经验层面开展研究,很少有专门研究劳动力市场变化与相应对策的科研机构,更少有建立劳动市场中长期预报的数学模型,因此专业建设缺乏"预警机制",专业实施缺少"预期诊断"。很多高职专业都是在劳动力市场上已经出现某种职业很长时间之后才被开设,某些高职院校即使捕捉到某一新兴专业的信息,但是等到筹备好开设专业的师资、设备、经费等条件,曾经新兴职业已经如潮水般退去,而新的职业又悄然出现了。很多院校目光短浅,只能看到眼前利益,急功近利地根据短期市场需求来开设专业,不能前瞻性地设置专业,导致专业设置滞后,这样必然会导致学校培养出来的学生就业困难。这种问题主要体现在部分学校根据短期需要就创办一些与此匹配的专业。但是,经过三年时间的培养,这些专业的毕业生需要进入劳动力市场时,这些高职院校才会发现这些专业已经人才饱和,无法提供更多的工作岗位了。此时,这些毕业生只能到与自己所学专业不匹配的岗位上就业,甚至失业,造成教育资源浪费。例如,几年前商科类专业成为热门,全国各地的高职院校纷纷开设金融、贸易、电子商务等专业,但是,等到这些专业的学生毕业之时,正好赶上金融危机,劳动力市场需求发生了改变,这些专业对应的岗位已经饱和,社会不再需要大量的金融、贸易、电子商务等专业技术人才,这些毕业生就很难找到工作,而这种情况需要很长一段时间才能得到缓解。

由于高等职业教育与区域经济互动时缺乏前瞻性,很多高职院校在决定

---

① 孙国荣,王进博,张爱荣.基于区域经济发展的高职院校专业建设机制的思考——滨州职业学院对接两区建设谋求创新发展研究与思考[J].滨州职业学院学报,2011(1):1—5.

专业设置时仅仅是从容易招生的角度考虑,盲目设置一些热门专业,从而导致专业设置随意性很大。在专业建设时没有调研有关的专业人才供需状况,形不成科学有效的专业论证和预测机制,不能与当地经济的主导产业发展趋势相适应,不能立足于自身办学条件、办学环境和办学特色,因此导致学校缺乏长远的专业建设。此类盲目的专业建设不仅仅使新增的专业没有竞争优势,而且会失去自身传统的办学优势,这也意味着在生源激烈竞争的压力下,学校又不得不频繁地调整或更换专业。这种行为不仅造成了教育资源的极大浪费,而且不利于高职教育的可持续发展。[①]

专业建设缺乏前瞻性还表现在专业建设中的专业口径过窄这一问题上。1998 年,教育部重新调整了高校学科专业目录,从而使整体专业数量减少,目的就是能够拓宽专业口径。然而近年来部分高职院校的做法恰恰相反,它们在国家的专业目录之外又增设了一些窄口径专业,使得很多交叉学科专业、边缘学科专业、横断学科专业以及一些新兴学科和技术性学科专业等应用性专业建设的速度放缓,进而导致高等职业教育培养的学生质量总体下降,致使毕业生就业困难。[②]

因此,21 世纪高新技术的迅猛发展和知识技术半衰期的不断缩短,要求高等职业教育对劳动力市场具有敏锐的嗅觉和灵活的反应。我国高等职业教育专业建设的前瞻性不足将会导致我国高等职业教育在人才培养上无法跟上经济变化的步伐。

### 4.3.3　互动机制不稳定性

所谓建设,即是对未来若干年的总体考虑,或是五年或是十年。一个专业从开设到成熟亦需要一定的时间,例如,一支成熟的专业教师队伍的形成需要 5～10 年的时间。尽管 21 世纪区域经济发展速度飞快,技术更新日新月异,人才的需求也随之变化很快,但是专业却不能随时更替,在高等职业教育专业设置稳定性与职业需求的变化性之间存在天然的矛盾。

由于专业建设缺乏前瞻性,对区域经济发展趋势把握不准确,专业口径设置过窄,人才适应性弱,高等职业教育的区域经济适应性减弱,高职院校只能在专业建设的基础上不断变动,随时增删专业,造成专业建设缺乏稳定性和长期性,专业内涵无法深化,出现"课程体系针对性不强、系统性不够,无论

---

①　张微.高校专业设置与适应区域经济发展问题研究[J].经济研究导刊,2008(6):183—184.

②　梁爱文.创新高职专业建设的路径分析——基于区域经济发展的视角[J].德宏师范高等专科学校学报,2009(1):13—16.

是公共课程、专业基础课程还是专业课程,既不及时更新课程教材内容,也没有针对专业的人才培养规格进行有效的教学设计"①,以及课程建设存在目的异化现象,具体体现在重申报、轻建设、轻应用,精品课程及其现代教育技术在高等职业教育的课堂上应用很少。资源建设短缺仍是制约教学质量、制约"教学做一体化"的瓶颈。曾经出现的"黑板上开机床,课本上种庄稼"现象仍在很多领域继续延续。师资队伍建设方面,教师中获得职业技术资格证书的比例很低,参加过高等职业教育教学科研工作的教师也很少。教师中曾下厂实践的比例不少,但有实质性锻炼的比较少,双师培养呈形式化倾向②。课堂教学存在教学与实践脱节,学生学的内容无法迅速应用于社会,"高职教学内容与中等职业教育的衔接处理有待完善,如何做到理论适度、突出实践,仍然认识不很清楚",存在"课程安排不合理"、"实训教学力度不够"、"专业特色不明显",以及"师资力量跟不上"等现象,教师专业教学能力、教学质量亟须提高等问题无法解决,最终高职院校无法建立经得起时间考验的品牌和特色专业。

## 4.4　本章小结

本章主要用宏观视野研究我国高等职业教育专业建设与区域经济发展的互动关系。

文章首先从理论上分析了高等职业教育专业建设与区域经济发展的互动内容。笔者认为,高等职业教育专业建设与区域经济互动在内容上表现为区域经济的产业结构与高等职业教育的专业结构互动、区域经济的技术结构与高等职业教育的专业层次结构互动这两个方面。

随后,本章研究了高等职业教育专业建设与区域经济互动方式。社会互动的主要形式有交换、合作、冲突、竞争和强制。高等职业教育专业建设与区域经济互动是一种决定与被决定、引导与被引导、带动与被带动、服务与被服务的关系,所以按照社会互动理论,高等职业教育专业建设与区域经济互动是一种强制的互动形式。这种互动形式是一个人或者一个群体将其意志强加于另外一个人或者群体,在本质上讲,所有形式的强制都是以使用物质力量或暴力的威胁为最终基础的。一般而言,强制的表现非常微妙。通常情况

---

①② 孙国荣,王进博,张爱荣.基于区域经济发展的高职院校专业建设机制的思考——滨州职业学院对接两区建设谋求创新发展研究与思考[J].滨州职业学院学报,2011(1):1—5.

下,强制也像冲突一样,被看作是一种负面的社会互动形式,但是实际上,强制也有正面的社会功能。在高等职业教育专业建设与区域经济互动的过程中,强制无所不在。在这一互动关系中,区域经济更具主动性,高等职业教育的专业建设更具被动性。也可以说,没有一定发展水平的区域经济,就不会产生相应的专业,更不会有相应的专业结构和专业层次结构。例如,中西部地区经济发展水平较东部地区低,相应的,中西部地区高等职业教育的专业建设就会比东部地区的弱,甚至有些东部地区已经建设成熟的专业在西部地区还没有出现,而某些落后的或者冷门的专业在东部经济发达地区已经消失,而这些专业在中西部地区却依然处于建设当中。因此,某一专业的建设水平有赖于当地的区域经济发展水平。

　　然而,高等职业教育的专业建设也会反作用于区域经济发展,强制的互动方式也不可能单独存在于这两者的互动关系之中。在高等职业教育专业建设和区域经济发展的关系中,强制的互动方式也与交换的互动方式共同存在。交换的互动指个人或者群体进行某种旨在获得报酬或回报的交往。当然,回报并不一定是有形的,也不一定有明确目的,有时更多的是无意识地期待别人的感激,但多数社会交换遵循一个基本原则——互惠。在区域经济和高等职业教育的互动过程中,这种交换关系成为互动的基础,一方面,区域经济为高等职业教育的专业建设提供人力和物力支持,是高等职业教育进行专业建设的物质基础,区域经济的发展水平越高,政府对高等职业教育投资的力度就越大,高等职业教育用于专业建设的人力和物力就越多,高职院校的专业建设能力就越强;另一方面,高等职业教育本身具有促进区域经济的经济功能,高等职业教育的专业建设为区域经济发展提供技术支持和人才支持,能够优化劳动力素质结构、促进区域经济的技术创新发展和促进区域经济产业结构优化升级。

　　最后,本章分析了高等职业教育专业建设与区域经济互动中存在的主要问题,包括互动主体目标不一致、互动缺乏前瞻性、互动机制不稳定等三方面。这些问题是本研究致力于解决的关键问题。

# 第5章 高职院校专业建设
# 与行业互动研究

## 5.1 高职院校专业建设与行业互动内容研究

高职院校专业建设与行业互动内容主要包括以下几个方面:行业人才结构与专业人才结构互动、行业标准与专业课程结构体系互动、行业与专业教学实践体系的互动。

### 5.1.1 行业人才结构与高职专业结构互动

#### 5.1.1.1 行业人才结构

结构是构成事物各种要素的合理组合,是各种要素在空间和时间上的一种相互关系。结构普遍地、有层次地存在于事物之中,它可以分为若干个层次和系统,每一个层次和系统又可以分解为若干个基本要素。要素之间,层次和系统之间有机联系。《人才学辞典》里说,人才结构"是指人才个体结构、人才群体结构和人才社会结构"[①]。从微观上来说,人才结构是人才个体结构,是单个人才的结构;从中观上来说,人才结构是指人才群体结构,指人才队伍;从宏观上来说,人才结构指社会结构,是指更大范围的人才群体结构,"指一个国家或地区的人才组成"[②]。在本章中,人才结构指的是中观层面上的含义,指"人才体系中各要素的构成和比例关系"[③]。

在考察行业人才结构时,我们需要考虑以下几个方面:行业人才整体中各个要素的数量,如人才的知识量、学识水平和能力大小等;行业人才整体中的诸要素配置比例,如某机构中领导决策型人才、咨询参谋型人才、科技型人才和管理型人才的比例;各要素在人才整体结构中的地位和作用。

此外,人才结构还可按照人才的年龄结构、知识结构、智能结构、专业结

---

① 向洪.人才学辞典[C].成都:成都科技大学出版社,1987:62.
②③ 苑茜,周冰,沈士仑,等.现代劳动关系辞典[C].北京:中国劳动社会保障出版社,2000:600.

构等进行划分。其中,人才的年龄结构指"人才群体中各年龄组人数的比例"①,其类型可划分为前进型人才结构,即年轻人占多数,老年人占少数;静止型人才结构,中年人才占多数,青年人和老年人占少数;衰退型人才结构,老年人占多数,中青年人才占少数。人才智能结构指人的认识能力和实践能力之总和,这种不同智能层次的合理搭配是开展高效工作极其重要的因素。人才知识结构指人才掌握知识的层次与类别,是人才掌握知识、发展智力和培养能力的前提。人才的专业结构指各种专业人员的比例构成,专业结构是否合理关系到各项事业能否互相配合、协调发展。"一定时期,一个国家、地区、部门或单位各类人才结构的失衡对经济、社会等各方面的发展必将产生不利的影响"②。因此,在每个行业中保持人才结构的合理性极为重要。

其中,行业人才结构是从行业这个互动主体中抽取出来的一个关键要素,它与高职专业建设联系十分紧密,而与专业建设发生互动最多的、最频繁、最直接的行业人才结构包括各种专业人员的比例构成(专业结构)、人才整体中各个要素的数量(人才的层次和水平)、行业人才整体中的诸要素配置比例(人才种类)这三个要素。同一专业领域的社会人才结构根据人才的层次、水平以及种类大体可以进行如图 5-1 所示的划分。

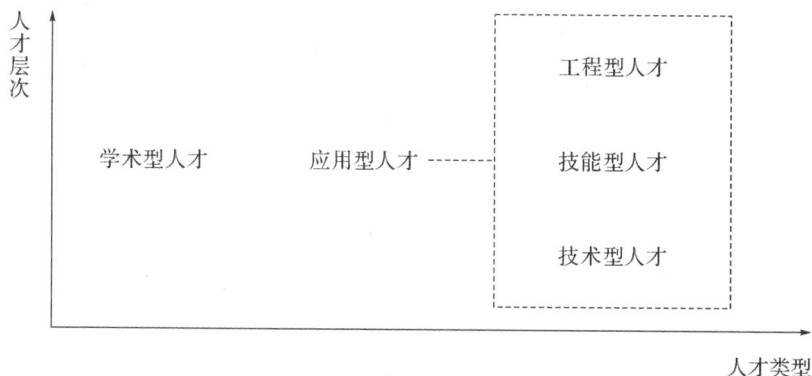

图 5-1　人才结构

### 5.1.1.2　专业结构

专业结构是指职业学校各个专业的构成及其学生人数比例,或者是某一区域内高等职业教育不同专业的构成及其学生人数比例。高等职业教育的专业结构指的是劳动力群体所需的各类专业人才的构成比例,它是高等职业

---

①②　苑茜,周冰,沈士仓,等.现代劳动关系辞典[C].北京:中国劳动社会保障出版社,2000:600.

教育培养专门人才的横向结构,包括专业门类结构比例关系、专业门类和经济结构、生产结构、科技结构、就业结构等之间的联系。此外,专业结构也是劳动力群体结构中的要素之一,合理的专业结构要求劳动力群体内不同类型的人才形成合理的比例。该比例由劳动力群体的具体任务和企业组织目标共同决定,因而它不是一种固定模式。高等职业教育专业门类的这种横向结构决定了其培养的人才的"品种",也决定了高等职业教育专业结构自身发展。

专业结构作为高等职业教育结构中的重要元素之一,按照目的与标准来区别,它可以分为若干个相互关联的要素:各学科专业的分类、各类型人才、不同层次级别等。专业设置是高等职业教育的基础性工作,也是一项事关高等职业教育发展的基础性建设工程,是高等职业教育的根本。高等职业教育的专业结构是否与区域经济结构相适应,特别是高等职业教育的专业人才结构是否与区域产业人才需求结构相协调是衡量高等职业教育专业结构合理与否的根本标准。经过高等职业教育培养的毕业生基本上按照各自所学的专业进入劳动力市场,由此形成人才结构中的专业结构。在某一行业内部,保持专业结构的合理非常重要,不合理的专业结构将严重影响社会经济的良好运行。

## 5.1.2 行业标准与专业课程体系互动

### 5.1.2.1 行业标准

行业标准是"对某个行业范围内产品和服务所规定的统一技术标准"[①],它是技术交流的技术语言,也是生产、服务、贸易等社会经济活动过程的技术准则和依据。行业标准是在行业生产需要,但是国家标准又没有产生的情况下产生的,"在国家标准颁布后,相应的行业标准即行废止"[②]。例如我国的机械行业标准(代号:JB)、航天行业标准(代号:QJ)、航空行业标准(代号:HB)、电子行业标准(代号:SJ)等。

行业标准具有技术性、规范性、服务性等三个主要特征。其中,技术性是指行业标准是一种技术标准,行业标准的制定和执行能够促进高新技术和先进技术的利用,从而加快传统行业标准的更新,淘汰落后产能,进一步推动技术进步;规范性是指行业标准具有规范生产操作规程、产品质量和市场秩序,进而提高市场信任度,促进商品在市场上的流通,维护市场的公平竞争;服务性是指行业标准旨在服务于企业和社会,满足市场目标。

---

①② 中国社会科学院经济研究所.现代经济学词典[C].南京:凤凰出版社,江苏人民出版社,2005:241.

### 5.1.2.2　专业课程体系

课程是教学内容和进程的总和。专业按照体系来划分,就可以分为公共课程、基础课程、专业课程等。专业课程则是专业性教学内容和进程的总和。专业课程体系包括专业课程的结构、专业课程的目标、专业课程的内容、专业课程的实施、专业课程的师资、专业课程的评价等等。

行业标准与专业课程的互动,主要体现在行业标准对专业课程结构的设定、专业课程目标的设置、专业课程内容的选择、专业课程的评价标准等方面。

## 5.2　高职院校专业建设与行业互动方式研究

### 5.2.1　合作式互动

合作是互动的一种形式,当单独的个体或某一群体无法实现某一共同利益或目标时,个体或群体往往会联合起来共同行动。功能主义理论认为,所有社会生活都是以合作为基础,如果社会生活没有合作,那么社会本身就不可能存在。高职院校专业建设与行业的合作式互动主要表现为高职院校专业建设与行业一起努力,为同一目标通力合作而进行的互动。而这一目标就是培养高等技术人才。为了实现这一目标,高职院校与行业在人才培养目标设定、专业设置、专业课程体系设计、师资培养、实习实训等多方面开展合作式互动。

#### 5.2.1.1　互动载体——专业指导委员会

行业是一个团体,而非实体,其参与高职院校专业建设需要一个实体部门来操作和实施,这个实体部门就是以行业企业专家为主要成员的专业指导委员会。在合作式互动中,专业指导委员会不仅代表了行业这一互动主体,它更是行业与高职院校专业建设开展合作式互动的重要载体,也是互动实施者。因此,建立一个专业指导委员会是开展合作式互动的第一步。

20 世纪 90 年代初期,专业指导委员会就已经在高职院校中成立了。当时的专业指导委员会以高职院校的专家学者为主要成员,同时也吸收少数行业企业专家,为当时的高等职业院校的专业建设提供了重要的指导作用。但是当时的高职院校沿袭普通本科教育的风气较盛,学院派色彩十分浓郁,高等职业教育的职业性和技术性并没有充分体现出来,与行业企业的要求还存在较大的距离。进入 21 世纪以后,高等职业教育获得了快速发展,高等职业教育的理论研究逐步深化,理论界和实践领域的高等职业教育专家都开始意识到高等职业教育与普通本科教育的差异,逐步认识到将行业企业专家纳入高等职业教育教师队伍的重要性。校企合作也从那时候开始兴盛起来,高等职业院校中的专业指导委员会也开始大量吸纳具有行业企业背景的专家。

2004 年,我国政府层面开始强调加强专业与行业的关系①。随后,教育部也成立了高职高专专业大类教学指导委员会,由该委员会全面指导我国高职教学工作,随后,各省(自治区、直辖市)积极响应中央的政策和做法,也相继成立专业类教学指导委员会,由此形成了一个由国家、地方和院校构成的三级体系,分级管理高等职业教育的专业建设,推动专业改革和专业教学工作。

现在,专业指导委员会都由行业企业专家、专业带头人和教育管理专家共同组成。专业指导委员会参与高职院校的专业建设全过程,包括参与专业规划、专业设置、专业人才培养方案、专业主干课程教学标准(教学大纲)的制定与修改,以及校企合作方案的制定与实施和实习实训基地建设等工作。在专业指导委员会的人员性质组成上也出现了多元化现象,有的专业指导委员会中高职院校的专家学者占大部分,有的却是行业企业专家占大多数,也有的是高职院校专家和行业企业专家各占一半比例。随着校企合作的深入,专业指导委员会也可以分为三种类型,一种是院校主导,一种是行业企业主导,还有一种是校企共同主导。其中,单方面掌握主导权的专业指导委员会通过征得另一方的认可来行使主导权,校企共同主导的则由双方或者多方共同协商来行使主导权。为了避免人才培养的狭隘,不仅要使专业指导委员会的人员多元化,而且即使是来自企业的成员,还要尽可能地限制来自同一企业的人数。为了培养复合型的高技术人才,还要尽可能地使成员的专业和岗位也有所区分,跨专业、跨领域的背景有利于专业指导委员会对专业建设进行全面指导,他们可以来自同一个企业的不同部门和岗位,也可以来自不同企业的不同部门和岗位。

专业指导委员会由基地、技术专家、行业企业管理人员以及学校教师组成,在其指导下进行产业需求调查、分析就业岗位,并且根据行业企业标准制定培养目标和培养规格,进而以培养职业能力为核心,设计课程体系和培养方案,制定基础理论以及实践教学大纲,以此方便教师了解专业培养目标、课程体系、培养规格、工作过程和技能实训以及指导学生等等。因此,专业指导委员会应该从宏观方面分析人才培养方案,并在实施中发现问题、解决问题、修正问题以及改进问题,不断完善人才培养方案。浙江金融职业技术学院成

---

① 见 2004 年教育部发布的《普通高等学校高职高专教育指导性专业目录(试行)》(教高〔2004〕3 号)和《普通高等学校高职高专教育专业设置管理办法(试行)》(教高〔2004〕4 号)。

立了专业指导委员会,并制定了相关工作机制,建立了调控专业培养目标的专家、市场跟踪、评估和实施"四大系统",以此实施和优化专业人才培养方案。①

例如,金华职业技术学院的众泰汽车学院②与实力雄厚的众泰集团③成立了众泰汽车学院专业指导委员会。该专业指导委员会由学院理事会从众泰集团中聘任具有较扎实的理论功底和较强的动手技能、五年以上专业工作经验、一般具有高级技术职务资格、能正确掌握和预见专业发展趋势的管理与技术专家组成,每届任期三年。首届专业指导委员会共有成员 21 人,其中主任 1 名、副主任 6 名、委员 14 名。其中,主任由集团行政人事副总裁担任,副主任由集团 3 名副总裁、研究院院长、财务总监、研究院副院长担任,委员由总裁办、制造工厂、财务部、人力资源部、规划发展部、销售公司、品牌公关部、质量管理部、信息管理部、法务部等部门负责人担任,来源广泛,涵盖了集团主要用人、管人部门。从成员专业结构看,除汽车、机械外,还包括管理、会计、计算机、法律等专业,对复合型人才培养具有明显的导向。

从高等职业教育的特征要求和有效培养的过程来看,专业指导委员会是协助高职院校管理部门对专业教学工作进行研究、咨询、指导和服务的专家组织,专业指导委员会的功能主要表现在桥梁纽带、咨询指导、资源整合、质量监督、信息传递等五个方面。专业指导委员会是市场人才需求和高职院校人才培养供给的桥梁与纽带,能为高职专业建设的全过程提供咨询与决策,并能整合行业企业资源,为高职院校提供优质的教育资源,确保高职院校的人才培养质量并及时反馈毕业生和实习生的企业评价,及时传递行业产业的最新信息,确保高职院校教授的技术工艺与企业需求保持在相同水平,使人才培养始终处于劳动力市场需求的前沿。

根据专业指导委员会的上述功能,专业指导委员会在行业与高职院校专业建设的合作式互动中的职能主要为研究咨询、指导推动、质量监控和交流服务。宏观层面的专业指导委员会能宏观把握不同专业的发展方向,向国家或地区的高等职业教育专业设置提供咨询意见,微观层面的专业指导委员

---

① 黄宏伟. 基于就业导向的高职专业建设研究[J]. 教育发展研究,2009(13/14):31—34.

② 众泰集团与学校联合开设"众泰汽车学院",在金华职业技术学院中是一个专业学院。

③ 众泰控股集团是一家以汽车整车、汽车模具等零部件产品的研发、制造和销售为核心产业的跨区域外向型经营企业。已建成具有国内外先进水平的冲压、焊装、涂装、总装四大工艺流水线和整车动态性能检测线,同时具备汽车车身和模具开发、制造的能力。

会,也就是高职院校内部的专业指导委员会能为广大高职高专院校提供针对性的指导与服务,具体指导高职院校的专业建设。

例如,由金华职业技术学院与实力雄厚的众泰集团成立的众泰汽车学院专业指导委员会明确规定其主要职责就是对专业设置进行论证或咨询,审议专业发展规划,对专业建设方向、培养目标与规格、理论和实践教学体系等进行指导,对专业教学计划、课程设置进行咨询,指导实践性教学与实习、实训基地的建设,承担专业教师实践技能培养工作,指导教师研究课题,受聘委员可根据实际工作需要兼聘为客座教授等。

### 5.2.2 强制性互动

#### 5.2.2.1 行业人才结构决定高职专业结构

各地的高职院校的不同专业都有地区或者行业背景,离不开行业支持。高职院校的专业是与各个行业的某一层次的不同专业相对应的。这个层次,指的就是高等职业教育是为国家和地方的经济发展提供能适应行业和企业生产、建设、管理和服务需要的高素质的一线应用型人才。类型是指高等职业教育培养的是应用型人才,而非学术型人才。应用型人才区别于学术型人才,他们不强调理论知识的丰富,掌握必需够用的基础知识和较强的应用技能,以及良好的职业道德。因此,区域各行业的人才需求结构是高职院校专业结构形成的主要依据。当两者在类型、层次,以及质量和数量上都得到良好匹配时,两者就能实现良性互动,各自也都能获得良好发展。

高等职业教育专业建设的专业结构要突出区域与行业的需求,并具有前瞻性。在进行专业设置与调整前,要做好区域内各行业人才需求结构的预测分析,了解不同行业人才的需求现状和趋势,这是专业建设的基础。在专业设置时要具体考虑分析职业岗位情况和岗位中可能被其他层次和类型教育所覆盖的因素。分析职业岗位情况,就是分析与高等职业教育所培养的应用性高级技能人才相对应的岗位需求、岗位要求、数量要求和岗位发展趋势,岗位中可能被其他层次和类型教育所覆盖的因素。分析对应岗位中可能被其他层次和类型教育所覆盖的因素指的是普通高等教育对高等职业教育专业的冲击,在普通高等教育扩招,本科毕业生大量涌入劳动力市场的情况下,原本只需要大专学历高职毕业生的岗位会提高招聘要求,将本科生也纳入招聘范围之内。由于教育的周期滞后性,类似的现实因素是高等职业教育专业设置和调整时需要充分考虑的。

例如,党中央、国务院把调整和改造老工业基地列为我国进入新世纪的重要发展战略。根据辽宁省的产业发展特点,重点发展的行业形成了五个

"板块":沈阳的装备制造和工业企业、大连的装备制造和造船业、本溪和岸上的钢铁冶炼业、抚顺和锦州的材料与能源原材料加工业、铁岭的高新农业。辽宁是我国重要的材料和能源基地,汽油、煤油的原油加工占全国的 18.2%,居全国首位;乙烯生产占全国的 8.4%,居全国第七位;塑料树脂及共聚物生产占全国的 8.3%,居全国第五位;合成纤维单体生产占全国的 15.7%,居全国第三位;子午线轮胎生产占全国的 10.7%,居全国第三位。在对辽宁省材料与能源工业的发展和人才需求状况的调查中发现,2008 年辽宁省整个材料与能源系统内县区以上企业 510 个,其中大型企业 40 个、中型企业 80 个。拥有职工 31.2 万人,其中中专以上文化程度和技术员以上职称的人员 2.5 万,仅占职工总数的 12%。职工文化素质较低,结构不合理,专门人才中本科以上占 24.7%、大专占 25.6%、中专占 49.6%[①]人才类型不全,缺乏理论与实践结合紧密的高端技术应用型人才,特别是随着材料与能源新技术的不断引进和开发,企业对生产一线的人员提出了更新的要求,这种人才不但要掌握现代材料与能源生产工艺,还要掌握现代化工过程控制与操作、现代计算机应用、现代机电设备的使用、现代管理等技术,因此迫切需要培养和输送一批高素质、精技术、能直接上岗、熟练操作,并能综合运用理论知识和技能分析解决现场实际问题的高素质技能型专门人才。因此,辽宁省的高职院校为满足辽宁材料行业和能源行业的人才需求,对材料与能源类专业进行了设置与调整,重点建设材料类专业、能源类专业和电力技术类专业这三个专业大类,其中:材料类专业中的金属材料与热处理技术、冶金技术、高分子材料应用技术、复合材料加工与应用技术、材料工程技术、建筑装饰技术及检测,能源类专业中的热能动力设备与应用、城市热能应用技术、农村能源与环境技术、制冷与冷藏技术,电力技术类专业中的大电厂及电力系统、电厂设备运行与维护、电力热能动力装置、火电厂集控运行、小型水电站及电力网、电网监控技术、电力系统继电保护与自动化、高压输配电线路施工运行与维护、农村电气化技术、电厂化学等专业,形成了与辽宁省材料与能源行业相匹配的高等职业教育专业结构。

### 5.2.2.2　专业课程结构体系建设以行业标准为基础

《国家中长期教育改革发展规划纲要(2010—2020 年)》提出"以服务为宗旨,以就业为导向,推进教育教学改革",也就是说高职教育的基本要求和根本出路是以就业为导向,以能力为本位,以职业岗位(群)要求为目标。以就

---

① 董新伟,杨为群. 高等职业院校专业设置与调整研究[M]. 大连:东北财经大学出版社,2009:220.

业为导向,就是要根据职业岗位(群)需求建设专业、改革课程,并及时根据需要开设和调整。行业标准是国家或行业根据不同行业在岗位知识、技能和基本素质方面的基本要求而制定的职业标准,与其行业联系紧密,能比较充分、真实地反映企业的要求。所以,高职院校的专业教学内容改革和课程体系设置以行业标准为基础,一定程度上不仅可以缩小职业教育与行业要求的差距,还能提高高职院校学生的实际操作能力,增加其核心就业竞争力。

基于行业标准的人才培养目标。从人才培养目标维度看,基于行业标准的高技能人才的培养目标直面行业对高技能人才知识、技能、素质的要求,培养适应行业需要的生产、管理一线技术应用型人才。高职教育对专业人才的培养定位相对特殊,是技术应用型人才,主要表现在其职业性、高等性、实践性以及应用性。所谓"高等",是指高职教育是一种高等教育类型,是职业教育的高级阶段,是兼具科学技术教育和人文素质教育,兼具知识体系和岗位技术与技能的正规化教育。而所谓"职业",是指高职教育具有职业性和就业性,也就是兼具职业教育和就业教育的双重特点。其人才培养模式的构建需要在广泛的行业、企业调研的基础上,邀请行业专家和职业教育专家,编制出职业岗位框架,梳理出"行业—子行业—岗位"框架图,开发出关于技术人员的行业标准,最后形成该领域主要行业专业技术人员的职业标准体系[①]。在此基础上,构建基于工作过程的课程体系。经过专业指导委员会的多次商讨和论证,准确定位人才培养目标,确定培养规格、专业及课程标准、实践教学的课时比例及工学结合的具体形式。

基于行业标准的专业课程体系构建与开发。构建与开发基于行业标准的专业课程体系是高等职业教育专业建设的重要环节,注重分析行业企业的岗位知识和能力,根据市场需要进行专业课程内容设计,把高职专业课程与企业所需人才的知识能力对接起来,把行业标准体系内容渗透到专业课程内容中去,有利于学生掌握专业知识和核心技能,既能满足学生的就业需要,又能为学生的进一步学习打下基础,更能很好地为区域经济发展服务。

要彻底改变以"知识"为基础设计课程的传统,真正以"能力"为基础来设计课程。要按照行业的相关性,而不是知识的相关性来确定课程设置,最大限度地满足企业(行业)对应用型人才的要求[②]。所以,构建与开发基于行业标准的专业课程体系的设计思路是:首先,依据行业、职业、企业的标准,教学

① 访赵琦.以职业标准引领专业技术人才培养方向[N].中国教育报,2012年3月21日第5版.
② 王庆桦.构建与行业标准相衔接的高职课程体系[J].天津职业院校联合学报,2011(3):58—62.

内容、课程标准的制定把工作过程作为参照;再次,以"工学结合"人才培养模式为核心,结合产业、行业、职业和专业的特点,制定以工学结合为核心、基于工作过程的核心课程和专业课程体系;其次,学校与行业企业一起开发课程网站、实训教材、教学和评价用量表等教学资源;最后,根据培养学生职业能力客观规律,把工作过程与真实工作任务结合起来,改革教学内容,科学合理地设计学习性工作任务,结合实际设计项目教学、情境教学和案例教学的方法或者手段①。总之,课程体系设计思路主要体现在以下几个方面:以行业能力需求为依据,改革过去"学科本位"的课程思想,课程和界定课程的依据以企业(行业)岗位应具备的综合能力为依据,并根据能力需求变化适当增减课程内容;以职业能力培养为主线。课程体系的主线是培养职业能力,核心是职业能力训练,把专业课、公共基础课以及技术基础课结合起来,进而整合课程;以专业技能培养为中心,专业课程的能力培养以培养专业技能为核心,结合企业(行业)的实际需求和变化特点,建设以能力为中心,以素质为基础的理论教学体系和实践教学体系,两者相互结合形成人才培养模式。根据国家统一的证书制度和行业组织制定的职业能力标准,结合岗位技能要求、就业市场信息以及产业需求,明确专业课程的实施内容。其中,专业课程体系是由专业管理委员会、企业(行业)以及学校共同修正、确定。

构建与开发基于行业标准的专业课程体系要按照以下步骤:明确行业或领域职业岗位具体要求,依据岗位需求确定专业培养目标;分析确定职业岗位人才应具备的核心技术、核心技能和职业素质,并分解专业核心能力;设计出与职业岗位人才应具备的核心技术、技能和职业素质相对应的核心技术课程和职业技能课程;确定核心技术外的其他技术技能,并设计相应专业技能课程;从高等职业教育对学生的思想政治素质、身体素质、心理素质、人文素养和科学素养等全方位的目标出发,结合行业企业的岗位需要,设计相应的专业基础课和专业特色课程,构建完整的专业课程体系。

例如,基于 IT 行业标准的计算机多媒体技术专业课程体系的开发过程如下:

首先,依据 IT 行业岗位需求确定专业培养目标。与计算机多媒体技术专业相对应的行业企业岗位主要有:网页设计师、网站开发维护人员、平面广告设计师、影视编辑师、动画设计师、Web 应用开发、计算机办公技术人员等。计算机多媒体专业具有明显的职业定向性,通过职业分析,可以确定其知识

---

① 杜世禄.五位一体育人模式深化纵览[M].北京:文化艺术出版社,2011:134—141.

体系、能力结构和职业素养等要求。因此,与计算机多媒体技术专业相对应的岗位职业要求有:沟通、合作、管理与协调工作能力,熟悉相关技术应用;通过技术理论、技术实现与技术运用这三条主线的学习,要求学生较熟练地掌握计算机多媒体技术的组成、计算机多媒体作品的设计与制作等能力,学生毕业后可在 IT 公司、影视制作公司、平面广告装潢设计公司,以及信息技术先进的企业和政府机构等单位从事平面设计、网页设计、三维设计、装饰设计、网站管理和电子商务设计等高技能工作。

将岗位职业要求进行分解,细分为职业能力和基本素质,其中职业能力再细分为专业技术能力和通用能力。专业技术能力包括:简单动画制作、多媒体网页制作、影视作品基本编辑、平面广告设计与制作、多媒体作品设计与制作;通用能力包括:学习新技术能力和知识转移能力等学习能力,调查研究与组织协调能力和创意提出和实现的创新能力;基本素质包括:合格政治素质、较强的质量意识和市场意识、良好的团队意识和良好的人际关系、良好的沟通能力、较强的事业心、高度的责任感和敬业精神。

其次,设立多个专业技能方向。为了体现高职教育和高职院校的自身特色,专业课程体系的构建必须强化专业方向,充分考虑专业课程与地方经济紧密结合。本案例中的计算机多媒体专业是以计算机动画技术、计算机平面设计、网页设计和开发等为主要方向的宽口径专业。

最后,专业核心能力分解。计算机多媒体专业作为一个技术密集型专业,要求学生掌握计算机使用与维护、图形图像处理、动画制作、网页制作和网站创建等多个方面的技能和知识。基于 IT 行业对人才的动手能力要求较高,本计划还加强了实践教学,共 38 周,包括 6 个课程设计、10 种教学实训和一个学期时间的毕业设计与实习。最终,该课程体系中的理论与实践教学课时比达到 1:1.18,充分培养学生的动手能力。并且,根据高等职业教育的实用与够用原则,本课程体系中没有开设"编译原理"和"操作系统"等课程;该课程体系还设置了"XML 技术应用"、"多媒体新技术"、"FLEX 设计基础"等计算机新技术方面的最新课程,以适应时代发展需求。

又如,金华职业技术学院众泰汽车学院模具设计与制造专业(汽车方向)和皇冠电动工具工程班(机械制造与自动化专业)专业课程体系都是在行业标准的指导下,在分析众泰汽车学院各专业和皇冠电动工具工程专业的对应生产岗位群工作任务与职业能力,考虑国家教育政策、教育教学规律和学生认知发展规律的基础上,进行了调整。模具设计与制造专业(汽车方向)课程体系如图 5-1 所示,皇冠电动工具工程班(机械制造与自动化专业)课程体系如图 5-2 所示。

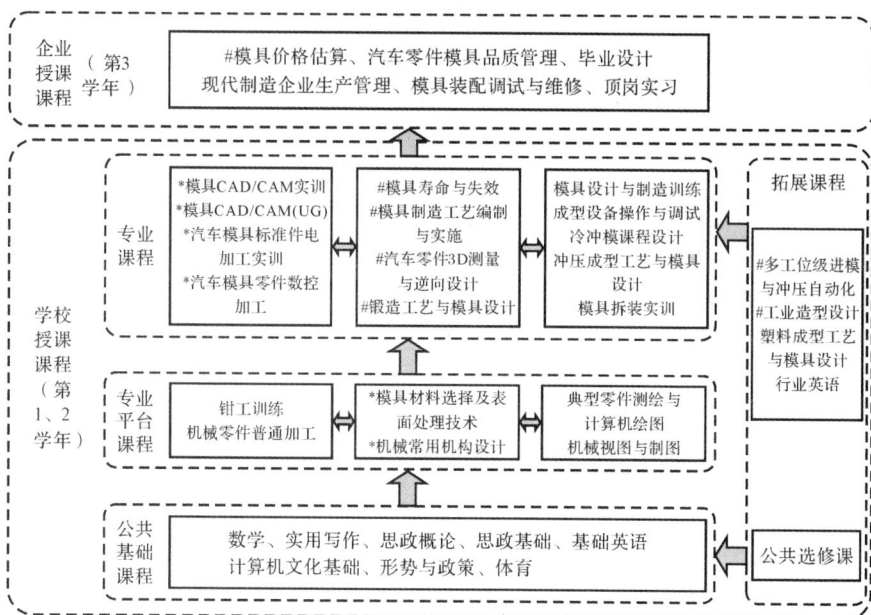

图 5-1　模具设计与制造专业(汽车方向)课程体系①

　　模具设计与制造专业(汽车方向)第 1、2 学年的课程安排在校内授课,第 3 学年的课程安排在众泰授课。汽车方向课程体系与非汽车方向的课程体系主要区别体现在两个方面。其一是针对众泰企业的要求新增部分课程,图中带"♯"的模具寿命与失效、模具制造工艺编制与实施、汽车零件 3D 测量与逆向设计、锻造工艺与模具设计、模具价格估算、多工位级进模与冲压自动化、工业造型设计等课程是为企业新开的。其二是针对众泰企业要求对原来课程的教学内容进行重大调整,图中带"＊"的模具 CAD/CAM 实训、模具 CAD/CAM(UG)、汽车模具标准件电加工实训、汽车模具零件数控加工、模具材料选择及表面处理技术、机械常用机构设计等课程调整内容较大。

　　皇冠电动工具工程班(机械制造与自动化专业)专业课程体系从分析机械制造企业特别是皇冠集团的岗位工作任务与职业能力入手,按照认知规律,创设"342"课程体系。"3"是指三条能力培养主线;"4"是指公共基础课程、专业平台课程、专业方向课程、职业综合训练四层次课程;"2"是指根据学生职业岗位选择和爱好进行选修的拓展课程和贯穿整个培养过程的职业生涯教育课程。通过校内外实训、学做有机结合,使理论与实践得到统一,有效

①　图片来源:杜世禄主编.利益共同体[M].北京:文化艺术出版社,2010:192—193.

提升职业能力,使毕业生更加符合机械制造行业的人才需求。

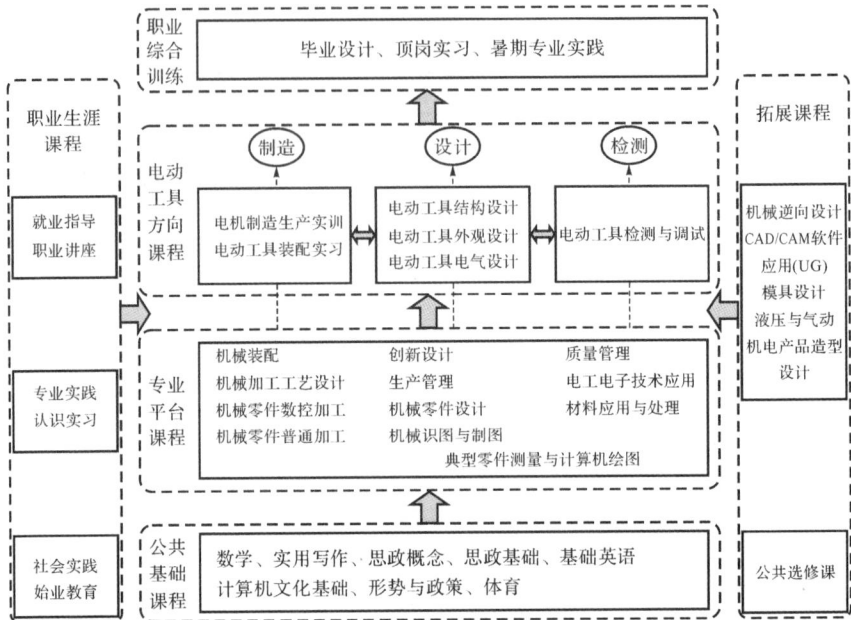

图 5-2 皇冠电动工具工程班(机械制造与自动化专业)专业课程体系①

## 5.2.3 交换式互动

行业指的是工商业中的类别,一种行业是由某一类别的工商业中的企业构成的。追求利益最大化是企业的永恒目标,企业的这一特质也深刻影响着行业,行业的命运掌握在那些作为它的组成部分的企业的手中。因此,行业与高职院校专业建设的合作必是建立在以获得最大利润为目的交换的基础上的。对于行业来说,通过与高职院校专业建设的互动,可以得到其所需要的人力资源,这是其参与这一互动的首要动力,对于高职院校来说,高职院校培养人才质量得到提高,毕业生就业问题得到解决。在市场经济条件下,合作式互动的本质是资源共享、互惠双赢、利益交换。

### 5.2.3.1 高职院校为行业提供三大支撑

高职院校的交换式互动,首要前提是维持利益关系的平衡,而在行业与学校的交互式互动中,学校首先可以为企业提供如下保障:

高职院校可以为行业提供先导技术支撑。我国近现代的新型工业化发

---

① 图片来源:杜世禄主编.利益共同体[M].北京:文化艺术出版社,2010:204—205.

展进程说明,劳动密集型产业的市场份额将逐步被资金技术密集型产业所占领,资金技术密集型产业将成为引领职业教育发展的主导产业。在这种发展的大背景下,诸多高新技术企业需要高技术人才来维持企业发展的动力,需要高技术产品来保持企业的利润,扩大企业的既有市场。作为区域内的人才和技术发源地,高职院校在技术研发方面的优势恰恰迎合了这些行业企业的要求。高职院校依托自己的实验实训硬件和科研师资软件,能够在一定时间、一定领域把握行业企业的发展动态和发展方向,能够与相关行业企业保持紧密的合作。当然,为了实现高职教育最终培养人的目的,高职教育也应该发挥自己的技术优势积极帮助企业攻克相关技术难题,因为在攻克难题的基础上,能够使相关行业企业对学校产生信赖感,进而推动它们积极投入到学校的教育事业和专业建设中来,同时学校的技术产出最终也可以帮助学生适应最新的行业发展,也可以帮助学校获得经济上的效益。

高职院校可以为企业提供专利信息支撑。随着知识经济的不断发展,品牌意识逐渐被行业企业所重视并发展成为企业利益增长的制高点。然而,相比发达国家来说,我们的行业企业很多还处于产品的初生产阶段,这种投入巨大物力人力却获得较少利益回报的企业发展模式不利于企业的发展。对于区域内的高职院校来说,作为教育机构和技术智库,在专利信息获取、品牌理念管理上具有天然的理论优势,学校的专家、设备、相关技能人才以及完善的法律服务能够为企业专利信息的获取提供一条龙服务,从而在很大程度上缓解企业在这方面的弱势。

高职院校可以为企业提供技能人才支撑。作为专门培养技能人才的机构,高职院校在这方面有着相比于企业的巨大优势,尤其是在校企合作逐步深入的今天,在追求"利润最大化"的时代,学校能够及时将企业的需要转换为专业的培养目标,转化为课程的目标指向,这样培养出来的人是企业急需的,是能够给企业带来巨大效益的人员。也只有满足了企业对人才的需求,企业才能够积极地参与到接下来的校企合作中,这样就形成了校企合作的良性循环。为此,高职院校必须调动一切资源为人才培养服务,即以企业的人才需求为导向,统筹人力、物资、信息、管理等要素,提高学校的办学实力与办学水平,从而为企业培养对口的高素质人才。[①]

### 5.2.3.2　对口行业为高职院校提供三大条件

高职院校能够为行业企业提供相应支撑并且也愿意积极提供,主要的原因就是企业本着利益交换和平衡的原则,也能积极发挥自身的优势为学校发

---

① 邱永成.高职教育中校企合作动力机制初探[J].教育与职业,2009(26):8—10.

展和专业建设提供便利的条件,总结起来主要表现为以下方面:

适应职业教育的"职业"特点,为学校提供实践经验丰富的技术人员。作为一种本质上的技能教育,离开行业企业一线的技术人员,高职教育是不能有长足发展的。但是,学校本身的各种限制因素,使得学校本身很难获得企业一线的技术人员,这种类似于本质上的缺乏使得学校根本不能培养出实用型人才。而在学校和企业互动共建专业的过程中,企业在获取教育利益时会更愿意派遣一线技术人员参与职业教育,这些技术人员就能够采取有效的方式对学生进行训练,同时能够结合企业中的实际情况,对学生进行理论上的指导。当然,企业的技术人员更进一步弥补了高职院校在师资方面的天然劣势,这种实惠是高职院校最为看重的一点。

适应学校就业导向,和学校进行订单式培养。不管高职学校实行什么样的教育教学改革,不管高职学校在专业建设上有着如何巨大的突破,如果最后培养的学生不能在相关的行业企业就业,那么这些改革就是失败的。而企业作为学生就业的主要接受者,可以根据自己的需要积极与学校合作。通过高职学校可以对学生进行更加有针对性的教育,这往往会节省大量的时间和教育资源;另一方面,学生在解决自己就业的前提下,能够对自己未来的职业发展有更明确的规划,而企业在订单中获得的人才是可以直接在生产中使用的,这会大大减少企业自己的培训支出。由此看出,企业在订单培养中占据着较为主动的地位,这也要求高职院校应该积极创造有利的条件,调动企业参与学校订单培养的积极性。

适应职业教育的"动手"特点,为学校提供实训设施。不管学校的理论课程和实践课程体系怎样完备,如果缺少相应的实训设施,这些都是空谈。由于实训设备的投入较大,长期以来高职学校实验实训设备简陋,在数量和质量上存在较大的缺陷就成为高职院校专业建设的重大障碍。如果高职院校和企业之间能够在专业建设的基础上进行有效的互动,在利益得到保障的前提下,相关行业企业可以通过直接提供学校实训设备、提供学校资金以及让学生直接到企业的设备上进行操作的方式帮助学校培养学生成为企业直接可用的具有较强动手操作能力的技术人才。

以上提到的高职院校和企业交换式的互动在现实高等职业教育中普遍存在。例如,金华职业技术学院的机械制造与自动化专业就建立一种"交换式"人才培养模式[①]。高职院校借助行业企业技术资源、智力资源、设备资源和职业环境培养高素质技能型人才,行业利用高职院校的师资优势、设备优

---

① 杜世禄.利益共同体[M].北京:文化艺术出版社,2010:107—108.

势和教学环境开展职工培训、新产品研制、技术交流和行业资源库建设、创设校企"智力、技术、资源、角色"互换为特点的人才培养模式。其中智力交换互动是指构建区域技术联盟，将专任教师与企业技术人员纳入同一个管理平台。专任教师进入产品研发团队，参与新产品开发和技术服务；企业技术人员承担部分专业课程教学，指导实践教学，并举办专业讲座。技术交换互动是指在课程与资源库建设上，采用共建共享的方式，每门专业课程均确定共建企业，双方共商课程内容，共编实训教材，共同实施教学。同时，还建立中国电动工具技术联盟网站，双方共同收集产品技术资料、标准、工艺文件等行业资源，建设教学资源库和共享型行业资源库。资源交换互动是指通过引入行业企业、合作共建、车间化改造等多种方式，建设可承担企业生产任务的校内实训基地，强化校外实习实训的教学功能，不仅解决了实训条件不足问题，而且企业的生产场地也得到了扩展，形成了在真实职业环境中开展课程教学，实现了校内外培养的优势互补。角色交换互动是指一方面学生在顶岗实习过程中作为企业的准员工，真刀真枪地进入行业企业的职场车间，另一方面，企业员工作为学员，由高职院校的专任教师进行培训，提升专业素质。在此过程中，高职院校与行业企业相互协调确定实习计划及培训计划，共同承担学生实习与员工培训过程的管理和考核，保证定岗实习与技术培训的效果。

　　总之，高职院校充分利用行业资源，提高人才培养的质量，行业因得到所需要的高技能人才，获得人力资本，实现行业发展，最终达到"双赢"的最佳状态。

## 5.3　高职院校专业建设与行业互动的问题研究

　　基于高职院校专业建设与行业互动内容和互动方式的分析，其互动的问题可以归纳为以下三个方面：

### 5.3.1　合作式互动层次不深

　　高等职业教育专业建设与行业合作式互动的效果取决于互动的层次，深层次的合作互动能够对高等职业教育的教育质量提高和行业发展带来明显的变化，浅层次的合作互动则只能是做表面文章，走形式主义，对于两者的长期发展不仅没有太大的作用，甚至会延误两者的改革和发展。

　　将高等职业教育与行业合作式互动划分为三个层次：浅层次合作互动、

中层次合作互动和深层次合作互动①。其中浅层次合作互动表现为行业企业参与高等职业院校的现场教学,行业企业接受高等职业院校师生的参观考察,高等职业院校的教师可以在行业企业中挂靠实践,少量的高职院校的学生能到行业企业中顶岗实习,行业企业安排实习指导教师。中层次合作互动包括浅层合作互动的全部内容,此外还包括行业企业和高职院校共同建设实习实训基地,行业企业参与高职教育的订单式人才培养,行业企业为高等职业院校提供专兼职教师。深层次的合作互动囊括了所有浅层次和中层次的合作互动内容和形式,最重要的是,行业企业深度参与学校的专业建设过程,在人才需求、培养目标、专业设置和调整、课程设置、教学内容的确定、学习成果评价和专业建设评价等方面为高等职业院校发挥重要作用。

现阶段,我国行业企业参与高职院校专业建设的深度不够,多数校企合作还停留在浅层次或者中层次,真正参与到确定高等职业教育的人才培养目标,研究高职专业设置和调整,促进课程改革和教学改革,共同评价教育质量的少之又少,行业协会在校企合作中并没有发挥主要作用。

### 5.3.2 交换式互动的回报度不够

互动以互惠为基础,交换式互动更是突出强化了互惠原则,参与交换式互动的双方必定都渴望得到回报,如果回报力度不大,那么参与互动的积极性就会降低,反之亦然。

上文分析了高等职业教育专业建设与行业进行交换式互动的内容和方式,从理论层面上看,高等职业教育参与这种交换式互动的回报有:行业企业的技术资源、智力资源、设备资源和职业环境等;行业参与这种交换式互动的回报有:高职院校的师资优势、设备和教学环境、新产品新技术的研制和行业资源库建设等。但是,现实的情况是,行业和高职院校专业建设互动的回报力度不够大,例如,并不是所有的高职院校的师资力量都足够强大,有的高职院校的师资数量有限,校内的课程尚且安排不过来,工作量大,更别提去参加企业的课程设计和培训活动。有些经管高职院校的教室内设施完善,但是有的高职院校的教学场地有限,教室数量不足,实施本校学生的教学活动都会存在困难,更别提腾出教室用于培训。还有的高职院校的实践课的教学设备和仪器不够先进,并不能满足企业培训需求。此外,教育体制所带来的科研制度和高职院校科研队伍水平的限制,高职院校的科研成果往往更偏重于理

① 王锁荣.对建设行业企业参与校企合作的层次性及对策研究[J].成人教育,2009(3):7—9.

论研究,难以直接运用于行业企业生产发展,加之科研成果转化成生产需要较长的时间,因此很难在短时期内为行业企业带来利润。所以,在这个互动过程中,行业的回报度不够或者回报不够直接。尽管高等职业院校在互动中得到的技术资源、智力资源、设备资源和职业环境资源是直接也是显而易见的,但是由于高等职业院校的回报更大程度上体现在其培养人才的质量上,更直接地说,体现于毕业生的就业率和就业质量,以及毕业生的职业发展上。高职教育的教育周期都是三年,而人才成长时间比三年时间更长。人才培养是一项特别复杂的工作,影响教育质量的因素又很多,所以行业参与互动,对高等职业教育质量提高的作用也不一定是成正比的。

除了互动带来的交换性回报之外,国家和地方政府也应该为行业参与高等职业教育专业建设提供支持,这对行业企业来说也是一种回报。很多发达国家,尤其是职业教育发达的西方国家对行业企业参与高等职业教育都有税收优惠,这种优惠是直接的,也是可以用数字统计出来的,在西方国家,这种税收优惠给企业参与互动带来了巨大的动力。但是,在我国类似的税收优惠并没有明确的法律规定。

总之,高等职业教育专业建设与行业互动对双方带来的回报不是立竿见影的,回报的长期性、隐形性和难以量化统计大大降低了双方利益的联系,双方的互动积极性。

### 5.3.3　强制式互动强制力量不足

从西方发达国家职业教育发展的成功经验来看,行业与高等职业教育专业建设的互动存在强制性,这主要指的是高等职业教育必须服从行业发展的需求和行业参与高等职业教育专业建设需要国家的强制力量。前者是市场经济规律,互动双方都无法在正常健康的市场经济中摆脱规律的制约,后者是国家强制,行业必须遵从国家的职业教育政策。

与西方发达国家相比,我国实行市场经济时间较短。一方面,我国将市场经济引入教育领域的时间很短,高等职业教育的市场还不成熟,国家行政力量对高等职业教育的影响还很大。另一方面,垄断行业企业的存在也大大降低了人才对行业企业发展的重要性,大量的劳动密集型行业、长期的粗放型经济增长方式的存在影响了我国劳动力市场的健康发展,形成了高等职业教育的发展与其毕业生的就业质量高低关系不大,行业的发展好坏与人才队伍质量的高低关系不大的局面。因此,市场经济规律在我国并没有给行业与高等职业教育专业建设互动带来充足的强制力度。

在我国,国家和地方的法律法规,如《职业教育法》对行业参与高等职业

87

教育的法律条文模糊,只提供了最基本的原则性要求,没有具体的条款和详细的解释,更缺少强有力的实施政策。相关法律法规在用词上也没有体现行业与高等职业教育专业建设的互动的强制性,多用"要"、"应当"等软性词,少用"必须"等强制性强的词,例如《中华人民共和国职业教育法》第三十七条规定"企业、事业组织应当接纳职业学校和职业培训机构的学生和教师实习"①。此外,相关的法律法规中对遵守法律法规的行为没有奖励,对违反或者不执行法律法规的行为也没有惩罚措施,如果企业违反《中华人民共和国职业教育法》第三十七条,不接纳高等职业学院学生和教师的实习又当如何呢?《中华人民共和国职业教育法》并没有明确的说明。

## 5.4  本章小结

本章主要从中观视野角度研究行业企业与高职院校在专业建设过程中的互动关系。

文章首先从理论上分析了行业企业与高职院校在专业建设过程中的互动内容。笔者认为高等职业教育专业建设与区域经济互动在内容上表现为行业人才结构与专业人才结构互动、行业标准与专业课程结构体系互动、行业与专业教学实践体系的互动等方面。

继而,本章分析了高等职业教育专业建设与区域经济发展互动方式。正如上文所说,社会互动的形式主要有交换、合作、冲突、竞争和强制。行业企业与高职院校在专业建设过程中的互动是一种复杂的关系,将行业企业与高职院校的复杂关系进行分门别类地梳理,提取本质,可以发现其中不仅包含了合作和交换的关系,也含有强制性的关系。

合作是互动的一种形式,当单独的个体或某一群体无法实现某一共同利益或目标时,个体或群体往往会联合起来共同行动。功能主义理论认为,从广义的角度来看,所有社会生活都是以合作为基础的,如果社会生活没有合作,那么社会本身就不可能存在。高职院校专业建设和行业的合作式互动主要表现在高职院校专业建设和行业为同一目标通力合作而进行的互动,而这一目标就是培养高等技术人才。为了实现这一目标,高职院校与行业在人才培养目标设定、专业设置、专业课程体系设计、师资培养、实习实训等多方面开展合作式互动。在合作过程中,由行业企业专家、专业带头人和教育管理专家共同组成的专业指导委员会发挥了极其重要的作用。

---

① 中华人民共和国主席令第 69 号《中华人民共和国职业教育法》,1995.

　　强制性互动存在于行业企业与高职院校互动的专业建设中,这种强制性的力量表现为行业人才结构决定高职专业结构、专业课程结构体系的建构(包括人才培养目标的制定)都是以行业标准为基础等方面。在市场经济条件下,高等职业院校必须以市场为导向。高等职业院校的市场就是劳动力市场,是毕业生的就业市场,是用人单位用人行业的市场。在区域经济发展的大背景下,高等职业教育要服务于区域经济,那么高等职业教育的实施者——高等职业院校就要服务于区域经济的主体——行业企业。

　　但是这种强制并不是单方面的,一方面行业和企业将自己的需求强加于高等职业院校,从中争取利益最大化,不仅获得人力资源,得到技能人才支撑,还得到高职院校的先导技术支撑和专利信息支撑,另一方面,行业企业也在适应高等职业教育和高等职业院校的技能和就业教育,前者为后者提供技工教师、提供实习实践的岗位。换一个角度说,在行业企业与高职院校互动的专业建设过程中,双方各取所需,相互交换,实现双赢,共同发展。

　　从理论上分析,行业企业与高职院校互动的专业建设可以运行良好,但是现实中却存在不少问题,可以归纳为三方面:合作式互动层次不深、交换式互动的回报度不够、强制式互动强制力度不足。这是在高职专业建设中行业企业与高职院校两者进行互动的缺陷。

# 第6章 高职院校内部因素互动和校际互动的专业建设研究

## 6.1 专业建设过程中高职院校校际互动及内部因素间互动的内容

### 6.1.1 高职院校的校际互动

除了专业建设中的区域经济和行业互动,高职院校之间的校际互动也是专业建设中必不可少的一环。高职院校之间的校际互动指的是该区域内的某一所高职院校与区域内的另一所或者几所高职院校之间所发生的互动关系。在各高职院校专业建设过程中,校际之间产生互动关系是一种极为普遍的现象。这些互动可以实现教师和学生的思想交流,可以达成彼此实验实训设备的共享共用,可以形成区域职业教育发展的合力。当然,学校之间的合作从来都不是一帆风顺的,合作之中的竞争抑或冲突也是高职院校互动的一种必然状态。这种不同的互动方式将在下一节中进行具体的阐述。

### 6.1.2 专业与专业互动

前面章节已经对专业进行了概念界定,本章中的"专业"是指高职院校在学科分类和社会职业分工基础上,对专门知识进行教学活动的基本组织形式。高等职业教育的专业既具有高深的学科知识的支撑,又具有社会职业的属性。在专业建设过程中,一个高职院校内部的不同专业之间自然会发生联系,它们或是相互合作,形成联系密切的专业群,或是相互竞争,产生冲突,抑或是互补关系,相生相长,共同促进高职院校的发展和高职院校吸引力的提升。

### 6.1.3 专业群与专业群之间互动

#### 6.1.3.1 专业群的含义

已有的研究并不能形成专业群的统一概念,归纳起来,当前主要有两种观点：一种认为专业群是指相近相邻相关专业的组合；另一种观点则将专业群定义为一种核心专业支撑论。当然也有从专业方向、服务面向的角度对是否可以归为专业群进行界定。[①]

截至目前，基本上没有学者对专业群所依据的理论基础问题进行专门的论述，群的概念很大程度上会使人想到数理逻辑领域中的群论。依据群论，群由具有某一共同特征的成员所组成，这一特征是群的关键特征中最为重要的一个。群成员的共同性质对于群来说是至关重要的。由此推论，专业群应该是同一个专业群下面所包含的具有同一性质的专业。对专业群同一性质的认识能够帮助我们避免出现那种随意将几个专业拼凑在一起组成数量上的专业群现象。但是我们又必须看到，专业群涉及的"同一"的性质需要在分析和讨论中才能达成共识。在此基础上，专业群可以定义为："是职业院校面向职业岗位群，以核心专业为依托而构建的专业或专业方向集群。"[②]

这样专业群包含以下含义：专业群是专属于职业教育中的基本概念，是与学术教育的专业相区别的；专业群是以职业岗位群作为依据组建的，不是任意拼凑的数量上的集合；专业群是由核心专业作支撑，是基于核心专业之间的相互联系；专业群的形成是有目的、有计划逐步推进的，为了专业群建设而在短时间内突击建设的所谓的专业群只是形式上的群集；不同的专业群包含的是不同的专业方向，而且这些专业方向要能随着社会和经济的发展进行丰富和扩展。

#### 6.1.3.2　专业群概念形成的背景

我国高职教育虽然起步于市场经济时代，但是计划经济中的"计划"、"供给"却依然对职业教育专业设置存在深刻的影响，过细的专业设置，刚性的人才培养过程使得高职院校专业发展至今积累了很多阻碍高职院校专业建设的矛盾，这些矛盾突出表现在以下方面：专业单体资源在专业随着社会发展大量增加的背景下被逐渐稀释，职业教育与市场经济紧密联系的特点使得高职院校为了新增专业不得不取消已有专业，毕业生就业的结构性矛盾却没有得到改善；相互联系的专业资源利用却相互分割，各专业服务能力受到限制，造成的后果就是专业建设不能得到产业界的有效支持与参与。这种形式下的专业增加无法赶上市场变化的需求，却在一直追赶的脚步中造成资源的无谓消耗，也让需要长期积累的专业文化荡然无存，提升专业培养质量的要求也就无法实现。随着矛盾冲突的日益加剧，高职教育领域的专业群也就应运而生。

---

[①②]　徐恒亮，杨志刚. 高职院校专业群建设的创新价值和战略定位[J]. 中国职业技术教育，2010(7)：62—65.

此外,有鉴于当前高职院校专业人才培养和专业建设中存在的突出问题,高职院校在力求专业建设主动适应市场需求的同时希望专业教学组织能较好地协调学生就业中适应性和针对性的矛盾,让学生能在较宽的职业领域选择自己所能从事的职业,在自己的学习过程中根据市场和行业企业的需求选择学习课程,形成与自己能力和兴趣相匹配的学习专业;希望本身存在相互关联但是在现实教学中相互分离的专业相互集聚,让有限的教育资源在聚集的形态中发挥最大的经济效益;希望行业企业能够积极地参与学校的专业建设,并在与行业企业的资源和信息交互中使得高职院校专业能够紧跟市场步伐,紧贴区域经济社会发展动向,这应该是目前高职院校专业群的理想发展模式。

### 6.1.3.3 什么是专业群

既有的研究有时将专业群称为"教学管理单位",即专业群中的每一个专业以课程组织的形式出现,这些课程组织的综合即专业群成为学校内部各利益共同体资源共享和人才产出的一种实体组织,进而以这些专业群为基础组建"二级学院";当然,教学的基本单位是专业群在研究中的另一个视角,进一步分析就是以专业群为背景和切入点开发综合性的课程。现实的经验表明,专业群的这两种研究视角都对高职院校专业建设有着积极的推动作用,但是这两种理解背后的内涵却有着明显的差别,前者侧重于专业之间的资源整合和共享,具有明显的经济意味,而后者则更希望通过课程的整合实现高职院校更高层次、更高水平、持续发展的专业培养。[1]

目前,已有的高职院校专业群建设凸显的还是专业群概念的第一层含义,即将工作过程中相互联系的专业通过空间的调整聚合在一起,实现专业硬件和软件资源的共享,实现学生彼此理念的交互。但是,专业群的含义还应该从单纯的经济意味上扩展开来,还应该更多地关注课程的整合和改革,突破专业单纯形式上的集聚,进一步提高学生的职业能力和发展能力。当然切合本书研究的主题,专业群与专业群之间的互动可以是合作式互动,也可以是冲突竞争式互动,这类似于专业与专业之间的互动关系。

## 6.1.4 高职院校专业建设与校园文化建设互动

### 6.1.4.1 高职校园文化的概念

已有的研究已经明确高职院校校园文化是指基于社会的一种先进文化,

---

[1] 沈建根,石伟平. 高职教育专业群建设:概念、内涵与机制[J]. 中国高教研究,2011(11):78—80.

是以高职院校学生文化活动为核心,由高职院校所有成员在教育实践过程中逐渐创造形成的包括规章制度、学校精神、校园环境以及学生活动的综合体。它的核心是校风、教风、学风的建设,包括物质文化、精神文化、制度文化以及行为文化。它立足于良好的校园环境、文化艺术、校园生活、人文精神、学术氛围以及技能操作,能够帮助高职院校建立积极向上的校园精神和民主、科学、实用的办学理念,能促进舆论环境的良性发展、管理制度的高效运转,进而有效地促进高职院校的全面、和谐以及可持续发展。①

### 6.1.4.2　高职校园文化的内涵

在经历了快速、大量的硬件设施扩张以后,追求内涵发展已经成为当前高职院校发展的共识。高职校园与普通高校在"职业"上的差异使得高职校园文化除了导向、约束和激励的普适性特点以外,还具有自己独特的内涵。只有准确而完整地把握高职校园文化的内涵,才能真正实现高职院校专业建设与校园文化之间的互动。结合已有的研究,从专业文化、实训文化以及质量文化②作为新的视角切入,更能充分说明高职院校校园文化的独特性。

(1)专业文化:从职业教育的本质来看,高职院校的专业应该而且必须按职业或职业岗位群对人才的要求来设置,与普通高校的专业设置比较,它具有更强的针对性。有鉴于此,当前社会的职业就成为高职院校设置专业的基础,职业文化也就理所当然地包含于高职院校的专业文化之中,使得高职校园文化成为特别具有"职业韵味"的校园文化。

由此,专业文化的内涵主要应该包括以下几个方面:专业文化是专业建设过程中各要素相互作用形成的一种文化现象,是专业建设中各利益主体之间相互斗争形成的一种"平衡状态",因而从另一方面来说它也是能够指引和管理专业建设的一种特殊的隐性"管理体系";专业文化的核心是专业的价值理念,是学生未来所从事职业的职业理念的反映。专业,究其本质,是一种人才培养模式,所以人才培养的价值目标应当是其核心价值理念;再者,文化是不能脱离专业及其附属而存在,由此而言,专业文化的载体专业包括理论层面的专业知识和能力体系,也包括实物层面的实验实训设备和场所;最后,专业文化直接反映在专业的教师和学生身上,它是教师在教学、科研、企业实践以及学生在学习、实习中应当遵守的行为准则和规范以及专业教师和学生所共同具有和展现出来的精神风貌。

(2)实训文化:高职院校文化的独特性更多地体现在其实训文化中,而实

---

①　刘长虹.高职校园文化建设研究[D].苏州:苏州大学,2011:11.

②　陈娟.高职校园文化内涵的新解读[J].商业文化(上半月),2011(12):272—273.

训文化是高职院校校园文化与相关行业企业文化在相互融合的过程中形成的新文化,兼具学校文化的保守和企业文化的开放,在实际建设中不会受到空间范围的过多限制。笔者认为,谈及校园文化与专业建设之间的互动,实训文化方面有可为而且能作为,应该成为高职校园文化建设的重中之重。概括来讲,实训文化既包含学生工作所需要的技能技巧训练,社会环境和工作带来的抗压能力,也包括心理的疏导和调试、精神意志的锻造等人性色彩的因素。

有鉴于此,加强校园实训文化与企业文化的对接,既是高职院校校园文化建设的要求,也是企业与学校专业建设互动的必备条件,而要做到彼此间的相互融通,可以着力尝试以下几个措施:首先,为学生提供企业文化氛围。高职学生只有在真实的企业文化氛围中,才有可能将所学的理论知识转化为实用的技术,才能具备真正解决实际问题的能力。学校与企业对接,引进企业的文化和技术,正是让学生在"企业生态"的真实情境中检验自己所学,具有很强的实效性。其次,要下大力气、加大投入促进师资成长。当前,高职院校的教师大多是学科本位教育下的产出,很多人不具备职业教育所要求的实践能力,这种相悖于职业教育初衷的师资对职业教育的发展乃至学校的专业建设产生了较强的阻力。因而,鼓励教师积极走进职业教育所要求的实训之中,让教师到企业一线和实训基地进行培训和学习对于实践能力的提升会更加快捷和有实效。最后,加强校企合作依然是最为重要的选择。对于被广泛认可的校企合作模式,实训文化就成为学校和企业实现对接的一个重要契合点,因为只有文化理念相互契合,学校和企业才能真正实现合作。而在实训文化形成的过程中,还能够进一步增强高职院校服务社会的能力,进而为学校专业建设提供源源不断的现实动力。

（3）质量文化:当前高职院校的发展还是在就业导向的视域内进行的,从专业教学到学校和企业的实训,最终的目的都是为了学生的发展和就业,都是为了使学生获得好的就业机会和发展平台。与就业导向发展相匹配的质量文化,也就成为高职教育成功与否的一个标尺。

质量文化形成更多的是就业导向质量理念的集中体现,而这必然要求当前高职院校的教育教学活动围绕着学生的"就业"展开,进而也就决定了学校的专业乃至专业群建设也要服从学生的就业大局,也要匹配高职院校的质量文化,而这个匹配的过程就是高职院校专业建设和质量文化互动促进的过程。而这里涉及的就业也就需要学校积极吸收相关行业企业参与到课程标准的制定,参与到教育教学的质量保证体系,参与到教育教学的评价体系,这种企业参与进来的质量文化,要寻求进一步的突破应该也必须从专业建设中涉及的物质、管理和精神方面着手。首先,作为质量文化所依附的实验实训设备等物质层面的硬件设施是质量文化最表层却也是最重要的基础,只有物质层面的存在,才能去讨论管理和精神层面的质量文化。这些固态存在的学校基础设备和设施,是高职院校教师和学生进行专业创造的载体,也是学校追求职业教育质量的外在显示。其次,制度层面的建设和完善是质量文化的主要参照体系,这些制度是学校教师和学生的行为准则和实践标准,也是高职院校专业建设的引导和约束体系,它在保障高职院校教学质量的同时,也成为引导专业建设的质量标杆。再者,与物质和制度共存的精神层面的质量文化,通过物质的载体、制度的体现,共同约束着全体学校人员的行为,传递着学校专业建设所秉持的理念,在办学方针、培养模式方面体现着质量文化与专业建设之间的互动。

作为理念和精神积淀的实际存在,校园文化所体现出的价值投射在学校的每一个环节,这些价值和高职院校的专业建设是共促生长的,厘清校园文化的内涵,把握校园文化与高职院校专业建设之间的内在关系,就必然能够为高职院校专业建设提供源源不断的动力,反过来也必然能够促进校园文化的大繁荣和大发展。

### 6.1.4.3　高职校园文化的特征

在分析高职院校校园文化的内涵之后,深入探寻高职院校文化的特征,明确高职院校校园文化的共性,突出其独特的校园文化特征,则更有利于我们实现高职院校专业建设与校园文化之间的互动,进而实现我们在专业建设上的互动突破。结合已有研究,我们认为,高职院校校园文化具有以下较为独有的特征:

(1)实践性:高职院校的培养目标是使学生具有基础的理论知识,同时培养学生将理论应用于实践的能力,从而使学生成为工作岗位所需要的应用性技术人才,而这也是高职院校专业改革和专业建设的最终目的。为了实现应用性技术人才的培养目标,高职院校在教育、教学中更加强调学生实践能力的锻炼,更加需要与生产实践相结合。因此,实习、实验和实训课程成为高职院校必备的课程,其所占的比例要比普通高等院校更多。而基于实践课程形成的校园文化突出显现着实践性特征,这种实践性着重于学生动手能力的培养,同时实践性的强度随着教育教学活动的发展而不断深化,使学生更加明确实践的重要性和必要性,从而能不断地在实践意识的引领下提高其实践能力。

(2)职业性:不同于普通高等院校的精英教育,高职院校作为一种职业教育,是一种大众教育,面向的教育对象是有需求的大众。它的培养目标是使学生与企业的生产、管理、建设、服务等相适应,培养出的人才应该是社会需要的应用性、高素质、技能型人才。因此,其本质决定了高职教育的专业设置要着眼于社会、市场、行业以及就业的需要,决定了以职业岗位需要能力为依据进行设置和选择,教学内容、理论知识的深度和广度只要满足必需、够用就可以,重点实施实践教学,这也是与普通高等教育的最大区别。所以,针对高职教育校园文化的职业性特点,在行业专家带领下成立专业建设指导委员会也成为当前高职院校在教育教学上的重大改革,在就业导向、工作过程基础上进行的教学改革,使得高职院校和企业的发展保持着紧密的联系,也更能进一步突出校园文化的职业性特征。

(3)区域性:不同于普通高校面向全国、全行业培养人才的模式,高职院校在很大程度上是为区域经济和社会发展服务的。这也是由高职院校和职业教育本身的发展规律决定的。高职教育的实践性使得其涉及的顶岗实习课程必须依赖于当地的行业企业,这种职业教育的"天然优势"从一开始就决定了高职院校的职业教育是和区域经济发展紧密相连的,进一步涉及的校企合作、工学结合等等,限于学校本身的封闭性特点,也只能选择学校所在地区的行业企业进行。此外,职业教育与市场紧密结合的天性使得高职院校专业设置要紧跟区域经济发展规划,这就使得高职院校的专业设置突出地表现为地域性的特点,这一方面能使高职院校培养的人员有很好的区域就业保障,但另一方面也让这种保障成为一种区域的限制。最后,高职教育本身所需要的比普通教育更高的投入,使得它与区域的地方政府紧密联系在一起。而在这种区域性特点内形成的高职院校校园文化必然表现出更为强烈的区域性特点。

(4)社会性:高职教育校园文化的社会性主要是基于高职教育校企合作的广泛开展而形成的。不管是高职院校中企业订单班的设立,还是企业冠名的实训室和各种各样的校园活动,在学校和企业互动的过程中,使学生可以尽早了解、熟悉不同公司的企业文化。不仅如此,学校还可以带领学生到联合办学的企业进行顶岗实习、工学交替,把学生的专业知识和企业实践联系起来,在学生就业前为培养其职业素质和职业习惯创造更多的机会,这种走出去和引进来的方式使得高职院校的学生能够更多地接触真实的工作环境和社会环境,能够更为真实地体会真实社会情境下的工作状态,这必将促使学生在就业后能更好地与社会发展相适应,能尽快地找到工作的归属感。

(5)融合性:高职院校作为高等院校的重要组成部分,其文化必然具有高等院校的共性,即融合性。限于学校本身的封闭性特点,融合性主要体现在学校文化和社会文化、企业文化以及区域文化之间的融合。职业教育更为开放的特点,使得高职院校在与社会有效的互动中,必然存在着校园文化和社会文化的沟通。另一方面,高职院校在更多服务区域经济发展的同时,也必然使自己的专业、文化乃至教师和学生的精神层面都打上区域的特色烙印。这种共同发展的模式,一方面会持续丰富高职院校校园文化,另一方面会持续促进区域的全面发展。

# 6.2　专业建设过程中校际及校内互动方式研究

## 6.2.1　合作式互动

单从字面意思来看,合作式互动主要是个人或者群体在单独达到某一共同利益或共同目标时联合一致开展的行动。从当前来看,这种合作式互动广泛存在于高职院校的专业建设过程中。承接前面论述的内容,这里主要表现为:高职院校之间开展的促进专业建设的合作式互动,不同专业之间促进专业建设的合作式互动以及高职院校内部专业建设和校园文化建设等其他因素进行的合作互动。

### 6.2.1.1　高职院校间合作式互动

高职院校间的合作式互动在本研究中指的是区域内和区域间高职院校的合作互动,即同一区域或者不同区域间的两个或两个以上高职院校开展的合作,这个合作以学校彼此之间的特色为纽带,基于教育市场内的合作和竞争而共存,在不同区域内还必须以信息技术和网络为依托,因而这种合作式互动具有典型的动态性。而这种合作的直接成果就是形成实质界限模糊、有核心专业优势而又易于重构的柔性组织结构的学校集群。① 这个学校集群的特点使各学校保持自己独立的身份和地位,能充分发挥各自的核心专业优势,同时各个学校本着相互尊重、平等互利的原则,根据学校的实际情况,选择相互合作的内容和形式,平等地承担学校集群中的权利和义务。这种合作能充分展现出以下优势:

(1)能充分克服学校区位不利条件,实现高职院校专业的可持续发展。区域在地理学上是具备空间和特定特征的地理单元,而在职业教育研究中,以就业为导向的职业教育,使得区域这个概念有了更多的经济和政治意味,也就使得区位条件成为高等教育办学的一个重要条件。

---

① 丁金昌.区域高职院校校际合作模式的探索与实践[J].中国高教研究,2010(1):66—67.

经济学理论认为,资源总是流向效益较高的地方。单纯从外部条件分析,经济较为发达、交通较为便利、文化较为先进的地区有利于高职教育教学硬件和软件的配置,有利于高职院校校企合作的积极开展。同时这些区位优势使得区域内的职业院校面临更多的就业机会,也就使得它们在招生上存在巨大的优势,进一步也会吸引更多的高职院校积极进入。已有的实践充分表明,要企业积极参与学校的专业和课程建设,要使学校的专业能够与区域社会发展相匹配,要使高职院校的培养目标符合未来工作岗位的需求,一定的经济基础是必备的。从我国现有区域发展格局来看,在广大地区的经济格局中,传统农业经济依然占有较高的比重,迅速发展的第三产业比重依旧较小,以信息技术为代表的高新技术产业总体上更为薄弱。现实中,大多数的高职院校依旧面对着下面这些难以解决的情况:生源质量越来越差,生源人数越来越少;学校在校企合作和实验实训基地的建设上更多地依赖于企业使得职业教育有脱离"教育"的危险,学校对企业的过多依赖使得学校需要付出更多的成本来维持本就薄弱的校企合作关系;异地就业越来越成为这些落后地区高职教育主要的就业方式,职业教育服务区域经济发展的能力得不到体现,进而使得职业教育的发展陷入一个恶性循环;随着高职教育的进一步发展,落后地区高职教育在招生和人才引进方面面临更多的困难;此外,随着高职教育的规范化发展,涉及的高职教育的准入制度和淘汰制度也会给落后地区的高职教育带来更大的压力。面对这些竞争,任何一所高职院校都存在办学风险,都要考虑其生存和发展。

而高职院校之间的合作互动能在一定程度上缓解当前高职教育面临的问题。对于涉及的专业建设问题,院校之间的合作有助于各个学校准确把握职业教育进一步发展的规律,进而能根据职业教育发展规律适当调整专业培养的目标和培养计划,适当调整专业内的课程,使得高职院校专业能够紧跟职业教育发展规律。

高职院校之间的合作式互动能够在一定程度上实现学校间教育资源的共享,从而为学校专业设置提供物质和制度保障。就像前面论述的一样,当前很多高职院校由于资源和制度的缺乏,在专业建设方面存在建设无"源"可用、建设无"度"可依的尴尬局面,而学校之间的合作式互动,能够充分发挥发展较好的学校在专业建设制度层面的辐射作用,充分共享专业建设和发展所具有的资源进而实现区域内高职院校的总体共赢。

此外,依托现代计算机技术实现的远距离校际合作,更是直接突破了地理位置上的区域限制。这种主要集中于理念和制度的合作,促使许多落后地区的高职院校在专业设置的前瞻性、专业设置的指向性、专业适用的针对性方面有了很大的提升,这也正是教育社会责任的更多体现。

当然,从整体战略上看,高职院校之间的校际合作还是一种竞争式的合作,这种竞争式的合作一方面避免了同一区域不同学校之间的恶性竞争和同质化,同时还使得区域内的教育资源得到了优化配置,获得了更多的规模效益,进而实现了区域内高职院校的差异化办学和可持续发展。

(2)有利于区域高职院校提高专业教育质量,创建专业品牌,维护专业信用。专业建设中高职院校之间的合作式互动首先可以使高职院校专业建设战略从扩张专业数量转为提高专业质量。随着中国高等教育发展的不断深入,高等教育包括高职教育的发展格局不断发生着变化,高职院校之间的竞争日趋市场化,竞争能力日趋差异化。高职院校之间实行合作式互动,使得高职院校在一定区域内、一定专业范围内不再急于追求专业数量的增加,而是将重点放到专业质量的提升上。其次,高职院校之间的合作式互动可以促使高职院校在提高质量的基础上构建独具特色的高职专业,创建学校特色的专业品牌。在高职教育同质化现象特别严重的今天,特色的专业品牌就是高职院校的名片,能够充分满足学生对教育产出的迫切需求,能够满足学生个性化、差别化和特殊化的专业需要,进而提升高职院校的吸引力。当然,有了较高的专业教育质量,有了独具特色的专业品牌就能保持更好的专业信用。当前职业教育在招生中存在着虚假宣传,而且大量不规范的招生中介更是造成很多高职院校公众认可度急剧下降,反映到专业上就表现为学生对专业没有认同感。而区域内学校之间的合作式互动产生的高质量、高品牌的专业,在学生学习以及就业上的保障很大程度上就会形成一种专业信用,这种专业信用是高职院校进一步发展的基础。

(3)有利于克服高职院校专业规模发展与边际效益递减的矛盾,规避办学风险。经济学研究表明,集中大规模办学具有非常明显的优势,大规模下可以避免学校之间和专业之间的恶性竞争,能够获得大规模效益,从而更加有利于专业资源的优化配置,因而规模较小的高职院校就成为当前高职教育的缺陷或者弊端。

当然,任何一个国家的教育都与本国的政治密不可分,当前我国高职教育的投资和管理主体是国家。虽然高职教育规模和数量不断增加,但教育经费投入总比例过低、高职教育经费与普通高等教育经费比较的绝对数过低、学生的人均教育经费过低的"三低状况"依然较为明显。虽然高职教育全面收费状况在一定程度上改变了高职教育经费的来源结构,但是教育经费投入缺口大、总数严重不足依然是高等教育不可回避的矛盾,这种矛盾对于需要高投入的高职教育来说尤为突出。我国的高职院校大部分是在原有中专的基础上升格形成的,职业教育的责任主体主要还是高职院校所属的地方政府、行业企业,很多高职院校在升格后规模发生了根本性的变化,但是经费来源和经费投入却维持原有的水平。按照教育部下发的高等教育的评估文件,国家对高职院校的教学设施和师资力量有了十分严格的硬性规定,而且是全国各地区一视同仁。为了达到国家的要求,各高职院校势必要在办学规模和专业建设上寻求扩张和增多。从经济学角度来看,在固定时期内,投入增多,规模扩大,成本过高,办学的边际效益就会越来越低,进而使学校出现较大的财务风险,学校由此就可能出现倒闭的风险。

在校际合作式互动的前提下,各高职院校以自己的学校和专业特色进入日益分化的教育市场,在各自规模扩张的同时,由于学校之间的动态和相互信任的合作,就可以克服随着学校和专业规模扩大而边际效益日益递减的困惑,规避规模扩张后的风险。

(4)可以整合高校和专业之间的教育资源,提高教育资源利用效率。高职教育发展起步较晚,各高职院校还没有形成成熟的办学体系,没有形成基于区域经济、行业和院校互动的专业建设体系,也没有形成行之有效的学校办学调节机制。

诚如前面描述,在高职院校数量日益增多、同质化现象严重、社会认可度较低的今天,各高职院校的重复性建设在导致教育资源浪费的同时,也使整个教育效益下降。在职业教育的发展中,每个学校都有自己的优势和不足,实行校际之间的合作式互动,可以实现高职院校之间的互惠互利和跨区域的教育资源共享,实现教育资源的优化配置;实现招生资源的共享和区域内生源的合理分配;实现专业建设信息的互通,积极推进各互动学校的专业改革;可以促进各高职院校在毕业生就业上分工合作,实现学生良好就业,反过来提高学生对专业的认同;可以促使专业开设合理分工,有序布局,形成助力区域经济发展的学校集群。

(5)有助于实现高职教育专业区域间均衡发展,防止高职教育发展的两元化。区域之间的教育发展不平衡是当前职业教育中的共识问题。不同区域之间的教育发展不平衡以及同一区域内教育发展的不平衡是不平衡的两种主要表现,这种不平衡在高职教育中的表现更为明显。当然,深入分析后我们发现,在这种不平衡的背后,还是专业设置和专业发展中存在着不平衡。当前,这种专业上的不平衡在一段时间内不会消除,反而有日益加重的趋势。任其发展,将会使高职教育在发达地区与落后地区、大城市与其他区域间的两极化趋势日益明显。

实行学校之间的合作式互动,在专业建设上互通信息,共享专业建设成果,合理配置专业数量,形成专业有专攻、成果能共享的专业建设局面,就能够从高职院校本身积极预防高职教育发展的两极化倾向。

由此看来,高职教育在推动地方经济发展层面有着巨大的作用。因而,实行高职院校校际之间的合作式互动,有助于高职院校本身的专业建设,进而使区域职业教育在专业均衡发展的基础上能够得到快速发展。

### 6.2.1.2　专业间合作式互动——专业群建设

除了专业之间的相互交流,对于高职院校校际之间的合作式互动,主要是通过"专业群"这种方式实现的。鉴于高职院校单一的专业建设越来越不能满足高职院校内涵发展、特色发展的现状,专业群涉及的专业间合作式互动对于高职院校的专业建设有着十分重要的意义。专业群建设首先能够将分散的教育资源进行整合,形成专业共享或者院校共享的实验实训基地,形成学校内和区域内突出的实践教学优势,进而降低单个专业的建设负担;其次,专业群在人才培养上的突出优势,能够促使高职院校形成区域内人才培养和配置的优势,实现在区域内人才上的"垄断",形成品牌学校和学校的品牌专业,提高学校在招生和就业上的知名度,从而保证学校的可持续发展;最后,专业群涉及的专业间互动式合作有利于教师和学生之间的交流,有利于形成成熟的专业教学团队,形成教学质量高、影响力大的教师队伍,进而增强学校的专业办学能力。

当然,高职院校的任务更多的是培养面向工作一线的操作型人才,此种理念下,专业群建设不仅是一种资源的整合,更是引领高职院校战略创新和理论创新的突破口。

(1)专业群建设首要的理论意义在于高职院校职业教育理念的创新。当前社会的行业和经济产业链与专业建设中的学科取向是两种根本不同的存在。"就业"导向的职业教育其涉及的专业群建设是一种面向行业企业的"岗位群"建设,是涉及高职院校发展专业内涵、调整专业格局的一种战略行为和理念。我国高等教育在近十年来有了很大的发展,其中高职院校功不可没。截至 2012 年的数据显示,我国高职院校共有 1297 所,与普通本科院校的 1145 所相比,高职院校已经具备了在高等教育上的数量优势。然而在不均衡发展的高职教育背后,专业建设中存在的趋向本科的"压缩饼干模式"或是趋向中职的"泡面模式"问题尤其严重。要解决高职院校专业建设中的同质化问题,立足区域经济、集合行业产业是任何职业院校都必须采取的措施。从专业建设角度来看,建设专业群首先引领了理念上的创新。

(2)作为一个新的发展平台,专业群建设是引领高职教育一种新的教学组织形式和新的人才培养模式,是高职教育实践的创新。专业群建设作为高职院校发展的新平台,相比较于单一专业建设更有利于学校的校企合作,更有利于学生的工学结合。此外,专业群所代表的新的培养模式更有利于社会和行业企业与学校建设和专业建设的相互沟通,进而为专业群建设赋予更为丰富和现代的内涵。

(3)专业群建设能提高高职院校的办学效益。高职院校在承担自己社会责任的同时,也必须追求自己的办学效益。在单个专业分散建设、重复建设的基础上,专业群建设能够使高职院校教育经费的投入由分散趋于集中,能够对专业建设急需解决的问题加大资金投入,追求经济效益的最大化,同时能减少实训建设和师资建设的投入成本。此外,专业群使得相关专业教师能够集中,能够从专业发展的整体角度对教师学历结构、年龄结构和专业结构进行综合配置,可以避免专业人才的缺失和浪费。这两个方面的优势,使得专业群建设可以增强高职院校的专业实力,从根本上提高办学效益。

(4)专业群建设是高职院校专业发展的重点,是形成学校和专业特色的关键。专业群建设是以学校的重点或核心专业为核心进行建设。这些重点或者核心专业一般具有较长的建设时间,有着完善的教学条件和丰富的建设经验及效果,这些专业往往在某一地区具有较大的社会吸引力。以这些专业为核心进行专业群建设,能够在短时间内整合课程、实训资源和师资力量,形成相对统一的建设目标,进而带动和促进专业群内其他相关专业的发展,促进专业建设整体水平的提高,形成学校和专业特色。

了解了高职院校专业群建设的重要意义后,我们进一步追问,以专业群为基础的专业与专业之间的合作式互动是如何进行的? 探寻这种专业间的互动方式,我们可以从专业群建设的核心内容入手进行分析。当前高职院校专业群建设的内容主要集中在三个层面:宏观上,专业群建设是对学校专业的整体布局和构建;中观上,专业群建设涉及的是如何构建课程体系以及如何创新人才培养模式;微观上,专业群建设关注的是教学资源、教师队伍和实训基地的建设。① 这样的建设主要表现在以下方面:

(1)以工作为导向,重新构建专业体系。当前我国的高职教育体系脱胎于学术教育,是建立在学科体系基础之上的"非学科体系",整体上不适合职业教育的发展规律。因而从工作领域出发,构建真正的职业教育专业体系是当前高职教育面临的一个重要问题。首先要求我们深入分析专业所面对的工作领域,在此基础上制定不同的岗位人才培养目标,制定有针对性的培养

---

① 徐恒亮,杨志刚. 高职院校专业群建设的创新价值和战略定位[J]. 中国职业技术教育,2010(7):62—65.

方案。这样的专业体系应该从专业发展的全局角度出发,从专业群的未来发展角度出发,由核心专业和相关专业构成不同的专业群,再进一步构成专业体系。

从高职教育的目标来看,高职教育培养的是对某一个具体的工作岗位很熟悉,并且拥有较强岗位工作能力的人。当然,更高的目标是对所属岗位群有了解,有更换到岗位群内其他岗位的适应能力。对于一个专业群,从社会广泛的岗位适应性需求出发,确定人才目标,才能够避免学生就业面过于狭窄、适应能力不强的问题。也只有以工作为导向,才能充分发挥专业联系社会和高职院校的纽带作用。

(2)以工作任务为基准,构建培养学生的知识和能力体系。学生的知识和能力体系构建是包括高职教育在内的所有教育面临的十分艰巨的任务。不同的职业和工作领域需要不同的人才,这也要求高职院校能针对不同的职业领域制定相适应的人才培养方案。构建不同人才所需要的知识和能力体系就是其中最为重要的一环。高职院校的实践教学应该以就业为导向,构建学生的职业能力体系,提高学生的职业素质。理论教学相比较于实践教学,可以秉承适度的原则,而且这些理论应该是服务于学生未来所从事的工作,应该围绕实践形成相应的知识体系。

(3)构建适合工作导向的课程体系。建立在学科理论体系上的传统专业,其课程设置忽略了学生的职业能力,其培养出来的学生虽然具备专业的知识体系,但他们欠缺动手能力,使得他们毕业后无法马上上岗,入职时还要进行岗位知识培训,造成了很多资源的浪费。而在专业群这个专业合作互动的体系中,各专业的课程体系是从实际的工作过程出发构建的。这样的课程体系能够将工作领域知识转换成学习领域知识,能够将学生未来要从事的工作过程重新序化为知识和能力体系。这样依据专业互动形成的课程体系能够服务于高职院校培养人才的根本目的,能够保持专业的活力,进而保证专业的可持续发展。

(4)构建符合真实工作环境的实训体系。一个完整的实训体系包括实训的计划、条件和过程,只有完整的实训体系才能真正提高学生的职业能力。实训计划其实是确定实训在人才培养中的地位,确定实训的现实作用。当前很多高职院校的实训是以实训所占的时间比例来确定的,这种基于学术观念的数量上的片面衡量造成了当前高职教育实训方面的弱化。因此,高职院校一直在强调实训在整个学生培养中的比例。实训是建立在校企合作的基础上的,由于学校和行业企业是相对独立的系统,因为利益的划分问题,行业企业经常不能积极地参与校企合作;或者在学校资金投入有限的情况下,各种实训设备不能落实到位使得真正的校企合作又无法落到实处。如果一所高职院校没有真正地基于工作环境和工作过程的实训体系,所谓的培养目标只能是纸上谈兵。此种情况下,积极推行专业群建设,推行专业之间的合作式互动,实现各种资源的整合,才能够保证构建实训体系的基本条件,才能够实现专业在内容和形式上的突破,才能够真正使职业教育突破传统学术教育的"无形"束缚,最终实现高职院校培养人才的目标。

高职院校实行专业群建设,积极推动专业之间的互动式合作,其结果必然引起已有专业的大幅调整。我们已经看到,调整高职院校既有专业的结构使其适应经济结构转型,深化专业的教学内容和教学方式使其更好地适应学生未来就业,整合学校内外的教育资源使其更好地服务职业教育内涵发展是当前职业教育发展的必然趋势,专业之间的合作式互动在当前来看是较为行之有效的方式。

当然,在这些必然的过程中,专业群的内在联系是"学科联系"还是"专业联系"是必须面对的一个问题。已有的研究充分表明,基于"学科联系"培养高职教育中的高技能应用人才,其结果只能是"专业基础课+专业课+专业实践课"的三段式的课程结构,这样造成的后果就是专业基础课成为专业群内在联系的仅有方式。相比较来说,职业联系成为高职教育专业群建设的现实依据,把职业教育涉及的工作要素"在同一个实训体系中完成其基本的实践教学"是高职教育应该追求的目标,也是推行专业之间合作式互动的根本目的。

了解了专业群建设的基本问题,如何组建专业群以充分发挥专业群的作用和效能,是专业合作式互动中必须要面对的一个实践性很强的问题。综合来看,主要应依据以下原则:

基于社会总体需求的原则。我国当前经济发展已经进入一个转型时期,复杂的经济和社会状况对我国高职教育的发展提出了越来越高的要求。为了培养社会需要的技术型人才,专业群建设包括专业建设首先就应该遵循基于社会总体需求的原则,只有坚持这个原则,专业才有生命力,学校才能保证可持续发展。

满足区域发展的原则。高职院校在地理位置上总是隶属于某一固定的区域,从学校管理、发展和投入来看,满足区域发展是高职院校社会定位所必须考虑的现实问题。为了服务区域发展,完成教育促进区域经济发展的任务,高职院校在专业群建设和专业设置上应该而且必须满足区域的发展需求。

着眼学校的长远发展。教育的实践性和周期性决定了其经济效益不会迅速显现,这就要求高职院校在专业群和专业建设时从学校当前和今后的发展来考虑,既能兼顾当前的社会发展,又能布局学校的长远发展,那种只顾眼前利益、只顾热门专业的做法,一方面会造成某一类人才资源的过剩,另一方面只会造成学校追赶社会的被动局面,长久下来学校就会疲于应付,从而阻碍学校的可持续发展。当然,着眼学校的长远发展就牵扯到专业设置的选择问题,除了前面提到的学校关注的热门专业,一些未来的朝阳产业都应该成为高职院校专业设置应该考虑的问题。当然,考虑朝阳产业就涉及专业建设中的超前建设,这种超前是建立在深入调查和敏锐判断基础上的超前,唯有适当的超前,才能保持专业群的竞争力,才能够使得专业发展具有更强的后劲和活力。

在了解了专业群建设的重要意义,了解了专业群设置的依据原则,我们自然就要探寻其合作互动的主要方式,从当前来看,主要表现在以下方面:

基于不同职业岗位构建专业群。职业教育是面向职业岗位设置的,因而构建专业群,实现专业之间的合作式互动,必须以学生未来面对的职业岗位和职业领域为依据。必须综合某一岗位群内所有岗位的综合信息,要充分考虑专业群设置与相关岗位之间的关系,真正实现专业群依托岗位、专业群服务岗位的目标。

依托不同领域的产业链构建专业群,实现不同专业之间的合作式互动。产业链是综合各个行业而形成的,深入分析产业链中各行业的用人需求和行业特点,在此基础上构建与产业发展要求一致的专业群体,一方面可以使构建的专业群兼顾各个行业的特点,使其有一定的覆盖性,另一方面可以掌握区域内行业对人才需求的特点,使得专业培养的学生有良好的就业和发展前景。进一步发展,就可以形成与产业链相匹配的专业链,实现链条的相互对接。

专业与专业之间的合作式互动以及基于此互动的专业群建设,对于聚集学校已有的建设资源,增强学校与行业企业的合作具有明显的优势,此种优势也进一步保障了专业在培养模式、提高学生的职业能力和发展能力方面的积极作用,对于高职院校专业建设,对于高职院校未来发展有着十分重要的促进作用。

## 案例分析——闽西职业技术学院和深圳职业技术学院专业群建设

1. 闽西职业技术学院专业群建设

闽西职业技术学院是经福建省人民政府批准设置、教育部备案的公办全日制普通高校,是福建省示范性高等职业院校、全国建设行业技能型紧缺人才培养培训院校和国家示范性建设骨干高职院校。学院设 10 个系 36 个专业,现有国家级教改试点专业 1 个、省级精品专业 7 个、省级教改综合试验项目 2 个、省级精品课程 12 门。学院坚持"以品德为根本、以知识为基础、以能力为主线"的育人思想,注重培养学生综合职业能力,毕业生以素质高、技能强、岗位适应周期短等优势显示出强劲的竞争实力,近三年毕业生当年就业率均达 95％以上,名列全省高职院校前茅。①

"十一五"时期,龙岩市生产力进入快速发展阶段,随着龙岩市经济开发区、龙州工业园区、上杭工业区建设的推进以及现代服务业的加速发展,龙岩产业聚集明显加快。作为区域性的高职院校,闽西职业技术学院的发展受益于龙岩经济社会的发展,也进入了快速发展时期。而龙岩"十二五"时期提出的培育亿元级机械产业集群、有色金属集群以及相关的产业基地,更是给闽西职业技术学院带来了前所未有的发展机遇。区域经济的引领和投入,行业产业的工作导向以及相关产业链条的形成和成熟,为闽西职业技术学院专业设置指明了方向,为专业群的建设提供了可持续发展的空间。

此种背景下,学院以省级和国家级示范性建设为契机,按照"围绕产业集群,优化专业结构,构建产学研联盟,打造专业品牌"的专业建设总体思路②,明确指出学校的专业结构要与龙岩的经济发展趋势相统一,学校的课程设置要符合龙岩未来产业基地建设和未来经济的发展目标,学校的教学要符合职业教育本身的规律和龙岩地区的区域特色,最终形成学校的特色专业和专业群,形成在区域有影响力的职业技能人才"孵化园"。依据这些原则,学校确立了数控技术、计算机应用技术、应用电子、建筑工程技术、环境监测与治理、旅游管理、会计电算化 7 个省级精品专业,同时以这 7 个专业为核心,构建了基于数控技术、模具设计与制造、机电一体化等专业组成的数控技术专业群,基于应用电子技术、工业电气自动化、电子信息工程技术等专业组成的应用

---

① 闽西职业技术学院概况[EB/OL],[2013-10-11]. http://www.mxdx.net:83/InfoRead.asp？ID＝12&ClassID＝9

② 吕建林,郭舜,李建飞.区域性高职院校专业群与产业群协同发展分析——以闽西职业技术学院为例[J].黎明职业大学学报,2011(3):44—47.

电子技术专业群,基于建筑工程技术、工程造价、建筑装饰技术、建筑工程设备等专业组成的建筑工程技术专业群,基于计算机应用技术、计算机网络技术、移动通信技术等专业组成的计算机应用技术专业群,基于环境监测与治理技术、应用化工技术、材料工程技术等专业组成的环境监测与治理技术专业群,基于旅游管理、酒店管理等专业组成的旅游管理专业群,以及由会计电算化、物流管理、市场营销、金融保险、电子商务等专业组成的会计电算化专业群。① 这些专业群的建立使得闽西职业技术学院的专业和地区经济发展紧密联系在一起,保证了专业的活力和学校的发展潜力。

2. 深圳职业技术学院专业及专业群建设

深圳职业技术学院创建于 1993 年,建校以来,学校依托珠三角产业发展,秉承深圳特区改革创新精神,坚持把立德树人作为学校教育的根本任务,确立了以"文化育人、复合育人、协同育人"为核心的育人理念,推行"政校行企四方联动,产学研用立体推进"的办学模式,致力于培养"德业并进、学思并举、脑手并用"的复合式创新型高素质高技能人才。②

随着学校所在区域经济的快速发展,学校适时而动制定了长远发展规划,确定了深化产学结合、工学交替的人才培养模式,以求更好地发挥学校的辐射能力和示范带动作用。在此背景下,学校确定电子信息工程技术、汽车运用技术、计算机辅助设计与制造、楼宇智能化工程技术、港口与航运管理、影视动画、计算机网络技术、印刷技术、商务英语、珠宝首饰工艺及鉴定等 10 个基础较好、特色优势较明显的专业及相应的实训室或技术中心作为中央和地方财政支持的重点建设专业(表 6-1),并确定了这些重点专业的带动专业。这些在办学理念、办学实力、课程建设、教学改革、产学合作、服务社会等方面代表了学校专业发展水平;在发展前景上对接深圳支柱产业的专业,带动着相关专业形成了深圳职业技术学院以产业链为特征的专业群,使得建设成果能被国内很多高职院校共享。这种基于区域经济、行业和院校的高职专业建设,凸显出了巨大的发展优势。③

---

① 吕建林,郭舜,李建飞.区域性高职院校专业群与产业群协同发展分析——以闽西职业技术学院为例[J].黎明职业大学学报,2011(3):44—47.

② 深圳职业技术学院学院简介[EB/OL],[2013-10-11].http://www.szpt.edu.cn/xxgk/xxjj/index.shtml.

③ 马树超,郭扬.高等职业教育:跨越·转型·提升[M].北京:高等教育出版社,2008:234—235.

表6-1 深圳职业技术学院相关专业群介绍

| 重点建设专业 | 带动专业(37个) | 专业群目标 | 建设目标 |
|---|---|---|---|
| 电子信息工程技术 | 应用电子技术、医疗电子工程、智能仪器仪表、通信技术 | 形成以电子信息技术产业链为特征的电子制造特色专业群 | 依托深圳发达的电子信息产业,成为珠三角电子制造业高技能人才培养基地 |
| 汽车运用技术 | 汽车技术服务与营销、汽车电子技术、交通安全与智能控制 | 建成核心课程共享性的,以汽车运用技术为龙头的汽车与交通特色专业群 | 建设国内主要品牌汽车制造企业售后服务技术人才培养培训基地 |
| 计算机辅助设计与制造 | 数控技术、精密机械技术、检测技术及应用、模具设计与制造 | 建立以数控技术为核心的先进制造技术特色专业群 | 面向"9+2",成为数控技术人才培养高地 |
| 楼宇智能化工程技术 | 供热通风与空调工程技术、建筑电气工程技术、电气自动化技术、物业管理 | 建成以楼宇智能化工程技术为核心的楼宇设备专业群 | 依托"智能楼宇管理师"国家职业资格鉴定基地,建成华南地区楼宇管理高技能人才培养和鉴定中心 |
| 港口与航运管理 | 物流管理、国际商务、商品流通管理、电子商务 | 建成以商品流通服务链为特征的现代流通专业群 | 依托深圳港航业高度发达和毗邻港澳的地理优势,成为深圳"双通"型港行管理人才培养基地 |
| 影视动画 | 图形图像制作、多媒体游戏设计与制作 | 建成以动漫产业链为特征的动漫游戏类特色专业群 | 成为深圳及华南地区动漫人才培养基地和高职院校师生卡通创作与创业乐园 |
| 计算机网络技术 | 计算机应用技术、软件技术、计算机多媒体技术、计算机信息管理 | 建成以计算机技术应用为特征的计算机特色专业群 | 引入世界权威IT认证标准,成为中高级技能型网络人才的培养基地 |
| 印刷技术 | 印刷图文信息处理、印刷设备与工艺、包装技术与设计、出版与发行 | 建成以印刷工艺流程为纽带,以印刷技术为重点的印刷传媒特色专业群 | 成为珠江三角洲印刷传媒技术人才培养基地和国家印刷包装检测中心 |
| 商务英语 | 商务日语、应用英语、应用法语、应用日语 | 建成将语言、商务、实践结合在一起,以国外语言应用为特征的商务外语特色专业群 | 依托商务部唯一的"国际商务英语培训认证考试中心",打造中国特色的BEC |
| 珠宝首饰工艺及鉴定 | 服装设计、人物形象设计、装饰艺术设计、工业设计 | 建成融创意设计与工艺制造为一体的艺术设计类特色专业群 | 成为华南地区珠宝首饰设计艺术人才培养基地 |

### 6.2.1.3　高职院校专业建设与校园文化建设的合作式互动

前面我们介绍的高职院校校园文化在专业文化、质量文化和实训文化方面区别于普通高等院校校园文化的特点,更是深入分析了其在实践性、职业性、区域性、社会性方面的特征。这些独特的校园文化特征与高职院校的人才培养目标相适应,为高职院校的专业建设提供了适宜的校园环境,是高职院校进行专业建设的基础,更是高职院校专业建设与校园文化建设进行合作式互动的基础。

那么在高职院校校园文化突出表现在先进性与长效性统一、实践性与开放性共存、地域性与包容性相统一[①]的同时,如何构建与高职专业建设合作式互动的高职校园文化,如何在构建校园文化时实现专业建设与文化之间的互动,就成为笔者着重关注的地方。从当前来看,要实现专业建设与校园文化之间的互动,实现专业建设匹配校园文化、校园文化服务专业建设的目标,主要应从以下几方面进行:

(1)注重专业文化建设,服务高职校园文化。每一个专业的形成都是经过长期文化和实践的积累,正是不同的专业文化才组成了独具特色的校园文化,而校园文化反过来又指导专业文化的发展。鉴于此,注重专业文化的建设对于高职院校的专业建设具有十分重要的作用。因而,我们首先要树立一种专业文化建设的理念,从理念上明确专业文化建设的重要性,明确专业文化对校园文化和学校未来发展的意义。同时要加强对专业包含的课程文化的建设,从文化建设的层层推进来看,教师和学生互动的课程文化无疑是最基本也是最重要的,因而课程文化之间的互相交流、课程文化与企业需求的匹配以及课程文化的多元发展都应该是在校园文化与专业建设互动中被着重关注的内容。其次,要着力加强专业文化建设的组织建设和制度建设,为专业文化的发展提供组织保障和制度保障。当然,从根本上把握专业文化建设和校园文化建设的关系,理清专业建设和校园文化之间的利益冲突,才能寻找到专业文化建设的原动力。

(2)结合企业文化,创新高职校园文化。高职教育的就业导向使得我们在考虑校园文化建设时必须考虑专业对接的产业文化,必须将企业文化内化为校园文化建设,将企业文化与专业建设紧密结合。首先,从专业来讲,必须准确把握专业所面对企业的文化内涵,只有这样,才能准确地把企业文化内化于校园文化各方面的建设。其次,我们要明白,高职院校校园文化包括专

---

①　汪兴堂,陆秀英.高职校园文化定位及建设机制的研究[J].沙洲职业工学院学报,2011(9):45—49.

业文化的建设,其最终目的还是服务于学生,还是促使学生和未来工作岗位在学校内就发生关联。为了促使这种关联顺利发生,我们必须将企业文化引入,做到有机结合。要达到这样的目标,除了学校领导和教师在教学和工作中的创新改革之外,每一个学校员工都要秉承服务学生的理念,都要有认真端正的服务态度,要积极鼓励学生认真刻苦学习,积极参与实训实践锻炼。当然,学校还应该将企业的价值观念、管理理念等融入学校各方面的建设,应该努力形成具有学校特色的管理模式,而只有在独具特色的管理模式下学校的校园文化和专业建设才能顺利进行互动,才能形成服务学校发展和学生就业的合力。

(3)发展社团文化,促进专业建设和校园文化的融合。社团活动及其文化在高等教育中对学生有着不可忽视的影响作用。当前我国高职院校的社团活动及其社团文化都是和专业理论密切相关的,是学生在专业兴趣上建设起来的基于共同爱好的价值观念体系,更进一步说它是专业建设在学生业余生活上的延伸。积极丰富的社团活动、健康向上的社团文化对学生的伦理规范、思维方式以及道德品质有很大的影响作用。因而,加大学校社团文化建设力度实际上就是在学生业余生活方面积极推进专业建设与校园文化的有机融合,而且这种融合是基于学生自愿的角度,常常会收到更好的融合效果。有鉴于当前社团建设存在的诸多问题,为了促进专业建设和社团文化的融合,高职院校应该着力进行相关改革:首先要明确社团活动的重要意义,加大对社团的资金投入;要加强对学校社团的管理和引导,保证社团的规范化发展和建设。当然,学校还应该引导学生组织成立一些实践性的社团,鼓励学生的社团活动和企业活动相对接,使学生不仅在实训中能做到学校和企业融合,更使学生的动手能力、社交能力、管理能力、表达能力在业余生活中得到进一步的提高。

当然,除此之外,班级文化、宿舍文化等等都是学校文化建设的重要内容,也都是专业建设中必须设计的方面,由此观之,专业建设与校园文化之间存在着天然的互动关系,在服务学生就业的总体目标下,让专业建设的各方面符合校园文化的总体发展趋势,让校园文化建设服务专业建设的发展,这样形势下,专业建设和校园文化必然是合作式的互动,也必然为学校发展形成正合力。

## 案例分析——金华职业技术学院营造职业人培养的和谐育人环境

金华职业技术学院创办于 1994 年,是在合并继承金华卫生学校、金华农业学校、金华师范学校、义乌师范学校、浙江农业机械学校、金华贸易经济学校等 6 所国家和省部级重点中专职业教育传统的基础上形成的一所国家示范性高职院校。学校重视校园文化的建设和发展,遵循"校企合作、工学结合"的理念,坚持以就业为导向,以学生发展为核心,以职业能力培养为重点,开创了基地、招生、教学、科研、就业"五位一体"育人模式①,这对于学校专业建设和学生的发展起到了极大的促进作用。分析其营造方式,主要表现在以下方面:

1. 以人为本,实施文化管理,构建和谐校园

一所学校,在于有自己独特的灵魂,这个灵魂就是独立的思考和自由的表达,千人一面、千篇一律的学校是不可能有长远发展的。为了把金华职业技术学院建成一流高职院校,针对传统学校管理模式的局限性,学校选择"走向文化的管理"是对传统学校管理模式局限性的一种突破,也是一种必然的选择。②

学校坚持"以人为本"的文化管理理念,以学校现有的各项规章制度为管理基础和保障,以校园文化为建设重点,以学校既有的物质设施和环境为依托点,以凝聚学校和专业发展共识、激发全校师生自我发展的内在驱动力为目的。总结来看,金华职业技术学院实施的文化管理措施主要包括以下方面:

树立正确的学校价值观。学校价值观是学校文化的核心,是学校选择、崇尚、追求等的内隐,是学校教育行为和校风的外显。只有正确的学校价值观,才能为师生发展指引前进的方向和目标,才能为师生的精神层次、日常行为以及发展方向提供动力和基础,同样也是学校成功发展的必备。因此,学校进行先进的文化管理就是树立正确的核心价值观,并在学校管理的过程中与价值观保持一致,使价值观渗透到校园文化的各个层面、各个领域、各个层次,进而充分发挥价值观的核心作用,提升高职院校的整体素质。

建设教师和学生的精神家园。文化管理是学校柔性和隐性管理的主要表现,它需要师生投入更多的情感和活力。建设师生的精神家园,需要师生对学校有归属感,有家的感觉,只有师生共同努力,才能提高学校的竞争力,

---

① 金华职业技术学院学校简介[EB/OL],[2013-10-15]. http://www.jhc.cn/list.asp?/=1

② 杜世禄.五位一体育人模式深化纵览[M].北京:文化艺术出版社,2010:218.

增强学校的凝聚力,提升学校的人文情怀。在这种文化氛围中学习、工作,才能激发教师的工作热情和创业精神,激发学生学习的热情和动力。因此,在学校的建设中,要把对师生归属感的营造作为一个重要的方面,下大力气去办,下大力气办好。只有各个部门共同努力营造一个充满尊重、关爱、信任的人文精神家园,才能为成功地进行学校文化建设管理提供有效的方式方法。

转变学校管理理念。在学校文化管理中,各级管理人员都应该坚持以人为本的管理理念,要明确管理的最终目的还是为了教师和学生的发展,是为了满足教师和学生的物质和精神需要。因而,每一位参与文化管理的人员都要自觉转变管理观念和行为,处处体现以人为本,做到在政治上尊重、思想上关心、生活上照顾、精神上关怀每位师生员工,使每个人都能发展,人人都能成功。

加强学校形象识别系统建设。学校形象识别系统包括理念识别系统、视觉识别系统和行为识别系统。[1] 要加强学校形象识别系统建设,对学校校徽、校服、校旗、色调、象征性符号等内容进行统一和规范,将学校校训、校风、办学理念、核心价值观广泛发布,真正做到学校文化对内能凝结教师和学生的发展共力,能沟通和协调学校发展中所遇到的矛盾和问题,对外能传播学校的办学方针和理念、提升学校的社会形象。

塑造学校核心价值观。高职教育培养的学生是面向生产一线的准职业人,必须具有较强的实践技能、职业道德和人文素养。因此,高职院校应该积极营造准职业人培养的各种硬性和软性环境。这个方面,金华职业技术学院以实训场所职业氛围、学校园林景观和校园雕塑为重点和依托,把企业的生产经营和管理文化通过教学、实训等方式无形中与学校的校园文化融合在一起,形成了具有一定个性特色的职业文化校园氛围,而在这种氛围中走出来的学生在毕业后能迅速地融入社会和工作场所。

优化实训功能布局。实训场所的建筑、内部格局以及具备的实验实训设施是实训场所的物质文化载体,它们一方面是学校教学、科研和实训的场所,另一方面也是各自风格的独特体现。在实训内部布局上,学校坚持与企业相匹配的原则,从房间大小、室内布置、设备摆放到实训场所的卫生间、更衣间都是按照企业的模式来配置的。对于一些无法真实再现的企业配置或布局,也都尽最大努力实现仿真化,以利于开展生产性实训教学。对于一些完全按企业实际运行模式进行改造或是通过直接从企业引进生产线的方式,就使得实训场所能够发挥"实训基地+生产车间"的双重功能,进而使学生在完全真

---

[1]  丛峰.企业文化与高职学校文化的融合与对接研究[D].湘潭:湘潭大学,2009.

实的环境中进行学习。这是学校遵循以人为本、理论与实践相统一和有利于教学与生产相结合的原则的体现。

强化内部环境布置。依据专业和培养目标的不同,各教学实训场所的布置也存在很大差别。如在科教实训中心广场,东西两侧分别摆放带有专业、行业特色的机械构件,使人身临其境,产生一种进入"企业"的真实感觉;机电学院在实训楼大厅陈列展示了历届学生制作的获奖产品,向人们诉说着他们这个"企业"的昨天与今天;制药学院各实训楼层和走廊上专门悬挂了与本专业相关的名人肖像,激发同学们钻研知识和技能的热情;医学院在实训教学场所的走道两侧布置了由学生自己制作的人体组织结构标本;农学院则布置了学生制作的优秀动植物标本,从而为学生创造了浓厚的学习实训氛围,发挥其激励和勤勉作用。此外,学校在专业教室中增设专业标志和图纸,为师生交流搭建平台;提高大教室利用率,在设置合理的基础上力求先进;还在实训教学场所的室外空间里专门配置了桌椅等,供学生学习和讨论使用,不仅增添了专业色彩,也体现了人文关爱。①

2. 规划校园景观,营造和谐环境

校园环境是一个比较宽泛的概念,是学校建筑形态、活动场地、各种物质设置以及绿化、美化和各种景点的综合体,是一所学校的传统、校风、师生精神面貌的物化形态。学校把丰富深刻的文化内涵浓缩、外化为易于被人直感的文化景观,除了错落有致的建筑楼群外,还积极规划校园景观,实现环境育人。

契合自然布置校园景观。学校利用校园面积广阔、坡地起伏、湖泊分布等特有的地理环境优势,在校园内巧妙布置了花草树木、水榭亭台、石桌石凳,使之与自然风光相互映衬,做到"无一物不景,无一景无用",创造出清静幽雅、优美和谐的校园环境。如金银湖碧波荡漾,翠堤起伏,曲桥蜿蜒,置身其中,或学习或休闲,都令人心旷神怡;桃李亭旁,有曲桥横卧碧玉池,假山丛中,隐隐生绿,令观者静心潜思,多些理性思考;学士塔上,登高远眺,整座金华城尽收眼底,令人豁然开朗。

围绕专业配置雕塑。根据校园场所功能的不同,巧妙配置人工雕琢的艺术品,既融入一定文化元素,又能体现专业职业技能特点。如在学校大门,迎面设置了"五位一体"红色雕塑,意在希望学校以"五位一体"办学思想为指导,坚定不移地走校企合作、工学结合之路。中心广场南环,塑名人雕塑群,选取与学校专业相关学科、领域的世界级顶尖人物,既有中国古代教育家、思

---

① 杜世禄.五位一体育人模式深化纵览[M].北京:文化艺术出版社,2010:208.

想家、儒家学说创始人孔子,也有美国大发明家爱迪生等。与此相对应的是北耸的信息大楼,壁嵌大屏幕,借助现代科技手段传播现代文明,体现了绵延古今中外和面向美好未来的文化内涵。

路桥命名体现地方文化特色。婺州自古就有"耕读文化"传统,婺州学派一贯倡导"经学致用"治学精神,学校开门办学、社会办学理念及"知行合一、务实创新"校训与此一脉相承,为此,学校道路多以金华历史上的书院命名,体现了学校的历史文化渊源与地方文化特色,给人以文化积淀和历史厚重感。如位于学生主要活动区的仁山路就是根据宋元理学大师金履祥在兰溪创建的仁山书院命名;月泉路是根据宋代吕祖谦在浦江创建的月泉书院命名,朱熹、陈亮等都曾来月泉书院讲学,为四方学子负笈求学之所;五峰路根据南宋时永康方岩创立的五峰书院命名,陈亮、朱熹、吕祖谦都曾于此著书立说,为当时文人墨客荟萃之地;丽泽路则是根据宋吕祖谦主讲创建的丽泽书院命名,吕祖谦主讲丽泽书院时,常邀叶适、陈亮等前来讲学,开浙东学派之先声。

通过精心建设,校园环境处处体现学校自身的办学理念和良好的文化理念,使校园显示出育人智慧,使校园充满美好、向上的故事和回忆,为育人营造一个优美积极的环境,高素质技能人才能够在这个环境中得到锻炼,使学生能明确地进行职业生涯规划,提升素质和技能,实现自身与社会进步相统一的人生价值。

3. 校企文化互动,培育职业精神

校园文化活动是学生人文素养养成的重要载体。作为高职教育本身强烈凸显的"职业特点",决定了高职院校在校园文化建设中必须加强与行业企业的联系,必须加强与企业文化的融合,通过联系和融合去培养学生的职业精神。

科技文化节,校企共携手。自2003年开始,学校连续举办了七届以"校企联姻、文化融通"为主题的科技文化节。目前,文化节已成为浙江省高校优秀校园文化品牌。科技文化节期间,校企双方教师、学生、企业员工共同参与,联袂举办职业技能大赛、获奖作品展示、文艺晚会等。尤其值得一提的是文艺晚会,整场节目全部由学校和企业自编自导自演,师生与企业员工同台展示青春和才艺,演绎激情与梦想,使校企两种文化在校园中相互激荡、交流融合,极大地丰富了大学校园文化的特色内涵。

此外,学校教师学生到企业,企业组织员工进校园,双方共同开展球赛、棋赛、文艺演出等内容丰富、形式多样的活动,加强校企间师生和员工的情感纽带联系,培养学生人际沟通与协调能力,实现校企文化的互补和融通,活跃了大学校园文化。同时,这种互动还在一定范围内一定程度上积极作用于地方文化建设,不仅使参与的企业直接受益,而且也间接地辐射到社会。

企业家开坛论道,传播企业文化。企业家论坛是校企文化碰撞和互动的又一载体。企业家通过这个平台,向师生传递企业文化、创业理念、职业精神、职业道德,给大学校园文化带来了清新的气息,让学生提前感受企业文化,有力促进了校企文化的互补和融通。学校的企业家论坛内容多样,既有面对全体学生的广义上的企业文化讲座,也有面对具体专业,甚至某一具体企业狭义企业文化讲座,如"成才之路"、"如何融入社会"、"赢在起点"、"经济发展走势"、"就业形势分析"、"求职技巧"、"职场规则"等,带给学生很好的启迪。与此同时,学生在论坛现场还可以就自己感兴趣的话题进行提问,企业家现场解答,双方互动,学生触动很大,受益匪浅。实施三年来,仅学校层面就先后有23位省内外知名企业家走上讲坛开坛论道,参与师生达一万余人。

学生深入企业,调研企业文化。企业文化调研是学生深入了解企业文化,培养学生职业道德和职业品质的一条重要途径。为使学生尽早、尽可能多地了解和认识企业,以适应社会经济发展的要求,每年暑期学校都会专门组织学生由专业教师带队前往企业,实地调查了解企业物质、精神、制度、行为文化等实际情况。借助文化调研这一载体,学生可以真切、客观地体会到企业文化的具体内容,提高面对困难挫折的忍耐力和团队合作精神,使学生对企业文化有一个较为深刻、具体的了解和体会,之后把这些体会的内容以报告的形式带回到学校并融入日常校园文化建设中,不断丰富校企文化的融通与互补。①

## 6.2.2　竞争式互动

竞争是高职学校在办学以来就不可避免的问题,这种竞争广泛存在于高职院校内部各专业、各学院、各老师甚至各学生之间,同时更明显地表现在各独立院校之间。

在高职院校内部,各学院和各专业之间存在激烈的竞争。我们看到,在高职学校内部,各学院、各专业或者各专业群虽然存在着千丝万缕的联系,但是总体来看,它们还是相对独立存在的主体。在学校既有投入和资源一定的前提下,为了争取到对本专业、本学院最有利的发展条件,这些独立的学院之间、专业或者专业群之间势必要进行竞争,这些竞争主要表现为各院系、各专业之间的日常评比、开展的相关活动和竞赛等,对于老师和学生来说,职称评

---

① 杜世禄.五位一体育人模式深化纵览[M].北京:文化艺术出版社,2010:214.

定、各种奖助学金等等也是它们竞争的利益点所在。当然,这些内部的竞争在很大程度上是促进专业和学校发展的积极动力。只有竞争,才能保持学生和教师的危机感,保持专业的发展动力。

对于各高职学校来说,学校之间的竞争式互动主要表现在区域教育资源和经济资源的争夺。就如同学校内部的竞争一样,每一个区域的教育投入和教育资源都是有限的,为了完成学校每年的招生任务,为学校争取到更大的资金投入,每年招生和就业时,各学校都会展开竞争式的宣传,很多虚假问题、欺骗问题也由此产生。

对于竞争,不外乎良性竞争和恶性竞争两种方式。从高职院校来看,当前的学校办学模式不外乎独立职业院校为主的教育模式、独立的技术学院教育模式以及企业或行业为主的教育模式。如果良性竞争占主要方式,各学校之间为了争夺教育资源和生源,势必会加大对学校本身硬件和软件的投入,势必会加强专业的相关建设,势必会关注学生和教师的主观感受,关注学生的就业情况,这种竞争的结果是促进学校专业建设的发展,对学校本身的发展有积极的促进作用。

然而,我们不得不注意到,在当前高职院校之间的竞争中,恶性竞争已经成为阻碍高职院校及专业发展的主要问题。随着经济的发展,区域内高职院校数量越来越多,加上普通高等教育的大众化以及家长和学生择校观念的成熟,在生源越来越少的前提下,高职院校之间的竞争越来越激烈。在这个过程中,一些条件较差、专业较弱的学校,为了达到招生利益,不惜采用各种手段,诸如冒用其他学校名字进行宣传;在招生宣传中采用大量的虚假信息,有些学校在招生简章中甚至出现了学校从未有的专业;还有学校和一些违法的招生中介勾结,采用各种方式把学生欺骗到学校,而在这个过程中一旦出现问题,这些学校就把责任推给其他学校。这样的学校采用恶性竞争,把注意力集中在如何欺骗学生上,而不注重加强自身的建设,这种恶性竞争式互动对高职教育发展产生了极大的阻碍作用,是当前高职教育发展中需注意的现象。

# 6.3　当前高职院校专业建设与
高职院校内部因素间互动的问题研究

高职院校专业建设与高职院校内部各因素之间的互动对高职院校的专业建设有着极大的推动作用,当前各高职院校也在积极推行它们之间的合作式和竞争式互动。在合作式互动取得较大效果的同时存在的一些问题值得我们注意和进一步思考。

## 6.3.1　合作式互动载体、主题、目标不一致

20世纪末高等学校包括高职院校之间的合作办学出现过一个短暂的高潮时期。不少学校依据自身的特点和优势,与同一区域或者不同区域的高校开展了多种多样的合作,这些合作包括专业合作共建、教师校际交流等。这个时期的合作给当时我国的高等教育带来了一股新气息,也给当时的高职教育提供了很好的可以借鉴的经验。然而,随着我国经济的快速发展,高等教育领域的并校趋势加快。各区域高职院校纷纷联合,或升级为本科学校,或组成学校联盟,在这个过程中,学校之间的合作被搁置起来,即便已有的合作,效果也不尽如人意。然而,在当前我国经济结构转型的关键时期,高职院校之间的合作是降低高职教育成本的有效措施,持续推进校企合作是高职教育必须要走的发展道路。只有踏实实施好这些举措,才能真正形成职业教育的特色,才能真正提高职业教育的社会认可度,进而达到人才培养的目标。

尽管我们一直强调高职教育要面向市场,紧跟行业企业发展,但是对于专业和课程建设,对于学校的教学和管理只能以单个学校为基础展开。而每个学校推进校企合作的能力存在较大的差别,进行学校之间合作的目的也不尽相同。这就使得学校之间合作的载体不一致,办学实力雄厚的学校就占据了很大的优势。同时随着高职学校数量的不断增多,随着学校之间恶性竞争的加剧,随着专业同质化现象的不断增强,原本势力雄厚的高职院校就开始不顾区域经济发展特点,一味加大自己学校的资金投入,一味要将自己的学校做大做强,因而它们的精力完全用在了学校单独的"经济"发展上,而忽略了学校之间的合作、补充发展。这种载体不一致基础上产生的合作主体和目标的不一致,造成了区域内学校之间专业重叠现象明显。这背后是教育资源的重复投入,是教育效益的整体下降,其结果就表现为教育回报和投入严重不成比例,进而降低了学校本身的竞争力,有些学校甚至走到了困境。

### 6.3.2 合作式互动资源不共享

但凡合作,必然牵扯到资源的共享问题。但是在现实合作过程中,如果要求一个资源丰富的学校共享其已有的资源,共享其在教育教学和专业建设上的经验是一件极其困难的事情。这种资源上的不共享就导致了学校之间乃至学校内部各专业之间形式上的合作而不能取得实质性的进展,分析来看,其中的问题主要表现在以下方面。

**6.3.2.1 共享意识不强,动力不足**

同一区域内的高职院校,同一学校内的专业,在规模、硬件和软件设施以及师资水平和学生素质方面都有着巨大的差异,相比较来看条件较好的学校和专业会倾向于在合作中选择对核心教育资源采取很大程度上的保护措施。当然,我们前面一直强调的学校文化的建设,使得各个学校所固有的价值体系存在较大的差异,这些差异会阻碍学校资源之间的共享意识和共享行为。当然,说到共享就势必牵扯到资金投入的增加,当前很多学校涉及资源共享时却没有考虑资源损耗的成本分担,没有规定实行资源共享的高职院校有相应的回报。这种只共享不分担的模式,导致学校在共享时缺乏动力。以金华市几所职业学校为例,其中的金华职业技术学院、东阳广厦建筑职业技术学院、义乌工商学院以及永康职业技术学院,在专业建设上存在很大的交叉,完全可以通过资源共享把几所学校同时做大做强,但是共享机制的缺乏使得这几所学校之间的共享动力严重不足,因而就出现了我们前面所说的资源浪费现象。

**6.3.2.2 共享机制不健全,制度不完善**

上面的研究我们已经提到,合作式共享,共享的是资源,依据的是健全的机制和公平的制度。但是高职院校作为独立的行政单位在区域内可能隶属于不同的行政部门,在区域之间涉及的部门和利益可能就更为复杂。要实现学校之间的合作共享,就要协调各主管部门之间的利益关系,这种政治上利益的博弈相比较来说更为复杂。这也使得很多已有合作在机制不健全的情况下被迫中止,很多可能的合作因为没有机制的约束而烟消云散。事实证明,只有有效的监督和约束机制来规范和协调各职业学校在合作式共享中的行为,合作才能长远和高效。

**6.3.2.3 共享内容单一,程度不高**

在合作意识不强、合作机制不健全的情况下,合作共享的内容只能是单一的,也注定不会有深度的合作。当前,很多高职院校的资源尚且不能满足自己学校的学生使用,即便有一些条件好的学校,因为没有资源共享机制,资源共享中的消耗都是由学校自己来负责。这种基于单方面付出的合作是不能长时间持续的。当然,因为资源都是服务专业建设的,各个学校因为专业设置不同,其资源服务的对象和资源本身的使用范围也不尽相同。因此,当前高职院校的资源共享仅仅限于一些简单的师资交流和学校之间的参观互访,涉及的仅仅是浅层次的共享和合作,程度不高,不能有效促进学校发展和专业建设。

### 6.3.3　竞争性互动同质化严重

讨论高职院校的发展和专业设置,我们必须明白两个明显而又几乎决定高职院校发展的前提,那就是高职教育扩张速度越来越快,各学校之间的竞争越来越激烈,但与学校扩张速度不成正比的是高职院校的投入并没有增加,相反地抛除一些发展方面的因素,甚至有减少的趋势,这就造成高职院校办学经费严重紧张。

从招生来看,不仅高职院校在迅速扩张,一些普通高等院校也在大力发展学校的规模。相比较来说,我国在实行计划生育政策后,适龄学生总数逐年下降。在招生上,高职院校既要和普通高等院校竞争生源,还要和同类学校展开激烈的竞争,由于相关资源的缺乏,高职院校培养的技术性人才并没有显示出很强的动手能力,因而从整体来看与普通高等院校相比,高职院校的招生往往处于劣势。而在同类院校竞争中,由于专业设置的问题,导致学校本身的优势和特色也不明显,这些带给高职院校的压力越来越大,迫使高职院校在专业建设方面进行改革。

从当前来看,高职院校的专业设置突出表现为"小而全"的现象,专业重复现象日益突出。很多学校虽然办学实力较差,但也追求专业的全面性建设,相比较实力较为雄厚的学校来说没有丝毫的竞争力,而相比较于一些同类学校来说,又失去了原来的特色。专业建设的同质化导致了高职院校间的趋同性竞争愈演愈烈,恶性竞争不时出现。

#### 6.3.3.1　在专业创立上不切实际,盲目追求热点

当前高职院校在专业建设上追求热点之风甚重,哪些专业是当前社会需要的,是当前能挣大钱的,就积极努力去申报。说到底,哪些专业有大的利益就去申报哪些专业。这种与社会密切结合的方式固然没错,但是在专业建设的时候,对入口"培养谁"、出口"给谁培养"、是不是有人愿意来学、学了有啥

用、到哪去就业等等不做深入调研①,对于专业是否符合区域发展要求,是否与学校已有的专业相匹配,是否具有较强的发展潜力都不甚了解;对于专业的经济和社会效益都没有充分把握,只是看着是当前社会急需的就急着建设,对于专业建设的整个流程都不甚了解,只能摸索进行。这样的后果,一方面造成教育资源的严重浪费,另一方面即便专业建成了,培养的人也不能符合行业本身的需求,进一步发展,又成为一个过时的专业。这种匆忙建设新专业而不切实际的方式只能造成专业同质化现象加剧,对专业发展有极大的阻碍作用。

### 6.3.3.2　在专业质量提升上缺乏创造,只注重模仿

创造对于一个专业质量的提升有着十分重要的作用,而当前高职院校的专业建设大多以模仿为主。以专业人才培养方案为例,很多高职院校是照搬本科学校的人才培养方案或者把本科学校和其他高职院校的人才培养方案进行简单融合,这样的方式完全忽略了学校专业本身的特点,忽略了学校已有的校园文化对专业建设的影响。还有的学校教师对于专业要培养什么样的人才都不清楚。同一个班的学生,有的老师要培养高级工,有的要培养中级工,还有的是培养初级工。这主要是由于老师对自己专业不了解造成的,他们在一味地模仿中完全忽视了自己所在专业的特点,忽视了自己学生的特点。在这样的情况下谈何对学生进行培养,谈何培养高质量的学生,谈何形成自己的专业特色或者专业品牌。

### 6.3.3.3　在专业成果形成中一味抄袭敷衍

以高职院校专业课程体系建设为例,很多学校、很多老师直接把国家职业教育政策文件中的诸如"基于工作过程开发"、"行动导向"、"能力本位"、"工学结合"等表述写进自己的学生培养方案或者课程大纲中,进而重构成自己的课程体系。这样形成的课程体系有些设计者甚至都不清楚课程的理论依据和实践依据,弄不明白该采用什么样的教学方法才能实现自己所说的教育目标。更有甚者,这样一份培养方案能在老师中间到处抄袭,从而能变成各个专业都适用的培养方案。而基于这样的培养方案形成的科研团队和实践基地,产出的成果只能是论文和成果一大抄,这种典型的同质化竞争目前在高职院校十分普遍。

这些在高职院校之间和高职院校内部互动中存在的诸多问题应该引起我们的重视,只有直面这些问题,才有可能实现高职院校之间的良性互动,实

---

① 刘向光.高职教育同质化竞争现象与对策探讨[J].天津职业院校联合学报,2011(1):25—28.

现高职院校内部各因素之间的互助发展,而这些,从各个方面都能归于学校的专业建设,进而促进职业教育的整体繁荣。

# 6.4　本章小结

高职院校及其内部因素互动的研究主要包含了学校与学校之间、专业与专业之间、专业群之间以及专业建设和校园文化之间的互动。在合作式互动或者竞争式互动的方式下,虽然还存在着诸如竞争同质化严重、合作资源不共享等问题,高职院校的专业建设依然在逐步向前推进,在逐步走向成熟。如何破解利益关系之下学校之间的合作式互动、如何能制定有效的互动保障机制、如何进一步发挥学校校园文化在专业建设中的作用、如何引导高职院校形成自己的专业特色,是本章描述带给我们的启示。当然,在明确了影响高职院校专业建设的区域经济、行业和院校因素之后,从整体上准确把握它们的关系,就成为专业建设要进一步研究和解决的重要内容。

# 第7章 区域经济、行业、院校互动的高职专业建设研究结论

## 7.1 构建基于区域经济、行业、院校互动的专业建设模型

基于以上分析,我们将区域经济、行业因素纳入高职院校专业建设的内部要素,重新建构了区域经济、行业、专业建设、高职院校四者互动的立体模型(如图7-1所示),四者以专业建设为核心,进行多种方式的互动,包括合作、交换、强制、竞争、冲突等,在四者的互动博弈中找到一个平衡点,支撑点和落脚点,破解三者互动的内部规律,为高职教育专业建设探索出一条可行的路径。与一般的高职专业建设互动模型(如图7-2所示)相比,笔者认为此新建立的模型具有三个优点。

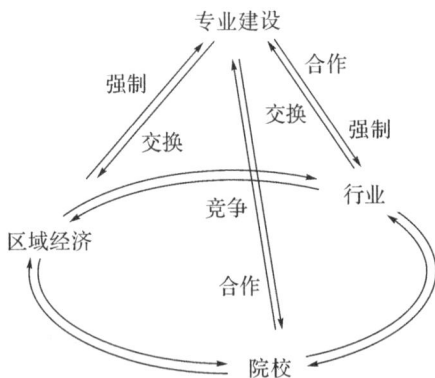

图 7-1 基于区域经济、行业、院校互动的高职专业建设模型

### 7.1.1 互动主体多元化

过去的互动模型如图7-2所示,尽管从表面上看,区域经济和行业包含在互动模型中,一直都与高职专业建设发生着或多或少的联系,但是它们并没有成为高职专业建设的互动主体,我们可以看到,这个模型的真正互动主体

其实只有两个，一个是高职院校，一个是专业建设。而区域经济和行业只是作为影响高职院校的影响体对专业建设产生影响。而在新的互动模型里，区域经济和行业具备了与高职院校一样的互动主体地位，成为影响专业建设的第二、第三个重要互动主体。因此，新的互动模型增加了两个新的互动主体，高职院校专业建设的互动主体从单一化走向多元化。

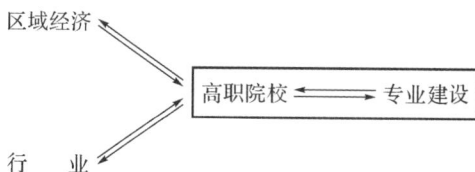

图 7-2　一般的高职专业建设互动模型

## 7.1.2　互动方式直接化

在过去的高职专业建设模型中，四者处于同一平面上，呈直线型关系，专业建设是通过高职院校间接地与区域经济和行业发生互动。因此，新模型将专业建设与区域经济、行业等互动主体建立直接关系，区域经济、行业成为与高职院校同样重要的互动主体，直接与专业建设进行互动。这样的互动关系有利于专业建设与区域经济、行业建立直接的、紧密的联系，专业建设可以更迅速地与区域经济和行业发生互动，对区域经济和行业的变化做出及时而准确的反应。更进一步说，在这样的模型建构下，专业建设将更加市场化、开放化，同时更具灵活性和应变性。

## 7.1.3　互动形态多样化

从过去的高职专业建设互动模型上，我们可以看到，高职院校和专业建设之间的关系是单一的，专业建设作为高职院校发展的一部分，是隶属于高职院校的，所以高职院校与专业建设之间呈决定性关系，专业建设对高职院校只具有反作用能力，可以说，这是一种简单的强制性的互动形态。而在新的互动模型中，高职院校与专业建设之间的互动形态呈现出多样化的态势，具体来说，表现为在专业建设过程中，区域内的高职院校之间拥有合作式互动、竞争式互动等互动关系，高职院校内部的校园文化和专业建设也存在着合作式互动、冲突式互动等互动关系。不仅如此，由于互动主体的多元化、互动方式的直接化，区域经济和行业与专业建设之间也表现出了多种多样的互动形态，图 7-1 呈现了这四者之间复杂的互动形态，这些互动形态也正是前文分析的最重要内容。

# 7.2  提出基于互动模型的专业建设策略

## 7.2.1  以区域经济发展要求为依托

### 7.2.1.1  加强市场调查,实现专业设置与产业发展趋势相适应

随着经济结构转型的不断深入,原有的工作岗位不断地细化并在此基础上产生了更多的工作岗位,这对高职院校的培养目标提出了更高的要求。培养的学生应该适合高新技术产业的要求成为区域经济、行业对高职院校提出的新的目标,也成为每个高职院校要发展的必然选择。从教育规律来看,要培养适合区域经济发展的精细化、高端化人才,就要主动参与到区域经济发展和转型中来,只有亲身参与,才能知道区域究竟需要什么样的人才,才能知道当前学校人才培养模式与区域经济发展之间存在的差距。因此,在区域经济、行业、专业建设、高职院校立体互动的前提下,高职院校在专业建设和发展中要成立专门的区域和市场调研机构,要分析区域经济格局以及行业企业发展动态。而这种调研或者分析主要表现在以下几个方面:

(1)调研区域经济和社会发展政策。在当前的中国,政治依然是决定教育发展的首要因素,因而在一个区域内职业教育要快速发展,就要首先把握区域政府的发展意愿,要深入分析区域政府的政府工作报告、中长期经济发展规划,把脉区域经济的发展动向,在此基础上设置的专业和出台的学校发展规划,才能契合区域经济发展脚步,反过来也就必然能推动学校的专业发展。

(2)调研区域发展的人才需求。每一个专业要发展,必然有一定的人才需求数量作支撑。即便一个专业符合区域发展要求,符合经济发展转变,但是在区域内每年都不存在人才数量上的硬性需求,那么这个专业也必然不能得到发展,其结果只能是走向灭亡。因而,每年对区域内不同性质的企业进行深入调研分析,分析结果对比当前学校专业培养目标与企业要求之间的差距,对比学生的知识和技能与岗位要求之间的差距,并仔细聆听已就业学生的建议和意见,在此基础上做好设置新专业的规划和调整现有专业的决定,只有这样才能形成专业特色,形成特色专业。

(3)调研竞争对手。区域内的竞争对手包括其他高职院校以及一些非正式的培训机构。高职院校要发展,对竞争对手的调研是必不可少的环节。我们要对其他高职院校和非正式培训机构的专业设置、专业动态、专业特色、专业缺点有一个准确的把握,在调研中明确自身学校存在的优势,找到自身学校存在的差距,知己知彼才能保证我们自己培养的学生的就业有针对性、就

业有选择性，当然对于其中发现的自己存在的危机，也有着提前的应对措施。

### 7.2.1.2　面向地方、依据市场、贴近行业设专业

谈论高职教育专业建设甚至高职教育发展，区域经济发展和市场需求是必须面对的两个问题，抓住这两个问题就抓住了高职院校专业建设的基本点和支撑点。研究者们一直强调的观点就是高职院校的专业建设应该与区域经济发展相结合，专业的课程内容、培养计划应该满足区域产业结构的调整，应该着眼于区域经济的未来发展，应该能够实现学校和企业的无缝对接，实现学校与企业的连通。在区域经济、行业、院校新型互动的前提下，高职院校应该彻底打破学科本位的专业设置，要强调专业面向市场、面向行业、适应地方，积极鼓励各行业专家参与学校专业建设，以确保学校的专业是地方发展所需、是行业发展必备、是学生就业保障，进而形成学校与区域经济、与行业企业互利共赢的局面，形成学校的良性办学机制。

贴近行业设专业可以从以下几方面来考虑：

(1)根据产业规划调整专业结构。产业规划是国家制订的针对产业中长期发展的计划，预示着产业结构调整和产业升级的发展趋势。产业规划的实施和取得成效需要较长的时间，具有滞后效应。高职院校的专业设置存在滞后性，总是比行业企业需求与发展"慢一拍"。如果高职院校参照产业规划来调整专业结构，就能紧紧抓住产业的发展趋势，使学校的专业走向与产业发展趋势同步，从而使人才培养适应产业结构动态调整带来的人才需求结构的变化[①]。

(2)根据产业周期调整专业规模。产业周期是产业成长期、成熟期和衰退期的总称。高职院校要掌握和了解各个专业对应的产业所处的产业周期，并根据周期及时调整专业规模。产业处于成长期，可以适当扩大专业规模；产业处于成熟期，可以维持现有规模，将主要精力放在专业内涵的深入和拓展上，着力提高人才培养质量；产业处于衰退期，应逐步缩小专业规模，考虑专业转型或者最终取消相应的专业设置。参照产业周期来调整专业规模，就能在数量和质量上有的放矢地培养人才，使人才培养规模与行业需求相对应[②]。

(3)根据市场需求调整专业方向。高职院校要紧盯市场，及时通过行业交流、企业走访、劳动市场调研等渠道，了解各行业的就业状况和人才需求变

---

①②　黄宏伟.基于就业导向的高职专业建设研究[J].经济研究导刊,2009(Z1)：183—184.

化,判断和预测人才需求的变化趋势,及时、动态地调整专业方向。对于人才市场不需要的、学生就业困难的专业应考虑逐步压缩招生数量;对于市场需求量大的专业,要增加招生数量。同时,要结合区域经济社会发展实际,开设面向新职业的专业。比如,近几年会展业逐渐成为一些大城市的新兴产业,创造的直接收入超过百亿元,未来发展需要会展设计师、经营策划师等专业人才;又如,近年来房地产、建筑业的迅速发展,已使家具设计师、项目经理等成为新职业,社会对这方面的人才需求很大。对此,高职院校可以在原有相近专业基础上,通过拓展专业方向或开设新专业,为培养相应的人才创造条件。

**7.2.1.3 大力开展专业群建设,增强专业的灵活性和适应性**

高职院校专业建设其实面临一个矛盾的选择,较宽的专业建设在增强专业建设性的同时失去了专业就业的针对性,较窄的专业建设在提高专业就业针对性的同时又失去了专业的整体适应性。而大力开展专业群建设可以解决这个或宽或窄的选择性矛盾。我们知道,专业群是基于核心专业组建的相关专业的联合体,这个联合体以一类专业的课程为课程基础,这就保证了学生在一类专业上都能具有一定的就业基础。另一方面,在基础课程的基础上,针对社会和就业的整体需求,可以适时调整设置不同就业方向的特色课程和模块课程,以加强学生就业的针对性。专业群的优势是可以不变动专业大类,而只调整专业群的方向,这样可以根据社会人才需求变化而灵活转向,使人才培养更加自主化、动态化,既可以适应人才市场需求的变化,又可避免过多地调整专业结构和专业方向。[①]

**7.2.1.4 建设特色专业,提高专业建设的特色**

对高职院校来说,特色专业主要指那些在培养目标、培养方式以及就业质量方面明显优于其他院校的相同专业。这样的专业,专业课程是符合职业教育理念和行业发展需求的,培养方式是适合行业发展规律和人才发展规律的,培养的人才是用人单位急需的,因而这样的专业就会得到社会的广泛认可,具有较高的专业声誉。

当然,特色专业的建设对于区域的依赖性会更高。这就要求高职院校把握学校所在区域与其他区域相比较在资源、环境和文化上的优势,因为这些往往是决定能否产生特色专业的主要因素。在确定了区域的特色条件之后,我们还必须深入分析这些特色条件是否能够支撑学校构建特色专业。这就

---

① 高燕南.浙江省经济社会需求与高职院校专业设置互动研究[D].金华:浙江师范大学,2011:53.

和前面分析的一样,首先要确定这个特色的发展前途,比如有些理念或者资源本身很有特色,但是它的特色正逐渐淡出社会发展的视野,稍一分析就可以看出没有市场发展前景,此时再强求建设基于此类特色的特色专业,其结果只能是为了特色而特色,没有丝毫的实际应用价值。再比如,有些资源本身有特色且市场发展前景广阔,符合特色专业组建的前提条件,但是在建设过程中,由于没有充分调研论证,组建后的特色专业没有真正继承既有的"特色"精髓,这种形式上的特色也不能保证特色专业的长期发展。积极地推进特色专业建设,能够从整体上提高学校的专业声誉,能在很大程度上提高学校的社会影响力。

**7.2.1.5　调整专业建设,适应产业结构变化**

除了职业教育本身的规律,高职院校的专业建设必须考虑经济和社会的发展规律,必须适应产业结构的变化。只有紧跟产业,专业才有活力,只有紧抓产业变化,专业才能发展。具体来看,专业要适应产业结构变化应该从以下几方面来考虑:

(1)依据产业结构调整职业教育教学方法。当前随着经济结构的不断升级,第三产业发展越来越快,在经济中所占的比重越来越大,成为高职院校专业建设必须适应的产业结构变化。在此种情况下,高职教育要转变原有的教育教学方法,要更加注重将第一、二产业的专业课程逐渐向第三产业倾斜,要把第三产业的产业特点融入原有的教育教学方法中,从而形成新的教学体系和考核体系,使专业因产业而动,随产业变化而持续发展。

(2)依据产业结构调整,明确培养目标。在产业结构不断调整变化的今天,高职院校更应该明确人才培养的目标,要确保培养的人才适应产业结构调整,要努力确保学校诸如订单教育、校企合作培训等都能服务于学生培养目标。要坚持不懈地优化学校的教育形式,使专业培养的人才能满足不同层次、不同岗位的人才需求,使培养的学生不仅能就业,还能好就业,就好业,能在工作岗位上有发展空间,有适应岗位变化的能力,要达到这些,明确的培养目标是基础和重点。

(3)依据产业结构调整,优化专业结构。从社会需求出发,把握产业结构调整,优化专业结构以培养适应社会经济发展需要的人才是必行之路。专业结构与产业结构相适应,专业才有市场,产业才有发展的保障。我们一直强调,职业教育很大程度上是为区域经济发展服务的,区域产业结构的调整对专业的结构设置有很大的影响。然而,这并不是要求高职院校依据产业结构调整就建设新的专业,这种盲目跟风设专业的方式是我们极力反对的,这不是对专业结构的优化,更多的是对教育资源的浪费。我们强调优化专业结构,为的是在已有专业资源的基础上提升专业的内涵和质量,鼓励在现有条件的基础上去适应产业结构的调整。这种专业结构的优化不只是数量上的增多,更多的是在内涵发展上的提升。

(4)依据产业结构调整,推进课程改革和学习认证。在产业结构调整的前提下,高职院校要积极推行"引进来"和"走出去"的课程改革。要把变革后的产业要求及时补充到已有的课程体系中,要积极走到行业企业中,与它们共同开发课程内容,这样的改革要强调突出学生的职业能力,要注重提高课程的教学质量。当然,随着社会的发展,学生的学习方式也在发生着根本性转变。这就要求高职院校要积极建设学生的学习认证体系,积极推进学生的双证书甚至多证书培养,要将学生在企业或者生活中的实践纳入学分考核体系,这一方面有利于学生积极地参与社会实践以增强自己的实践能力,同时这种灵活的学习认证方式,也能节省学生的学习时间,保证各种资源的充分利用。

### 7.2.1.6 深化专业内涵建设,服务区域经济发展

对于服务产业结构变化,高职院校有着天然的优势。首先,高职院校应该发挥自己的科研优势,发挥区域经济发展智库的作用,积极开展关于产业结构变化的研究,使研究成果一方面服务于地方政府决策,一方面服务于学校专业建设;积极研究产业结构变化后所需要的新技术、新产品,使学校专业建设走在产业结构变化之前,甚至能引领产业结构在某些方面的转变。其次,高职院校要积极参与到区域内的公益性教育培训,与政府、企业开展广泛合作,提升自己的专业水平,加强学校与政府和行业的密切合作。通过这种方式,使学校成为产业结构变化中的积极参与者,而不是被动地等待。

## 7.2.2 基于行业标准培养高技能人才

### 7.2.2.1 建立以行业专家为主的行业指导委员会

行业标准在当前高职院校的教育教学中发挥着越来越重要的作用,大到专业目标的设置,小到每一节课程的目标,越来越多地出现了行业标准和行业要求。这也是高职院校教育理念从传统的以"知识"为基础向以"能力"为基础的突破。而对于如何将行业标准引入高职院校中,成立以行业专家为主的行业指导委员会是较好的解决办法。

对于如何成立专家指导委员会,首先学校应该发挥积极主动的作用。应该从学校已有的专业出发,在结合学校发展目标和专业培养目标的基础上,去积极联系相关的行业专家。而对于上面说到的专业群,学校应该首先理清专业群当前及未来发展会涉及的行业领域。而对于要选的行业专家,于高职

院校来说应该选择那些有丰富的实践经验、热心于职业教育建设和发展的人员,而且选择的专家要能真正参与到学校的专业建设上来,要坚决反对"挂名"专家现象,反对虽有专家但仍由学校独立决定的模式。对于已经成立的专家委员会,要积极制定相关可实施的规章制度,要以制度的形式保障学校和专家的利益,也只有在利益得到保障的前提下,行业专家委员会才能充分发挥指导专业建设的作用。

对于如何发挥行业指导委员会的作用,我们认为首先要有完善的机制保障,要保障行业指导委员会在一定的范围内充分享受专业建设的指导权。同时要有基本的财政投入,要保障行业指导委员会能正常运作。当然在关于行业指导委员会如何发挥作用的问题上,我们依然认为高职院校是其中的主体。作为行业专家,虽然他们有较为丰富的实践经验,但是在实践转化为理论指导专业建设的层面上,就需要我们学校的老师积极地去学习实践经验,积极把实践经验内化到自己的学习和科学研究之中,然后反过来再推动专业建设。当然,我们必须强调要动态地调整行业指导委员会才能发挥其在专业建设中的作用。行业是在随时发生变化的,动态调整专业指导委员会里面的专家,能够为我们及时补充较为先进的行业理念,也只有这样,才能保证我们的专业能一直紧贴行业发展标准,保证我们培养的人才是社会必需的,进而保持我们学校和专业教育的吸引力。

### 7.2.2.2　建构与行业标准相衔接的课程体系

我们认为,只有基于行业标准设置的课程才是行业发展所需的课程,才是学生就业所需的课程。因而,建构与行业标准相互衔接的课程体系,对于高职院校的学校建设和专业建设都有着巨大的促进作用。

已有研究表明,构建与行业标准相衔接的课程体系可以遵循以下思路:首先,明确学校"工学结合"的人才培养模式,由行业企业专家和学校教师共同确定专业核心课程,共同制定专业课程的课程标准和教学标准。其次,构建课程体系要遵循学生本身的发展规律,把真实的工作过程和学校的理论教学结合起来,把项目教学、案例教学和真实的工作案例结合起来。基于这种思路构建的高职院校的课程体系主要表现出以下特点:依据行业能力需求和岗位综合素质需要作为课程设置的主要依据,摆脱了"学科本位"的课程体系。课程以培养学生的职业能力和素养为主,打破了专业课程和基础课程之间的界限,根据学生的需要重新组合的课程更适合于学生综合能力的培养。以培养学生专业能力的模块化课程不断涌现,这些课程将理论教学和实践训练融合在一起,不仅能够满足学生对理论知识的需求,使得学生的知识储备能够匹配行业组织制定的职业能力标准和国家统一的证书制度,同时更使得

学生的实践能力得到大幅度的提高。具体来看,构建与行业标准相衔接的课程体系主要通过以下几方面:

(1)校企合作共同确定课程目标。课程论告诉我们,课程目标的确定一般要经过目标分解、任务分析、起点确定和目标表述。作为一门课程的预期结果,课程目标是专业建设的基本着手点,对于职业教育课程目标的确认,要准确把握学校与企业之间的划分界限,要明确企业在职业教育中可以承担多少职业教育的任务,要明确学校在多大程度上需要借助企业的力量。

目标分解。有鉴于高职教育与行业企业和区域经济发展的紧密联系,在关于课程目标分解的问题上,一定要有行业企业的专家参与。在课程目标中,事关学生身心发展和事关教育教学的基本问题主要由学校教师和科研人员参与完成。而面向行业企业、着重提高学生职业能力和实践能力的部分,则应该也必须由行业企业的专家参与完成。只有在学校和企业的合作中达成的教育目标才能符合教育发展规律和满足行业企业发展的需要,也只有共同确定的教育目标,才能使得往后的专业建设和校企合作符合双方的利益,才能使得双方的合作能顺利进行。

任务分析。确定目标之后就是对任务进行分析,任务的分析既要有学校理论层面的探讨,又要有行业企业在实践层面的分析。单纯从学校的分析有助于学校老师在教育上的实施,单纯从企业的分析有助于企业和学校之间的合作,由此看来,在企业对任务进行深入分析的基础上学校教学人员再把教学要求加入是确定课程目标最为有效的方式。

起点确定。课程目标指向的是学生的学习结果,要确定合理的学习目标,必须对学生进行深入的分析,要明确学生的学习起点,明确学生现有知识水平和技能水平与要达到的目标之间的差距,只有这样才能确定理论上要教什么,确定在实践中哪些环节需要进一步努力。

目标表述。面向学生的课程目标,必须对学生学习后要达到的目标和状态做出准确和详细的描述,通过这些描述让学生明白现有水平与既定目标之间的差距,明白应该努力的方向和应该采取的措施。

(2)校企合作共同选择课程内容。课程目标的确定直接关系后续课程内容的选择,作为课程目标的外在显现,课程内容的选择是构建课程体系较为关键的一步,它的恰当与否直接决定课程开发的成败。

而对于课程内容的选择,首先要明确存在哪些制约因素,这些制约因素通过何种方式、何种途径制约课程内容的选择。总结来看,这些制约因素不外乎师生、学校、行业企业以及政府。作为课程的直接承担者,师生的素质、状态都影响着课程内容的选择。而学校似乎对课程内容的选择有着直接的决定作用,因为学校选择某一课程往往是从学校从专业整体发展来考虑,他们很少照顾到教师和学生的个别感受。而行业企业更是外在决定课程的内容。课程终归是服务学生的,其目的保证学生能找到好的工作,有好的发展。因此,选择的课程内容应是行业企业所需要和认可的。至于政治,主要是对课程内容进行整体的把控,因为单从课程内容选择来看,只要在意识形态导向正确的前提下,政治和课程内容选择不存在直接的互动关系。当然,这里要注意一点,选择的课程内容要和专业建设相互配合,要适合专业的适当超前原则,既能立足当前学生的需要,又能引导学生在学校和工作岗位的自我发展。

(3)课程实施中坚持校企双课堂。课程设计对于课程体系来说只是描绘了一个蓝图,为专业的发展指明了方向,而要将这些理念落到实处,必须经过艰辛的实施。而实施的过程不外乎理论教学和实践教学这两部分。坚持校企双课堂就是坚持学校的理论传授和企业的实践教学,这不是单纯从方式上把学校和企业割裂开来,而更多的是学校中有企业,企业中有学校。

这里我们主要谈一下实训教学。当前的实训教学主要是依靠实训基地进行的。校内实训基地主要承担学生基本的技能训练,主要是将学生学习的理论知识和实践技能进行初步的结合。而企业内的实训基地更多的是一种实习教学场地,这些场地能够有效缓解学校实训基地在硬件和软件方面存在的不足,使学生学习到在学校难以学到的工作知识,让学生获得真实的工作体验。而公共实训基地是指政府用公共财政投资建立、面向社会开放的实训基地。公共实训基地具有职业教育功能,但它本身并不是一个职业教育实体,而只是为职业院校提供实训服务的公共平台。①

(4)基于校企需求的课程评价。课程体系建设的重要一环往往是对课程内容、教学过程和课程目标的评价。评价的方式和评价的理论是多种多样的,而各种评价的方式方法也都很成熟,但是关于高职教育的课程评价,我们必须明确高职教育还必须对学生的技术实践能力做出评价。单纯的能力本位评价并不能很好地解决高职学校的评价问题,相反暴露出来的诸如评价烦琐复杂、评价过程费时费力、评价结果描述过于简单等问题更进一步促使我们采用综合的评价方法去完善评价的过程。而这样的一个评价过程在目前来看,必须有学校和企业的共同参与,也就是说评价必须是符合学校和企业的共同利益的,是基于学校和企业的共同需求来进行的。

---

① 李艳. 校企合作——高职课程开发的超越[D]. 湖南农业大学,2007:36—41.

### 7.2.3　不断完善专业建设的动态调节机制

#### 7.2.3.1　专业建设的高职院校合作调节机制

对合作调节机制的论述,不可避免地要涉及合作目标、合作机制、合作内容,从专业建设角度来看,主要体现在以下方面:

(1)合作目标。合作目标是在利益平衡的基础上形成的,正如我们前面描述的一样,只有彼此的利益得到协调,高职院校之间才有可能合作。合作的目的,不外乎要实行学校之间的优势互补,促进教育资源在各个学校之间的优化配置,形成区域的教育优势以应对日趋激烈的教育竞争。要达成一致的合作目标首先要求各高职院校转变观念,清楚认识到当前实施学校合作的重要意义,要准确把握学校竞争与合作的辩证关系,逐步树立开放办学、合作办学的理念;其次要实现教育资源在学校之间的优化整合。合作的高职院校之间要彻底摒弃唯利是图的观念,要积极地提供共享的资源,要努力地促进教育资源的联动和整合。当然,合作势必涉及各个学校之间的分工问题,这就要求分工明细准确,要在合作中保持各个学校本身的独立性,那种在合作中一家独大的局面根本不能形成合作的共同目标,即便达成合作也不会久远。

(2)合作机制。没有机制的合作是根本不能存在的,学校之间的合作是这样,专业之间、校企之间的合作也是这样。作为一种外在的约束,成熟的合作机制能够准确地划分彼此之间的权利和义务,做到合作的学校之间能共担风险、共享成果。这种机制,首先需要一套成熟的合作制度,以制度的形式保障学校合作的顺利进行;其次,要成立相应的组织机构,协商处理合作双方的各种事宜。同时要充分运用联动机制、互补机制和协同机制在校企合作中的作用。保证合作中较为成功的一方能及时分享自己成功的经验,能及时总结自己失败的教训供合作院校共享和吸取。

(3)合作内容。在目标统一、机制健全的情况下,高职院校之间的合作内容就成为我们关心的重要内容,这些根据各个学校条件和内容确定的合作内容主要分为互补性合作和整合性合作两个方面。互补性合作主要是通过学校之间的合作实现各种资源的互补共享,获得学校开展相关活动所欠缺的各种资源。这种互补性合作主要包含共享校内实训基地、学校之间联合开展招生就业、学校之间发挥各自优势共同培训师资以及共同举办相关论坛、专家讲座等。而整合性合作主要是指合作高职院校之间通过对相同或者相类似的资源进行整合,在满足各自需求的前提下,能够降低各个学校的支出,提高各个学校的效益。这种整合性的合作包括联合申报国家级和省级重点课题、重点研究基地以及重大技术攻关,也包括学校之间开展的行动研究以及在强强联合的基础上共同派遣学生参加全国性或者世界性的技能大赛,以提高高职院校的影响力。这种合作突出的特点在于其目标主要是指向拓展或创新。其范围从开设新课程到开拓新的教学领域,乃至创办新的学院、教学系和专业等。

### 7.2.3.2　专业群建设的动态调节机制

作为一种组织形态,课程是构成专业群内部组织的基础,相邻专业群和区域产业是专业群的外部生态。除却专业群自身的内在结构和联系保障其成长,要想更好地使专业群适应区域经济、行业企业的发展,我们还必须建立有效的保障机制。

(1)建立专业群组织机构。组织保障是专业群动态调整中最为基础的一环,由于专业群涉及的是不同学院甚至不同学校之间的专业,只有良好的组织机构才能保障专业群建设的实施。而在这个组织中,群主是专业群建设的核心,把握专业群发展方向、协调专业(方向)设置及课程资源。[①]

这个组织机构的群主除了我们主观上理解的组织里面实力比较雄厚的学校,隐形的"群主"即课程也不应该被我们忽略。总体来看,课程应该是专业群内最为活跃的基础单位,在课程基础上发展起来的教学团队是专业群发展的最终依靠力量。依据行业企业发展和区域经济动态持续更新"课程群主"的内涵以引领学生向前发展是专业群要达到的目标,也是专业群建设的首要任务。

(2)建立符合专业群发展的校企合作机制。国家发展职业教育的主要战略是"政府主导、行业指导、企业参与",规定企业参与职业教育的相关文件和制度还不具备法律上的强制约束力。作为高职教育中的有效尝试,职业教育联盟的效果越来越引起职业教育界的重视。这些效果要落实到实处,必须有符合专业群发展的合作机制。

符合专业群发展的校企合作机制,能够建立稳定的学生实训场所,以解决学生和教师的师资场所和教育资源;能够通过合作解决学校和企业上面的技术难题,以服务于学校的专业发展和企业的转型升级;能够通过合作机制积极参与区域的发展规划,为区域经济、政治乃至行业企业参与职业教育和校企合作奠定基础。

(3)建立基于就业质量的专业群动态调整机制。从专业群建设到校企合作再到各种各样的职业教育领域的创新,其最终目的就是为了学生的发展和

---

① 沈建根,石伟平.高职教育专业群建设:概念、内涵与机制[J].中国高教研究,2011(11):78—80.

学生的就业质量,因而就业质量就成了行业、学校与学生之间的教育结合点。因而关注就业质量对于专业群建设具有指导意义。当前来看,第三方的评审机构提供的就业调研数据对于学校有着较强的参考意义,能够在较为公平的姿态下整体把握某一区域、某一行业的就业前景和就业现状,进而为专业群动态微调提供参考,以实现专业群内教育资源的进一步优化整合,促进专业的自我发展。

### 7.2.3.3 校园文化建设的动态调节机制

高职教育本身的职业性特点,决定了高职校园文化的特殊性。这种特殊性首先要求高职院校校园文化建设必须按照高职教育的规律和特点去行动,必须将高职院校的文化建设和未来学生面向的职业岗位的特征、和学生的职业技能培养、和学生职业人文素质的养成紧密结合起来。

(1)融合企业文化,创新高职校园文化。要融合校园文化首先应该在学校形成凝聚机制,学校首先应该把就业导向理念深深根植于学校的文化之中,让学校的环境、设施、实验实训基地都能体现出企业特色,要致力于营造富有企业感的整体环境和氛围。首先在高职院校内部要有凝聚机制,要能把同一学校或者不同学校的文化因素凝合起来,为融合企业文化做好准备。而对于行业企业来说,应该做好企业文化的转换和同构机制,应该对企业文化如何与学校文化相衔接有一个前期的心理和行动准备,以便随时和学校文化进行沟通。在这两方面体制和行动准备的基础上,要融合高职院校文化必须从精神文化层面、制度文化层面和物质文化层面去积极行动,融合企业和学校的文化形成高职院校的战略观、价值观和发展观,进而创新高职校园文化。这样的校园文化有着浓厚的企业氛围,学生在其中能感受到具有企业特色文化的教育,领悟到的是企业的严格管理和文化内涵。

(2)重视课程文化,发展高职校园文化。校园文化最大的依附点就在于高职院校的课程文化,要发展高职院校的课程文化,首先要用企业化的视角去观察和发展物化形态的课程文化,应该积极将企业文化和物质形态的课程文化建设相沟通、去融合,让学生在就业时顺利实现由学生到职业人的转化。其次,由于课程文化是在互动、协商中建构的,它们更多的是教师和学生在互动的过程中,依据学校的培养目标、依据职业教育的规律形成的,因而我们要积极发挥学生和教师在课程文化建设中的作用,当然在这个过程中积极鼓励企业参与,积极鼓励企业和学校协商讨论。最后,课程文化要在校企合作的基础上追求多元化,教师要积极鼓励学生从课堂的有限空间中解放出来,鼓励学生积极参加多模块课程。在课程文化的基础上,形成具有特色的高职校园文化。

(3)打造社团文化,丰富和延伸高职校园文化。社团活动及其文化在高等教育中对学生有着不可忽视的影响作用。当前我国高职院校的社团活动及其社团文化都是和专业理论密切相关的,是学生在专业兴趣上建设起来的基于共同爱好的价值观念体系,更进一步说,它是专业建设在学生业余生活上的延伸,积极丰富的社团活动、健康向上的社团文化对学生的伦理规范、思维方式以及道德品质有很大的影响作用。因而,加大学校社团文化建设力度实际上就是在学生业余生活方面积极推进专业建设与校园文化的有机融合,而且这种融合是基于学生自愿的角度,常常会收到更好的融合效果。有鉴于当前社团建设存在的诸多问题,为了促进专业建设和社团文化的融合,高职院校应该着力进行相关改革:首先要明确社团活动的重要意义,加大对社团的资金投入;要加强对学校社团的管理和引导,保证社团的规范化发展和建设。当然,学校还应该引导学生组织成立一些实践性的社团,鼓励学生的社团活动和企业活动相对接,使学生不仅在实训中能做到学校和企业融合,更使学生的动手能力、社交能力、管理能力、表达能力在业余生活中得到进一步的提高。

学校文化的魅力决定着学校的魅力,而学校魅力与专业发展以及学校竞争力存在着很大的关系。高职院校是不断发展的,学校文化建设应该与时俱进,不断增添新的内涵,建设一个学校的文化体系绝非一朝一夕之功,需要我们不断地探索。[①]

## 7.3　分析基于区域经济、行业与院校互动的高职专业建设环境

分析高职专业建设环境既是对既有专业建设的总结,又是对未来专业建设的一种预测,这种总结或者预测是在区域经济、行业与院校的互动基础上结合新的时代特征或者职业教育的新形势进行的,对高职教育的专业建设正在产生越来越重要的影响

### 7.3.1　大数据时代的高职教育专业建设

教育正在进入大数据时代,这已经成为不争的事实。作为需要新处理模式才能具有更强的决策力、洞察发现力和流程优化能力的海量、高增长率和多样化的信息资产,大数据量大、实时性强、种类多样、真实性强的特点正对

---

① 李辉,牛晓艳.注重示范院校内涵建设打造高职校园文化[J].中国职业技术教育,2010(8):79—81.

中国的职业教育产生越来越重要的影响。职业教育涉及的大数据包括职业院校师生的一言一行、学校的管理、硬软件环境乃至学生的微博、笔记、业余活动等等。由此而言,我们研究分析的区域经济、行业企业和高职院校之间的各种因素都属于职业教育专业建设的"大数据"。而从大数据背景去分析区域经济、行业与院校互动背景下的专业建设,我们应该看到专业建设的预测将成为未来高职教育专业建设的一项重要内容。这些预测不再基于我们学术上所做的那些随机性的问卷和访谈,而是基于所有涉及专业建设的海量数据。这些包含政府决策、专业建设政策、经济发展动向、行业企业需求、校际之间和专业之间需求的"大数据",能够使我们在各种纷繁复杂的影响中准确把握专业建设该有的动态方向,可以把我们的目光从微观的追求量化专业建设的结果引向宏观的专业建设把控,这种转变使得我们更能够结合既有的专业建设理论去发现专业建设的宏观走向和未来的发展潜力。当然这种纷繁的数据对于为何建设一个专业、如何建设好一个专业也许不能得出各种影响因素之间的因果关系,但是有别于因果关系的相关关系,对于我们的专业建设将更能提出新颖且有价值的观点。对于高职教育专业建设而言,各种因素之间的相关关系也许不能准确告诉我们为何某一个专业不再被市场认可,但是它可以提醒我们这样的事情对于某些专业而言还会发生,在大多数情况下,这种提醒对于高职教育的专业建设已经足够了。

基于大数据分析的高职教育专业建设首先需要对我们的专业建设思维进行变革。我们要明确我们已经有了足够强大的记录、储存和分析与高职教育专业建设相关数据的工具,我们能够分析与专业建设相关的几乎所有数据而不再仅仅依靠一些问卷和访谈得出的少量数据。虽然这些随机采样数据得出的结论在过去很长一段时间一直指引着高职教育的专业建设,但是随着区域经济影响因素的日益复杂,随着行业企业分工的日益精细化,随着学校涵盖专业种类的日益增多,随着专业之间的联系越来越紧密,那些以往被少量科学化数据采集而抛弃的一些看似无关紧要的因素在当前极有可能在很大程度上左右着一个学校甚至一个区域的职业教育专业建设,而大数据背景下基于全部数据的分析能够让我们在尽可能多地涉及专业建设的数据基础上,考察专业建设的各种细节并进行分析,能够在专业建设的任何细微层面用大数据去论证有关专业建设的各种假设。其次,大数据背景下的专业建设必然涉及专业建设数据收集、专业建设数据处理的技术以及专业建设总体的框架控制。大数据强调的是数据的数量和涉及范围的齐全,因而能否收集这些数据就成为专业建设顺利与否的重要保证,在学校设立专门的数据收集部门就成为自然而然的事情,当然将数据收集工作整体外包给相关公司也不失为一种很好的尝试。如何从收集到的数据中提取高职教育专业建设的有用信息是基于大数据专业建设特别重要的一环,相关的技能人员和必备的设备对职业院校来说是不可或缺的,同时也会给高职院校带来财务和管理工作上的挑战。当然,尽管进入了大数据时代,但是人的思维作用依然是不可替代的,数据如何收集、如何进行技术处理,这些都需要专业建设整体的思维控制,唯有如此,才能保证后续的专业建设与数据反映出来的信息具有逻辑上的一致性。当然,基于这种大数据的专业建设使得专业建设的各种动态逐渐明显化,各个职业学校的专业动态极有可能完全呈现而失去自身所具有的专业优势,这种数据主宰下的优势弱化是高职院校出于自身竞争力而必须考虑的因素。

大数据下的专业建设不是一个充斥运算法则和机器的冰冷世界,人在专业建设中的主观能动性依然是不可替代的。专业建设的信息是无穷的也不是完美的,因而基于数据的专业建设预测本身就不可靠。但是正如上面而言,不可靠不代表着预测是错的。在专业建设上,大数据提供的是一种参考答案而不是最终答案,在大数据时代我们可以依靠它提供的帮助以寻找专业建设更好的方法和答案。

## 7.3.2　自动化和新型城镇化背景下的高职教育专业建设

### 7.3.2.1　自动化与高职教育专业建设

从学校层面而言,专业建设包括学校的发展最终都是为了学生的就业,也只有就业似乎才能体现一所高职院校对区域经济、行业企业发展的贡献,才能证明高职院校存在的价值。然而一个个"就业困难年"倒逼我们去思考,我们的教育(理所当然地包括职业教育)究竟出了什么问题。一些人想当然地又去批评学校所教授的知识和行业企业的需求相脱节,然而我们必须看到,在职业教育领域,各种灵活的就业方式也在努力拉近学校和社会之间的差距,一些"工学结合、校企合作"的典型使得我们应该对职业教育的发展充满信心。然而,即便更多的成果也不能掩盖职业教育在就业方面的劣势,因为既有的研究表明,职业教育领域内的就业流动率明显高于普通教育,换言之,一些学生在一个单位仅仅工作一段时间就跳到另一个单位,这种工作上的频繁变更促使我们必须去考虑影响职业教育发展和职业院校专业建设的另一个深层次原因:全球的自动化浪潮。

郎咸平在书中论述了美国从金融海啸至今的自动化发展,依据他们搜集的相关数据,美国为了推行自动化,企业在购买软件、硬件上面的投入增加了26%,而人工成本则是零增长或负增长。同时,依据美国商务部的统计,2013年是美国50年来企业利润占 GDP 比重最高的一年,但同时却是50年来美国就业人口的薪水占GDP比重最低的一年,同时在美国经济复苏以后,美国大学生的平均工资下降了5%。[①]同时我们回顾全球经济发展史,第一次工业革命是让资本更有效地拉抬个人的生产力,而这次自动化革命,是直接用生产力取代劳动力,直接后果就是工人的薪水下降。这种席卷各个领域的自动化将可能在未来造成永久性的失业,因而,作为职业院校来讲,如何调整自己的专业设置来迎接自动化带来的挑战是必须考虑的问题。

由此可见,高职教育的专业设置必须考虑自动化的全球背景,要能够在兼顾学生当前发展的同时考虑到学校未来的发展和专业竞争力。因而以下一些因素在高职院校专业建设中必须突出显现:首先,在区域经济、行业企业以及职业院校互动的专业建设过程中,要进一步加强通识教育。在专业培养的同时要加紧着力培养通用型人才,要让学生在专业技能提高的同时具备更多专业所应具有的基本素养,使学生的眼界更开阔、看问题的视角更全面,更能适应将来的工作。同时,还可以保证学生在就业专业不对口时能在原有通识教育基础上迅速学习以适应新的就业岗位。其次,要增加学生在专业建设中的话语权。在专业选择上适当允许学生根据自己的兴趣在合适的时机进行专业选择,应该在专业建设的同时保持专业之间的沟通和协调,应该保证学生转换专业的机制和流程顺畅。同时,对于专业学习内容的选择也应该积极鼓励学生参与进来,让学生根据自己的兴趣以及未来就业市场的行情选择相应的学习内容。再者,专业的设置要特别注重学生创业能力的培养。自动化浪潮席卷而来,全球市场更为开放,创业知识和创业技能将越来越成为影响职业院校学生发展的重要因素,而要培养学生的创业能力,我们必须围绕专业建设做文章,要在专业设置时考虑产业结构调整,在专业教育时留出足够的时间让学生参加各种创业活动、创业竞赛。面对自动化的背景,专业建设必须做出调整才能适应未来区域经济、行业企业的需求。

### 7.3.2.2 新型城镇化与高职教育专业建设

新型城镇化主要体现为以县域城镇为主要载体的城乡一体化协调发展,从根本上需要工业化、信息化、农业现代化的同步发展,它特别需要新型职业农民和现代化农业技术人才,致力于提升劳动力的素质和技能水平。从职业教育的角度而言,高职教育应该为新型城镇化提供智力支撑和人才支持[②],要实现智力支撑和人才支持,专业建设首当其冲应该进行创新或者变革。

教育和政治从来都是紧密联系在一起的。党的十八大报告中明确指出

---

① 郎咸平.郎咸平说让人头疼的热点[M].北京:东方出版社,2013:211—222.

② 金雁.服务新型城镇化,地市高职如何作为[N].中国教育报,2013-12-24(5).

"坚持走中国特色新型工业化、信息化、城镇化、农业现代化道路,推动信息化和工业化深度融合、工业化和城镇化良性互动、城镇化和农业现代化相互协调",此种情况下,高职教育专业建设如果去积极适应这种明确的政策导向,就能获得更多的人力、物力和财力的支持,那么专业和学校就能获得更大的发展空间。主动适应新型城镇化的政策导向,高职教育专业建设应该在以下几方面寻求突破:首先,要有主动服务地方经济的意识。前面的研究中我们已明确指出,区域经济是专业建设的物质保障,新型城镇化下高职院校专业建设要有主动服务地方经济的意识,要积极调研新型城镇化下的产业布局和经济布局,使专业建设布局实现与区域经济、行业企业更好的互动;要结合新型城镇化的实际状况,对于区域内在职人员的学习做到专业设置前有规划、专业教学实施中有跟踪、专业教学后有反馈;要在专业建设的整个过程中动态调整专业建设涉及的教师的人员结构和学历结构,进一步增强专业设置与区域内支柱产业和新兴产业的适应性。其次,要真正理解新型城镇化的内涵,切实提供人才支撑。新型城镇化的"新"表现在新的意识、新的理念、新的行动,那种原来走过场似的工学结合、校企合作是不能为新型城镇化提供真正的人才支撑的。要在真正理解内涵的基础上,在区域经济、行业企业、职业院校良性互动的基础上,实现专业培养人才与区域发展之间的无缝对接,如此就一定能培养出区域发展需要的真正人才,专业也能获得发展的活力。

自动化和新型城镇化是不可逆转的发展趋势,这些因素带给高职教育专业建设的影响将越来越明显。区域经济、行业企业、职业院校范围内的互动融通加上外在自动化浪潮和新型城镇化的影响,错综复杂中凸显着专业建设的机遇和挑战。专业建设是一个持续的过程,也只有直面机遇和挑战,专业建设才能持续向前发展。

### 7.3.3 职业教育政策视域内的高职教育专业建设

对于专业建设而言,政策代表的往往是一种强制力,往往直接决定着专业建设能否顺利推进。对区域经济、行业与院校互动的专业建设的政策环境进行分析不外乎两个逻辑起点,一是建立一个全新的政策保障体制,二是对原有政策的改进或更新。综观当前研究,对已存在的政策进行改进或更新,从而使政策更适合新形势下高职教育专业建设是最为有效的方式。

对原有政策的改进或更新离不开职业教育政策的制定过程。对于过程,过程哲学家怀特海曾说过:"过程是事物各个因素之间在时间和空间上构成的联合体而进行的内在的、复合的运动。过程是事物变化与发展并走向目的的必经环节和途径。离开了过程中的变化、价值延伸和价值拓展,任何事物发展目标的实现都只能是空谈。"从这个角度来看,职业教育政策是由职业教育问题(认定)、职业教育政策制定、职业教育政策实施、职业教育政策调整与职业教育问题解决、职业教育政策终结等前后相继的职业教育政策活动所构成的一个过程集合体,而对专业建设的政策环境进行分析就是针对这个过程集合体中各环节所存在的问题进行的。针对职业教育专业建设方面政策的缺失、政策内容的不完善,以及有关专业建设政策评估的匮乏等问题,一些保障职业教育专业建设的针对性的措施已经被实施。在这里我们主要谈几个方面,通过这些方面去领悟如何建设一个完善的专业建设政策环境保障机制。

### 7.3.3.1 要保证职业教育政策的权威性

要建立完善的职业教育政策保障体制,首先应该以教育法为基准,出台详细完备的职业教育法,以法律所具有的普遍约束力和强制力改变政策宽泛、滞后、缺乏约束力的现状,调整职业教育各利益群体的关系,对职业教育的性质、地位和作用、主要任务、实施机构,管理部门的职责和权限划分等用法律的形式规定下来,使职业教育的发展能有更加全面的、权威的法律作保障。[①]

### 7.3.3.2 完善职业教育政策内容

职业教育政策在数量上得到保证以后,就要追求内容上的进一步完善。对已有职业教育政策进行完善,可以降低职业教育的政策成本,可以进一步增强职业教育政策的适用性,同时也是对职业教育政策进行反思和改进的一个基本方法。对已有政策内容的完善,首先要准确地把握当时当地的职业教育发展状况,要对改进政策涉及的问题做深入细致的分析和思考,要充分鼓励职业教育政策各主体的参与。从职业教育专业建设角度去看,与其密切相关的就业准入政策已经凸显了政策存在的问题,因而我们需要集合各政策主体的智慧,探讨其涉及的职业资格证书问题,探讨其没有涉及的相关证书工资待遇问题,提出是否以及如何纳入更多的职业资格证书,提出多少薪酬才符合当时当地该政策的执行,使职业资格证书能如实反映持有者的职业文化素质和职业技能水平,从而进一步保证职业教育与职业资格证书的衔接。再比如关于职业教育的招生政策,一方面强调"普职比",另一方面却在普通教育上大量扩招,这看起来不矛盾,但在实际执行过程中却造成了很大的问题。诸如此类的情况就要求我们能及时对职业教育政策的内容进行完善,从而更好地服务于职业教育政策保障体制。

---

① 周晓杰,董新稳.当下我国职业教育质量问题及其对策探析[J].河北师范大学学报(教育科学版),2013,5(5):75—80.

### 7.3.3.3　提高各级地方政府政策执行效度

各级地方政府切实推进政策的落实。发展职业教育的责任在地方。对于已经明确的职业教育政策但尚缺乏可操作性措施的条例,例如职业教育师资编制标准、校企合作机制等问题,地方政府应该主动结合地区特点,出台具体的地方性政策法规。地方政府有责任根据职业教育发展规律,积极制定职业学校具体的师资编制标准、"双师型"师资聘任与培养制度、合作办学制度,承担起对职业教育发展应尽的责任和义务。各级地方政府应该根据政策法规的要求,积极制定并落实职业学校师资队伍规划核编制度,为解决好职业教育师资的数量和结构问题提供前提条件。并且,要根据职业教育的办学规律,支持学校依据编制指标聘用兼职专业教师,应该建立专门的"双师型"教师考核和待遇制度,加强"双师型"教师队伍建设;要建立独立的职业学校教师职称评审指标体系,要把企业技术人员的职称评定与职业学校的职称评定进行有机结合,创新职业教育师资职称评审制度;要对职业学校与企业合作办学制定专项的支持制度。

### 7.3.3.4　创建良好的职业教育政策执行舆论环境

舆论环境是政策执行环境的一个重要组成部分,特别是随着时代的发展,人们自我意识的觉醒,加剧了人们对于自身权益的关注,也希望从更多渠道获取对等的信息。现实社会中的信息不对称造成了人们对于职业教育政策理解的偏差和对于职业教育政策执行的不自觉抵触。而现实社会中的信息不对称一方面是因为信息传递方式的不畅通,即社会传媒的使用不当,另一方面是因为职业教育政策执行主体自身对于职业教育政策理解失当,导致信息传递失误。[①] 有效的信息传递可以减少职业教育政策目标群体对于职业教育政策的抵制,增强职业教育政策目标群体的心理认同,而且可以形成较好的职业教育政策执行舆论氛围。

总结来看,在职业教育政策制定方面,要准确界定职业教育的政策问题,这是完善职业教育政策保障体制的起点。要保证职业教育政策的数量,这是完善职业教育政策保障体制的基础。要及时更新和完善职业教育政策内容,这是完善职业教育政策保障体制的重要途径。对职业教育政策制定中涉及的权利部门要明确规定权限,要进一步改进职业教育政策规划和职业教育政策合法化的途径,这些对职业教育政策制定过程的完善都起着十分重要的作用,也将对整个职业教育政策保障体制的建立有很好的促进作用。

在职业教育政策执行方面,要着力加强中央和地方政府对职业教育政策

---

① 王智超. 教育政策执行的滞后问题研究[D]. 吉林:东北师范大学,2009.

的执行力度,确保制定出的职业教育政策能够被执行,执行得好。对于政策执行而言,执行人员的素质是十分重要的,因而对政策执行中涉及的执行人员,都要有专门的途径提高他们的素质,确保职业教育政策的执行力。除却这些,要想办法创造一个政策执行的良好氛围,增强职业教育政策目标群体的心理认同。

在职业教育政策的评估方面,首先要从思想上提高对职业教育政策评估工作及其意义的认识。其次,建立专职的职业教育评估组织。再者,要实现政策评估工作的程序化。还要拓宽和健全职业教育政策评估的信息渠道及系统,重视评估结论,消化、吸收评估成果并加大对职业教育政策评估的投入。

以上关于职业教育政策的论述也是对区域经济、行业与院校互动的高职专业建设的政策环境现状的一个总体描述,要克服专业建设中政策上遇到的困难,就必须对相关政策制定、执行、评估的整个过程有一个清醒的认识。而对于既有政策的良好执行氛围,要保持和发扬,进一步发挥区域经济、行业与院校相互作用过程中的良好互动,以良好的政策氛围保证专业建设的顺利实施。

# 7.4 研究不足与后续研究方向

高职院校的专业建设,不管是从宏观上的探讨还是从微观上的追寻,都是一个复杂、困难的问题,对本研究而言,为什么要从互动的角度去探寻专业建设,如何从互动的角度寻求专业建设的突破和创新以及互动视域内专业建设的未来走向是整个研究一直关注并且将持续关注的问题。在这个持续的过程中,以下方面还值得进一步注意:

## 7.4.1 要紧贴区域经济发展和行业需求

不管职业教育如何发展,专业建设必须紧贴区域经济发展才能有生命力,必须紧跟行业需求才能有发展空间,而在克服困难、解决问题的过程中,我们一定要坚持职业教育为"职业"、职业教育为"学生"、职业教育靠"专业"的理念,积极采取互动或者其他更为有效的专业建设方式,保持高职院校前进的动力,保持专业发展的活力,保持区域经济和行业的引导力。互动也好,竞争也好,最终都是为了职业教育的发展,都是为了学生的发展。

## 7.4.2 要继承专业原有的优势

每一个专业的发展都有着悠久的积淀,不管专业建设理念如何先进、专业建设方法和形式如何创新,专业建设都应该在继承原有专业的基础上扎实向前推进。那种另起炉灶,全部推倒重来的做法已经被证明在专业建设中是有害的。在原有优势的基础上,把脉区域经济发展,把握行业企业发展,找准自己的优势,发现自己的不足,对专业建设实行重点突破的战略,争取在继承的基础上形成各自院校专业建设的"亮点"

### 7.4.3　要在实践中体会真正的互动

从理论分析到历史纵览,从宏观到中观再到微观,本研究围绕互动这个主题,深入分析了区域经济、行业、院校之间在专业建设上的互动。然而,理念上的互动和实践中的互动还横亘着实施这个最主要的因素,因而对于高职院校专业建设,对于互动理论下的专业建设,还应该进一步落实到实践,唯有如此,才能检验互动的专业建设是否更为有利。

### 7.4.4　正视研究不足,把握后续研究方向

专业建设涉及政治、经济、教育、社会诸多领域,研究它要求具备良好的研究方法素养、厚实的理论功底以及丰富的实践经验,虽然笔者长期在职业教育一线工作,然而在各方面的差距还是造成了一些研究的不足:

论文理论基础的相关度和研究的国际视野有待进一步提升。本书从社会互动理论、社会交换理论、教育供求和选择理论以及区域经济发展的相关理论切入,去探究这些理论在高职教育专业建设中的相互影响和相互作用。然而这些涉及经济学、社会学和教育学的理论在一定程度上超出了笔者的理论把控范围,造成了局部理论相关度不够密切的现状。同时,笔者一直在职业教育一线工作,对于职业教育研究的国际最新进展了解有待进一步提高,这些在一定程度上影响了研究结论的代表性和说服力,是笔者应该进一步加强和完善的地方。

论文研究应进一步关注不同类型专业建设与区域经济、行业、职业院校互动关系建设的特殊性。从本研究整体来看,笔者更多的是在一个理论的高地,从整体上论述高职教育的专业建设,探究的是大部分高职教育专业建设中存在的问题,而提出的更多的也是针对大部分专业的普适性建议。然而任何类型的教育总是共性和个性共存,因而基于研究得出的模型和相关的政策建议在一定程度上可能并不适合特殊专业的专业建设,这是研究存在的普遍问题,也是笔者下一步研究的重点。以现有的研究结论为基础,从共性的建议趋向特殊专业的专业建设研究,层层推进将进一步拓展高职教育专业建设研究的深度和广度。

现实层面对我国高职教育专业建设与区域经济发展、行业、职业院校互动关系的实证性分析有待进一步加强。专业建设涉及政治、经济、文化,对于任何一个专业而言,理论的专业建设研究最终都是服务于实际的专业建设,以此从专业建设的实施层面去佐证研究论述的高职教育专业建设应该是顺其自然的思路和想法。然而正如研究指出的那样,当前的高职教育专业建设从互动角度来看突出表现为互动形态和互动主体单一、互动方式间接等问题。因而在本研究中,笔者没有将更多的专业建设实例放入研究的框架,而是基于既有问题提出新的互动模型去指导高职教育专业建设的实践。这是一个持续性的过程,需要反复总结和持续性的推进。鉴于此,本研究在后续主要可以开展以下工作:针对专业建设的持续性,应该对基于区域经济、行业、高职院校互动建设的专业成果进行持续收集,以更多地发现其中存在的问题并找出相应的对策,进而不断完善本研究;进一步补充相关实证案例,并且尽量搜集相关量化方面的材料,从质性和量化两个方面增强研究的说服力;进一步分析互动框架,在既有基础上注意收集相关院校专业建设信息,及时发现专业建设中存在的新问题并与研究结果进行比对,以进一步增强研究的说服力。

# 附　录　相关论文

## 高职院校校外实训基地评价体系设计与应用①

　　校外实训基地建设是高职教育校企合作工学结合、培养高技能应用型人才的关键环节,也是高职院校专业内涵建设的重点和难点工作之一。近年来,大多数高职院校都开始重视校外实训基地的建设,但由于各种主客观因素的影响,许多校外实训基地建设成效不如人意,没有形成完善且科学有效的评价体系。因此,构建评价校外实训基地的科学体系,充分发挥校外实训基地的功能,是当前高职院校普遍关注的热点问题。

### 一、高职院校校外实训基地评价的内涵

　　当前,教育界越来越重视对各类教育活动的评价,如教师综合能力评价、毕业生就业质量评价、实践教学质量评价、顶岗实习评价等。但有关校外实训基地评价的研究不多,而且在各类评价中,评价的内涵不是很明确,特别是很少把考核与反馈纳入相关的评价体系。作为高职教育评价的一种微观形态,我们认为,进行高职院校校外实训基地评价是对高职院校校外实训基地是否满足社会与学校教育需要做出判断的活动,是对高职院校校外实训基地现实的或潜在的价值做出判断,以期实现基地功能发展的过程。

　　高职院校校外实训基地评价以完善基地建设、增强实训效果和拓展基地功能为目标,通过对校外实训基地实训条件、内容、方法、管理、成效和特色等状况进行客观考察,发现校外实训基地的优势和创新点,诊断出存在的不足,在评价和反馈过程中给予指导和建议,并根据评价结果进行年度实绩考核,

　　①　本文发表于《金华职业技术学院学报》2009 年第 9 卷第 1 期第 13—16 页.

进一步明确学校、行业企业、政府、专业主任、指导教师等在校外实训基地建设中的分工和责任，促进基地建设人员转变建设理念、明确建设目标和任务，加强内涵建设，增强建设成效，在提高应用型人才培养质量的同时提升学校的社会辐射能力。

## 二、高职院校校外实训基地评价的原则

高职院校校外实训基地评价作为高职教育评价的一种具体形态，有其特殊性，在实施评价的过程中，需要把握以下原则：

### （一）系统评价原则

高职院校校外实训基地是一个复杂的系统，涉及场地、仪器设备等硬件，校企合作、管理、制度、实训教材、文化环境等软件，实训、科研、培训等活动及成效，还有体现专业和产品特殊性的基地建设特色等诸多内容。因此，必须综合考察校外实训基地的各个要素，进行全面系统的评价，才能较真实地反映校外实训基地建设的总体水平和存在的不足。

### （二）多元评价原则

高职院校校外实训基地评价是多层面、多角度的系统评价，所以评价主体应该是多元的，包括学校、行业企业、基地管理者、教师、兼职指导师、学生等。对某一校外实训基地的总体评价要建立在基地自评、教师评价、兼职指导师评价、学生评价和行业企业评价等不同主体、不同角度评价基础之上，只有这样才能客观地反映校外实训基地建设的情况。

### （三）科学评价原则

高职院校校外实训基地的评价指标要符合高职教育工学结合的改革方向，符合高职院校校外实训基地自身发展规律、特点以及基地建设各要素间的内在联系。高职院校校外实训基地评价以基地功能是否充分发挥，特别是学生技能是否在基地得到充分训练和习得为主要标准，通过定量评价与定性评价相结合的方法进行，而不是仅仅凭主观看一些表面的东西。

### （四）发展评价原则

高职院校校外实训基地建设是一个渐进的过程，所以对其评价应该是发展性的评价，注重纵向比较，而不是终结性评价。评价是达成目标的一种手段，主要是为了促进校外实训基地的功能拓展与完善，提高人才培养质量。在全面细致评价的基础上，进一步更新建设理念，理清建设思路，明确建设责任，把握建设要求，为以后更好地建设基地奠定基础。

## 三、高职院校校外实训基地评价体系设计

设计评价体系是评价高职院校校外实训基地的重要前提。根据以上原

则,明确评价内容、构建指标体系、制定评价标准,形成科学的评价体系,作为评价高职院校校外实训基地的依据。

### (一)明确评价内容

要科学全面评价校外实训基地,首先在了解评价内涵的基础上明确评价的主要内容。按照高职教育工学结合、理论实践一体化教学,深入贯彻学校办学理念,全面提高学生技能实训效果,依托基地资源拓展社会服务功能等要求,以理想中优秀的校外实训基地为参照,确定评价的主要内容和具体观测点。如实训条件,包括基地的硬件、软件和实训指导力量;硬件建设除了必要的场地设施和充足的仪器设备外,还要考虑仪器设备的先进程度;软件建设除了基地建设规划、制度建设、实训大纲和指导书(手册)等常规建设外,还要特别强调职业氛围的营造;实训效果除了实训任务的完成情况外,还要考查学生实训技能的掌握程度、技能证书获得情况以及基地社会服务功能的实现情况。

### (二)构建指标体系

通过概括和归类,把评价校外实训基地的主要内容分为实训条件、实训内容与方法、实训管理、实训效果、社会服务和特色(或创新)六个部分,作为一级评价指标。在每个一级评价指标下按类别分设 2～4 个二级指标。每个二级指标都可以单独表明校外实训基地在这一方面的建设成效:既能纵向比较有没有比往年进步,又能与其他校外实训基地横向对照发展态势如何。为便于评价操作以及科学全面诊断鉴定校外实训基地的建设情况,从二级评价指标中再分解出若干个具体化的、可直接测试的观测点。如实训基地软件可以细分为制度建设、实训资料、实训环境等几个主要观测点。然后,根据各项指标在校外实训基地建设中对培养高技能应用型人才的重要程度,确定权重并赋予相应的分值,建立高职院校校外实训基地评价指标体系(详见表1)。

表1　高职院校校外实训基地评价体系表

| 一级指标(分值) | 二级指标(分值) | 主要观测点 | 分值 |
|---|---|---|---|
| 实训条件(20) | 硬件(6) | 场地设施 | 2 |
| | | 仪器设备 | 4 |
| | 软件(8) | 制度建设 | 3 |
| | | 实训资料 | 3 |
| | | 实训环境 | 2 |
| | 指导力量(6) | 师资配置 | 3 |
| | | 指导能力 | 3 |

**续 表**

| 一级指标(分值) | 二级指标(分值) | 主要观测点 | 分值 |
|---|---|---|---|
| 实训内容与方法(10) | 实训内容(7) | 项目内容 | 3 |
| | | 更新率 | 2 |
| | | 吻合度 | 2 |
| | 实训方法(3) | 方法创新 | 3 |
| 实训管理(15) | 实训秩序(8) | 实训安排 | 3 |
| | | 实训指导 | 3 |
| | | 实训纪律 | 2 |
| | 检查考核(5) | 实训检查 | 2 |
| | | 过程考核 | 3 |
| | 档案管理(2) | 实训档案 | 2 |
| 实训效果(40) | 实训任务(18) | 完成情况 | 8 |
| | | 实训报告 | 10 |
| | 技能习得(22) | 动手能力 | 8 |
| | | 技能掌握 | 10 |
| | | 技能证书 | 4 |
| 社会服务(10) | 培训(4) | 员工培训、社会培训等 | 4 |
| | 技术服务(6) | 解决技术难题、开发新产品等 | 6 |
| 特色创新(5) | — | — | 5 |

**(三)制定评价标准**

制定客观、科学的校外实训基地评价标准是设计校外实训基地评价体系过程中最复杂的工作,也是评价结果能否发挥作用的关键。评价标准作为衡量校外实训基地建设水平的准则,不仅要对每个观测点的详细要求做出具体明确的规定,而且还要有一定的区分度和可比性。能量化的尽量明确量化指标。同时,这些规定还要有较强的导向性,使每个校外实训基地明确今后建设的重点和努力方向,有助于树立全面建设的理念,促进实训基地的改造和完善。每个观测点根据基地建设情况按 A(优秀)、B(良好)、C(合格)、D(不合格)四级评定,主要制定 A、C 两级的评价标准。如实训内容与方法部分的评价标准见表 2。近三年新开发的实训项目占总项目的 30% 以上,则更新率观测点定为 A 级;更新率小于 30%,大于 15%,则该观测点定为 B 级;C 级标准为有近三年新开发的实训项目,且有成效。

表2　高职院校校外实训基地实训内容与方法评价标准

| 一级指标 | 二级指标 | 主要观测点 | 等级标准 | | 评价等级 |
|---|---|---|---|---|---|
| | | | A(优秀、权重1) | C(合格、权重0.6) | A B C D |
| 实训内容与方法 | 实训内容 | 项目任务 | 项目与课程目标紧密相连,具备良好的训练实效性;综合性实训中,50%以上项目基于工作过程,按实际产品和管理流程进行设计和组织。 | 项目体现课程目标,具备实效性;30%以上综合性实训按实际工作过程设计和组织。 | |
| | | 更新率 | 近三年新开发的实训项目占总项目的30%以上。 | 有近三年新开发的实训项目,且有成效。 | |
| | | 吻合度 | 内容与职业技能相吻合,有明确的技能指向。 | 内容体现职业技能要求。 | |
| | 实训方法 | 方法创新 | 能充分结合专业和技能特点,灵活运用教学技术手段和训练方法,并积极创新,效果好。 | 在项目设计和组织方法上有创新,效果较好。 | |

实训效果部分的评价标准见表3。随机抽测中90%以上学生基本技能达到合格标准,优良率大于70%,则技能掌握观测点定为A级;优良率小于70%,大于50%,则该观测点定为B级;C级标准为随机抽测中90%以上学生基本技能达到合格标准。

表3　高职院校校外实训基地实训效果评价标准

| 一级指标 | 二级指标 | 主要观测点 | 等级标准 | | 评价等级 |
|---|---|---|---|---|---|
| | | | A(优秀、权重1) | C(合格、权重0.6) | A B C D |
| 实训效果 | 实训任务 | 完成情况 | 在规定时间内完成计划和目标所要求的实训任务,项目开出率达100%。 | 在规定时间内完成实训任务,项目开出率达90%。 | |
| | | 实训报告 | 实训报告内容完整,教师批改细致有评分,并能及时反馈修正,综合评价良好以上超过70%。 | 实训报告内容完整,综合评价良好以上超过50%。 | |

| 一级指标 | 二级指标 | 主要观测点 | 等级标准 | | 评价等级 | | | |
|---|---|---|---|---|---|---|---|---|
| | | | A(优秀、权重1) | C(合格、权重0.6) | A | B | C | D |
| 实训效果 | 技能习得 | 动手能力 | 学生有充分时间动手操作,能独立完成操作任务,动手能力强。 | 人人动手,在指导人员指导下在规定时间内完成任务。 | | | | |
| | | 技能掌握 | 随机抽测中,90%以上学生基本技能达到合格标准,优良率≥70%。 | 随机抽测中,90%以上学生基本技能达到合格标准。 | | | | |
| | | 技能证书 | 实习期间,部分学生获得与实习岗位或技能有关的技能证书。 | 部分学生参加与实习岗位或技能有关的技能考证。 | | | | |

## 四、高职院校校外实训基地的评价与反馈

参照设计好的评价指标及标准,全面科学评价校外实训基地的建设成效,进行校外实训基地年度建设实绩考核。一方面可评定基地等级,为基地今后的建设指明方向,另一方面可以作为相关人员年度考核的参考。

### (一)评价建设成效

根据多元评价原则,对校外实训基地的评价主要可以采用基地自评、学校督导评价、行业评价、社会评价、企业评价、学生评价等方式进行。年底,各基地管理负责人参照高职院校校外实训基地评价体系表,逐项自评建设情况,准备支撑材料并存档。学校基地管理办公室组织由院校督导、行业企业专家、专业教师和学生代表组成的基地建设考核小组,通过现场考察、查阅建设材料、访谈教师或学生、随机调查等途径,分别对各校外实训基地的建设成效作出评价。在具体评价中,观测点的分值等于标准分值乘以实际评分等级的权重,其中A级的权重为1,C级的权重为0.6,B级介于A、C之间,权重为0.8,低于C级标准的为D级,权重为0.4,总分为所有观测点分值的累加值,把各种评价的结果进行汇总,填写校外实训基地评价汇总表,最后根据得分确定等级,这样就能较直观地反映出各个校外实训基地的建设成效。

### (二)考核年度实绩

校外实训基地建设是一个长期积累的过程,各个校外实训基地由于建设时间长短不一而存在较大差距。因此,评价结果反映的是到评价时为止各校外实训基地建设的总体情况,而不能反映当年度校外实训基地建设所取得的成效。为此,要进一步实行校外实训基地年度建设实绩考核,主要通过分析

比较前后两个年度评价结果、考察年度建设任务完成情况两种方式进行。在考核过程中,比较各个观测点前后两年的情况,看其是否有所发展及发展程度。通过年度实绩考核,评定各校外实训基地年度建设进程,考核结果可以作为所在专业年度建设实绩的依据。

（三）反馈评价结果

为了充分发挥评价与考核的激励约束作用和导向作用,学校要通过多种形式及时反馈评价情况,不仅要反馈考评的最终结果,还要随时反馈评价与考核过程中遇到的一些具体情况。首先,在评价与考核的过程中,评价双方要进行良好的沟通,总结基地建设工作,肯定基地建设取得的成效、创新与特色,诊断出存在的主要问题和弱项,让基地建设者和管理者了解基地建设中存在的差距及原因,对他们的未来行为产生激励约束作用,并为今后有针对性地加强建设或整改提供依据;其次,将评价与考核结果纳入相关人员的年度工作考核,与他们的利益挂钩,作为合理实施奖惩、晋升工资、职称评定、评优、确定津贴发放标准的依据,让他们清楚学校对自己的真实评价与期望,明确学校的总体要求和自己的努力方向;再次,在一定范围公布校外实训基地的评价等级,或评出示范性校外实训基地,树立榜样。

**参考文献：**

［1］马树超,郭扬. 高等职业教育——跨越·转型·提升［M］. 北京:高等教育出版社,2008.

［2］姚丽梅,王玉生. 实训基地建设的思考与实践［J］. 中国职业技术教育,2006(27):49—50.

［3］杜世禄. 高职院校校外实训基地建设的思考［J］. 教育发展研究,2007(Z1):113—115.

［4］薛建荣,王靖,王俊. 关于构建高职教育校内实训基地建设评估体系的探讨［J］. 教育与职业,2007(3):156—157.

# 高职院校专业建设目标管理及实施策略<sup>①</sup>

专业建设是高职院校内涵建设的核心。将目标管理这一现代科学管理手段运用到高职院校的专业建设中,建立科学的专业建设管理机制和管理模式,对解决目前高职院校专业建设管理中存在的种种弊端,具有积极的作用和效果。

## 一、高职院校专业建设管理中存在的主要问题

高职院校专业建设的发展和提高,关键在于管理。由于大部分高职院校是由中专升格而来,普遍缺乏高等教育管理的基本经验,特别是在目前高职院校积极致力于专业建设的模式转型阶段,普遍存在重建设、轻管理的现象,对专业建设的管理仍停留在传统的行政管理层面,形式、方法等都较为粗放,存在诸多问题。

### (一)建设目标和重点不明确

高职教育的类型特征决定了高职院校的专业与经济社会发展的密切融合度,其最终目标就是要依据地方产业人才需求,培养合格的高技能人才,服务经济社会发展。高职院校的专业建设应紧紧围绕这一目标,逐步完善人才培养的支撑条件。面对动态的经济社会发展需求,高职院校往往在专业建设的目标设置上缺乏必要的调研、论证、协商和决策,各环节和各阶段的建设目标容易脱离人才培养的逻辑主线,不能正确把握专业改革的突破点和重点,使专业建设任务体系繁杂、模糊因素增多、考核难度增大,最终难以形成专业建设的明确导向。

### (二)责任主体和职权不明晰

高职院校实施"校企合作、工学结合"的人才培养模式,涉及校企资源的双向综合利用,使得专业建设的任务、载体更趋多元化,专业建设的参与方更趋复杂化,虽然很多高职院校实行了"分权式"的二级管理体制,提高了管理效率,但业务机构设置的传统行政色彩依然浓厚,在专业建设的具体任务层面难以明晰责任主体,职责权限不清,影响任务实施的执行力;二级学院、系

---

① 本文发表于《中国高教研究》2010 年第 2 期第 75—76 页.

部下各专业的自主权利依然有限,在专业建设中难以形成强大的凝聚力和合力,束缚了专业层面的主观能动性和创造性。

### (三)建设标准的层次和个性不突出

高职院校紧扣地方经济发展设置专业,专业类别得到了进一步的细分,各专业的发展阶段、层次和特色也各有不同。然而,很多高职院校在专业建设的管理上往往使用统一的建设标准和考核标准,缺乏对不同专业类别和层次之间差异性的系统考虑,很大程度上限制了专业的个性化发展,制约了专业特色的形成和层次的提升;尤其是在一些考核指标的量化上,很少做到科学的分层分类,导致专业建设评价失去了应有的科学性和公正性,评价结果的比较功能和反馈功能自然难以真正得到体现。

### (四)管理制度和模式不系统

高职院校的专业建设是一项复杂的系统性工程,必须依靠规范化、系统化的管理制度来保障其高效高质运行。目前,许多高职院校虽然专业建设管理制度完善,但从系统层面看,制度体系的结构性缺失和合理性局限却普遍存在。如普遍偏重考评体系的构建而缺少控制与改进机制的完善。同时,由于专业建设不同领域的管理改革协调性不够,致使专业建设制度实施的不规范和非有效性问题比较突出,从而难以构成系统的管理模式,专业建设的精细化管理不能落到实处,专业内涵发展缺乏系统保障。

## 二、高职院校专业建设实施目标管理的必要性

目标管理(MBO)是一种现代科学管理模式,主要通过目标对所属组织进行管理,强调的是自我控制和工作结果,其管理精髓在于它的主动性、创造性、激励性和系统性、将目标管理引入高职院校的专业建设,是高职院校专业发展的内在需求,是高职院校在开放办学理念指导下进行管理创新的战略选择,对提升专业内涵和可持续发展能力具有重要意义。

### (一)实施目标管理是明确专业建设目标和思路的需要

目标管理的基础在于制定可以考核、比较和衡量的各级各类目标,强调目标的明确性、导向性、差异性和约束性,注重目标制定过程的论证决策、协商分解和细化定责。专业建设在高职院校办学中处于核心地位,如何依据社会需求和现实条件确定教育目标是关系到高职教育能否科学发展的关键问题,因此制定一个明确的导向性目标和一条完整的目标链,是专业建设的逻辑起点。从这一意义上来讲,实施专业建设目标管理,可以成为高职院校专业建设管理的重要切入点和导向,这将有利于确立专业建设的目标体系和建设思路,为科学管理专业建设打下坚实的基础。

### (二)实施目标管理是激发专业建设主体积极性的需要

目标管理虽然强调目标,但并不忽视人的作用,它更重视人的自觉管理,并通过竞争和激励将承担者的主观能力、成就动机和实现的可能性紧密联系起来,这种能充分调动人的自觉性和积极性、提升创造性的管理过程,非常适合开放合作环境下高职院校专业建设主体日趋多元化的管理要求。建立专业建设目标管理模式,可以促使管理权限进一步下放,管理中心进一步下移,可以使各二级学院、系在主动管理的良好氛围中不断增强团队凝聚力,形成建设合力,真正将工作重心放到专业建设目标的实现中,推动专业改革的持续深化。

### (三)实施目标管理是促进专业内涵和质量建设的需要

高职院校的专业内涵和质量体现在课程、人才培养模式、专业教学团队和实践教学条件的建设上,建设任务多、牵涉面广。目标管理注重整体规划和明确分工基础上的有效综合,以求达到最佳的整体效益。将目标管理引入专业建设中,可以在总体目标一致的约束下做到专业建设任务设计和实施的系统性,协调有序地促使专业建设由外延向内涵发展,解决建设和管理过程中的随意性、盲目性及离散性等问题,最终提高专业建设和人才培养质量。

### (四)实施目标管理是提高专业可持续发展能力的需要

目标管理包含目标制定、目标实施、目标考核及目标反馈四个阶段,在实际运行中是一个完整、连续的循环系统。高职教育要实现可持续发展,首先要促进专业的可持续发展,在专业建设层面形成持续改进的局面。对专业建设实施目标管理,可以把部门、学生、教师、社会等紧紧联系在一起,在专业建设的各层面之间建立适时畅通的信息反馈系统,使各环节相辅相成,形成系统改进机制,从而提高专业的可持续发展能力。

## 三、高职院校专业建设实施目标管理的策略与路径

高职院校实施专业建设目标管理,必须从其专业发展的自身规律出发,结合学校自身实际情况,落实专业建设目标制定、目标实施、目标考核及目标反馈四个主要环节,使之形成制度化、规范化、系统化的目标管理体系。

### (一)规划和分解相结合,科学制定专业建设目标

合理制定目标是目标管理工作的基础和前提。高职院校应在专业结构调整和发展规划的整体框架下,从三个方面入手制定专业建设目标。一是重构专业建设的任务体系。工学结合赋予了高职教育专业建设新的内涵,同时也使得专业建设的任务、方法和途径等都发生了变化,高职院校应在人才培养模式改革与创新、基地建设、专业教学团队建设、课程开发与建设、社会服

务与辐射能力建设等 5 个方面确立专业建设与人才培养的任务体系。二是制定专业中长期发展的总体目标。专业建设及管理的目标要与学校的规划发展相一致,更要结合本地区的经济发展对技能型人才的需求,以专业建设规划或专业建设方案的形式予以确立,内容应涵盖专业建设目标层级、专业建设各阶段和各方面的具体指标、具有可操作性的建设手段与措施等。三是逐层分解专业建设目标。将专业建设的总体目标通过逐级分解落实到相关部门及具体责任人,通过年度分解明确阶段性目标,形成纵向、横向及时序上相互衔接的目标层次。

### (二)指导和监控相结合,努力实现专业建设目标

要实现专业建设目标,使目标管理取得实际成效,一是要完善专业建设管理组织架构,明确各级机构和人员在专业建设中的任务、职责和权利,并在决策、执行和操作三个层面相互配合、协调行动,建立一个高效的专业建设管理体系。二是要建设一个指导有力、运行良好的专业指导委员会。委员会要对专业定位、培养目标、专业建设方案、课程体系和课程标准,以及基地、教学团队、课程和教材建设等人才培养及专业建设的主要环节和支撑要素进行全面指导。三是要实现过程质量的有效控制,组建稳定的督导队伍,运用多元化的监控手段,建立畅通的信息收集和反馈渠道,构建全过程、全方位的专业建设质量监控与督导体系,实施制度化、流程化、周期化运作,贯穿于专业建设的全过程,形成长效监控。

### (三)过程和结果相结合,实施专业建设目标考核

专业建设目标的实现是一个累积的过程,其目标考核应以绩效考核为导向,做好考核标准设定、过程考核和结果评价三个环节的工作。一是细化考核指标和标准。专业建设目标考核指标既要涵盖专业建设的主要任务,又要按照不同专业的类别、层次和个性差异分类分层设置考核标准。在标准的内涵上要立足于评价标准与建设标准的统一,突出与工学结合培养模式的匹配性,处理好定性和定量的问题,以保证目标考核的科学性和可操作性。二是全程实施过程考核。专业建设是一项动态发展、连续不断的工作,可综合运用日常运行随机督查、月度监控与跟踪考核、学期阶段性考核、年底综合性考核及重点项目专项考核等考核手段,通过动态化考核确保阶段目标的实现,并以阶段性成果促进下一阶段目标的提升和方法的改进。三是定期组织专业建设成果评价。专业建设目标考核需要对最终目标成果进行评估,各个学校可以按照专业建设与发展的实际状况,定期组织评价各专业建设成果,并在此基础上开展重点专业和特色专业遴选并加以进一步的建设扶持,既检验专业建设目标的完成度,又能形成校内良性竞争的局面。

### (四)激励和改进相结合,强化专业建设目标反馈

重视与加强目标反馈,关键要落实三个措施:一是及时反馈考核结果。以学校核准的事实和数据为主体,向二级学院、系、专业及教师持续反馈考核结果;学校针对目标考核中出现的实际问题,经诊断分析后提出指导性意见,及时反馈给相关部门,为下阶段目标调整和工作改进提供依据。二是落实改进措施,使专业建设工作常态化,不断解决新问题。三是激励建设主体。将考核结果作为专业退出、调整方向或下调招生指标的依据,与评先评优、奖优罚劣、晋升晋级、用岗用人等挂钩,以此营造专业建设受重视、专业建设参与者受尊重的氛围,充分调动各方积极性和创造性,推动目标实现。

**参考文献:**

[1]教育部.关于全面提高高等职业教育教学质量的若干意见[Z].教高〔2006〕16号.

[2]马树超,范唯.中国特色高等职业教育再认识[J].中国高等教育,2008(13/14):11—12.

[3]董泽芳,张继平.高校目标管理的主要特征及实施策略[J].高等教育研究,2008(11):38—44.

[4]杜世禄.以基地"两化"为载体不断深化专业内涵建设[J].中国职业技术教育,2008(32):21—24.

# 高职院校专业教师实践教学能力培养的问题与对策[①]

高职院校培养的是生产、建设、服务和管理一线需要的高技能人才。高技能人才最重要的特征之一就是有较强的实践能力。因此,培养学生的实践能力就成为高职院校实践教学改革的重要方面。目前,实践能力缺乏是高职院校人才培养普遍存在的问题,也是制约高职教育质量进一步提升的瓶颈。在阻碍高职教育健康稳步发展的诸多原因中,专业教师的实践教学水平不高是关键因素。因此,提升专业教师的实践教学能力,是提高高职人才培养质量的先决条件。

高职教师实践教学能力的提升对于高职教育的发展具有重要意义。一方面,根据社会对高技能人才的需求,实践能力是用人单位选聘人才时考虑的首要因素。高职教师承担着培养实践能力强、综合素质高的技能型人才的任务,其实践教学能力的高低直接决定着学生实践能力水平的高低。另一方面,高职院校区别于普通高校的一个重要特征在于其对实践应用技术的把握。一所高职院校办学水平的高低不仅表现在人才培养的质量上,还表现在学校的专业建设、实训资源的统筹、职业文化环境的营造上,而这些都要依靠教师实践教学能力。因此,提高教师的实践教学能力既是提高高职院校人才培养质量的重要条件,也是高职教育内涵发展的必然要求。

## 一、教师实践教学能力的内涵

目前,学者们对于教师实践教学能力的内涵还没有形成统一的认识,很多人把教师的实践能力、教学能力和实践教学能力等概念混淆,这对认识和研究高职教育非常不利。因此,必须明确三者之间的关系。教师的实践教学能力与实践能力、教学能力紧密相连,没有实践能力,就无所谓实践教学能力,同时,教学能力不高,仅有实践能力也难以成为优秀的教师。实践能力包含多个方面,不能简单地理解为动手能力,它是个体在生活和工作中解决实际问题所显现的综合性能力,是个体生活、工作必不可少的;它不是由书本传授而得到的,而是在生活经验和实践活动中磨炼得到的;它很难用试卷考试

① 本文发表于《教育与职业》2010 年第 14 期第 51—52 页.

157

来衡量高低,只能通过实践活动表现来评价;它是个体生活、事业成功的重要影响因素。教学能力是指教师在一定的教学情境之中,基于一定的教学知识和教学技能,促进教学目标顺利高效地达成,促进学生生命发展所表现出来的个性心理特征。

综上所述,笔者认为,教师实践教学能力是指教师在实践教学环境下,基于自身的实践能力,促进实践教学目标的达成,培养学生实践操作技能的能力。实践教学能力以教师自身的实践能力为基础,以教学能力为实践技能的传递载体,以学生实践能力提升为目标。对于高职教师来说,他们不仅要具备专业实际操作能力和实践技能教学能力,而且要将职业素养的理念贯穿于教学活动的全过程,是实践能力和教学能力的有机统一。

## 二、高职院校专业教师实践教学能力培养存在的问题

### (一)制度不完善

随着高职教育的发展,社会各界和高职院校都已认识到高职教师实践教学能力培养的重要意义。但是,这种认识多停留在纸上或是口头上,真正实践起来,仍存在着制度不健全、措施不完善、落实不到位等问题,教师实践教学能力培养的整体氛围和环境仍未形成。第一,在高职院校教师的任职资格标准中,没有对实践教学能力提出明确的要求,更没有专门的职业教师准入制度对教师的实践技能做出具体的规定。目前,高职院校每年新聘任的专业教师主要还是普通高校的应届毕业生,而既有扎实的理论功底又有较强实践能力的专业教师很少。第二,教育行政部门没有将实践教学能力作为高职教师职称晋升的基本条件,而科研成果和发表论文的数量成为衡量教师能否晋升的基本要求,这更加助长了教师重理论轻实践的思想。第三,政府没有规定企业参与职业教育的相关义务,使企业接纳教师参加生产实践的积极性不高。尽管很多高职院校要求教师定期到企业参加生产实践,但事实上,教师很难得到企业的真正支持到企业的生产第一线进行实际操作。这些制度的缺失,使得许多高职专业教师没有机会或动力提高实践教学能力。

### (二)内在动力不充足

目前,高职专业教师提高自身实践教学能力的内在动力普遍不足,这主要表现在他们习惯于在课堂上进行知识的授受,而不愿到生产车间进行实践操作。这主要是因为:第一,"劳心者治人,劳力者治于人"的思想还在潜意识中指导着教师的行为,他们认为课堂教学才是"正途","下车间"是体力劳动,不符合高校教师的身份。第二,教师在追求自身职业发展时必然考虑投入和收益,按照马斯洛的需要层次理论,高职教师还处在"尊重需要"的层面,只有

在学历、科研上取得成绩,才能得到更高的地位与尊重,获得更多的收益。第三,多数高职院校对教师的考核、评价及职称晋升制度与普通高校趋同,主要从教学和科研两个方面考量,对于学历、教学和科研成果有硬性规定,但对于实践教学能力水平的提升却没有相关的激励机制,没有明确的要求和评判标准。同时,国家没有明确的制度规定要求职业院校教师应该达到的技能标准和一定时期内培训提高的要求。因此,如何增强教师实践教学能力的内驱力是高职院校面临的一个巨大难题。

### (三)专业标准不统一

相对统一、稳定的专业标准是高职专业教师实践教学能力提高的前提。目前,高职院校各类专业教师在实践教学过程中普遍存在指导学生实践操作标准不统一的问题,这主要是由于专业教师所接受的专业教育或技能培训的标准不一致。毕业于各个高校的教师,他们所接受的专业理论知识基本一致,他们在走上讲台之前,通常未经过系统的实践教学培训,导致他们在指导学生实践时的操作要求和指导规范不一致。如同一项实践操作,不同教师在给学生示范指导时,使用工具的方法方式不同,其科学性和规范性也不同。这不仅会影响学生实践技能的提高,而且会影响他们的职业能力与企业岗位要求的无缝对接。

## 三、提高高职院校专业教师实践教学能力的对策

### (一)政府层面

第一,为增强教师提升实践教学能力的动力,职业教育行政部门一方面应建立职业教师准入机制,将实践教学能力作为高职专业教师资格的基本条件,规定职业院校专业教师任教前必须获得必要的实践技能,或者在取得经权威机构认定的技能证书后方能取得教师资格;另一方面,制定区别于普通高校的符合职业教育特点的专业教师职称评审标准,在评审条件中加入实践教学能力考核和实践教学业绩考核,使高职专业教师切实将实践教学能力的提升与自身职业发展紧密结合,促使其主动把实践教学能力提高作为职业生涯规划的一个重要部分。

第二,政府应运用财政和税收杠杆引导企业积极参与校企合作,为专业教师顶岗实践提供条件。目前,很多企业只关注当前的经济利益,他们认为与高职院校合作无法创造直接利润,与企业追求经济利益最大化的经营目标相悖,因此,企业与高职院校合作的积极性不高,真正能全力以赴帮助教师提升实践能力的企业非常少。政府作为优势资源的分配者,可以充分发挥其外部动力源的作用,采取政策倾斜、重点扶持、税费减免等方式,平衡企业的投

入和收益。同时,还要加大宣传力度,使企业认识到参与校企合作符合其长远发展目标,以此吸引企业支持高职教育,帮助专业教师提高实践技能。

第三,政府部门应积极发挥统筹协调的作用,搭建学校、企业合作平台,共同举办各种形式的实践培训项目,提升专业教师实践能力。近年来,教育部开展的部分培训项目已经取得了很好的效果,如教育部高教司委托专业教学指导委员会和有关单位举办高职高专骨干教师培训班,邀请相关行业的部分企业为项目提供技术支持,有效加强了专业教师与企业人员在专业技术层面的沟通,提高了高职专业教师的专业水平和实践教学能力。

**(二)学校层面**

第一,学校应建立统一的专业标准,并且具有可操作性。由于高职院校培养的人才主要是面向各地的行业企业,这些行业企业都有着自身的特点,因此高职院校专业标准的制定应符合地区行业的要求,具有地方性和灵活性。学校应充分发挥专业指导委员会的作用,综合考虑国家行业标准、全国行业大赛的标准、全国职业技能大赛和地方行业特点,制定出统一的专业标准。在保证标准相对稳定的同时,学校应与行业企业建立长期的沟通和联系,根据科技、行业、职业等方面的发展变化,及时调整更新标准,保持标准与实际生产要求的一致性。

第二,学校可以通过校内外培训提高专业教师的实践教学能力,以实践指导能力和教学能力为重点,开展新教师培训,重视年轻教师行业意识、职业知识与专业技能的提高;有针对性地定期进行校本培训,提升专业教师的整体实践能力;对专兼职教师实施一体化管理,将从行业企业聘请的兼职教师统一编入相应的课程组,专兼职教师结对,在教学、科研合作互动中提高彼此的实践技能和教学能力;定期选派对口专业教师参加全国针对高职高专师资的各项培训,开阔教师的视野;提供各种继续教育的机会,为教师更新知识、了解和吸收最新科研成果提供方便。

第三,建立和完善教师考核制度与激励机制,考核时应加大教师实践技能部分的比重。根据各专业实践特点,分专业制订专业测评方案,对专业教师的实践教学能力进行测评,以此作为判断其实践教学能力高低的一个重要指标。考核的内容应紧盯产业、行业、企业和职业的前沿动向,体现新的产品、工艺和管理要求,由来自生产、建设、管理与服务一线的能工巧匠和技术专家与学校专业带头人共同建立实践操作题库,由基地或学校组织对每位专业教师的考核。通过测评使教师找出差距,以形成专业教师主动"回炉"参加技能培训和社会实践的外在推动力。

## （三）教师层面

提高专业教师的实践教学能力仅仅依靠政府和学校是不够的，只有教师自身提高实践教学能力的内驱动力，才能利用政府和学校提供的政策自觉地参与和主动地寻找培养提高的机会。高职院校培养的是高素质技能型人才，实践操作技能是企业用人的首要选项，是学生就业的重要条件。从学生的角度来说，培养学生实践技能是专业教师的责任和义务；从教师的角度来说，实践技能是专业教师必须具备的基本能力，是职业规划的重要内容，对专业教师的发展起着至关重要的作用。具体地说，专业教师应积极参加社会实践，通过多种渠道和方式提升自己的实践教学能力。如把个人的职业规划与学校的工作计划有机结合起来，有计划地到实践基地顶岗或挂职锻炼，在实践中积累教学所需的职业规范、专业技能和实践经验，获得职业体验；参加与本专业相对应的实践技能考证和各种实践技能竞赛，兼评相应的专业技术职称或相应的行业特许资格证；积极参与校企紧密合作的科技服务，包括纵向、横向的产品研发、技术开发、技术指导与服务等；走出学校，面向行业企业、面向生产、建设、管理和服务一线，参与企业的员工培训及产品客户培训。在考证、竞赛、培训和为社会、企业服务的过程中不断锤炼教师的实践技能和教学综合能力。

**参考文献：**

[1]吴志华,傅维利.实践能力含义及辨析[J].上海教育科研,2006(9):23—25.

[2]王宪平.课程改革与教师教学能力发展研究[M].上海:学林出版社,2009.

[3]张宝歌.教师职业能力发展的教育选择[J].教育与职业,2007(36):74—75.

# 基地"两化"：高职教育工学结合的突破口<sup>①</sup>

近年来，许多高职院校都在积极探索如何通过校企合作加强基地建设，有效推进工学结合。其中，"校内基地生产化、校外基地教学化"的基地建设新理念，找到了校内、外基地的核心要素，校内基地融入了职业、生产要素，校外基地赋予了教学、理论要素，两者良性互补，是高职教育实施工学结合的重要突破口。

## 一、基地"两化"建设的内涵

工学结合作为高职院校教育教学改革的重要切入点，是指校企双方依据社会和市场需求共同制订人才培养方案，并在师资、技术、装备、场地等方面紧密合作，通过采取学习—实训—再学习—再实训（实习）的人才培养模式，让学生在职业实践中感受职业氛围、提升职业能力。工学结合的实质是学校与企业共同承担起对学生的培养任务。工学结合人才培养模式要求做到：学校与企业紧密结合、教学内容与工作过程紧密结合、学生校内学习与基地实训相结合、学生技能训练与企业岗位要求相结合。

基地"两化"就是通过校企紧密合作，真正把相关企业的技术人员、设备、场地等资源引入学校教育教学的全过程，企业参与基地建设、专业建设、课程改革、实训教材编写和实训指导等工作，不断拓展基地内涵和功能，带动专业内涵建设和人才培养模式的创新，加强学生校内校外各个阶段的生产性实训，实现"引企入校"。"校内基地生产化"是指校内基地不仅能开展生产性实训，使学生在真实或仿真的生产环境中提高技能，而且可以承担生产任务或参与对外技术服务，不断提高设备利用率。"校外基地教学化"是指校外基地不仅用于学生实训实习，而且具有稳定的教学场所、讨论场所、产品模型、生产（服务、工艺）流程、实训设备与指导师傅，能批量安排学生实训乃至顶岗实习，并承担一定课时量的课程教学。

---

① 本文发表于《教育与职业》2009 年第 8 期第 22—23 页.

## 二、基地"两化"建设的主要途径

### (一)改造原有校内基地

引进企业的操作规范、产品流程、工艺和管理模式,按工厂化、车间式布局和设备选型,对原有校内基地进行全面改造与调整,营造企业文化氛围和仿真生产环境。这是最常见的建设方式,但生产化程度不高,主要用于仿真实训。

### (二)引企入校

学校提供场地,企业投入生产设备或生产流水线,绝大部分岗位由经过培训的学生承担,企业只派驻生产管理人员进行现场管理,校企双方共同开发实训项目,30%~50%的生产能力供学生开展生产实训,有效缩短学生与职业岗位之间的差距,实现基地优质资源的有效开发和效益最大化。这类基地生产化程度高,可用于学生轮岗实训、顶岗实习,主要适合机械制造、电子信息等专业。

### (三)组建"工作室"或"专业性公司"

将符合条件的校内基地组建为"工作室"或"专业性公司",从社会上承接相关业务,按照相应的业务流程将课程改造成为系列实训项目,在教师指导下由学生完成设计、策划或制作,其成果交由市场或客户检验。实训与经营性生产合一,学生能够在完全真实的生产环境中通过项目化实训培养技能,体验劳动价值。艺术设计、音乐、传媒策划、园林规划和工业分析等专业比较适合建设这一类生产性基地。

### (四)创办经济实体

学校具有传统优势的专业,可以创办投资较少的经济实体,面向市场开展经营活动。例如,法律、会计、学前教育、临床医学、农艺类、外语外贸类专业均可尝试建设这一类生产性基地。

### (五)建设示范性校外基地

不同专业门类的教学化校外基地具有特定的个性,其标准、形式与建设途径差异较大。对于综合性高职院校,可以按照工程技术、设计制作、管理服务、公共教育等类型,建设教学化的示范性校外基地。这类基地建有教学场所、讨论场所,布置了产品模型、生产流程,能批量安排学生实训,完成一定课时的课程教学,改变以往校外基地单纯用于学生实习的状况。基地提供足够的岗位,将学生分成项目团队参与生产,纳入员工考核;学校将部分课程内容安排到基地实施教学,并保证足够的课时量。示范性校外实训基地除了学生实训、课外教学外,还应当在指导力量、设备、师资培养、科研合作、奖学奖教、文化互动等方面规定标准,在这种紧密的合作与互动中,形成长期、稳固合作的机制,弥补国家对企业参与职业教育缺乏法律约束机制的缺憾。

## 三、基地"两化"的作用

### (一)企业全面支持和参与教育

离开行业、企业的支持和参与,学生就没有真实的生产实践岗位,工学结合就成了无本之木、无源之水。在基地"两化"建设过程中,高职院校采取多种形式,利用行业、人缘、地域、新农村建设项目等优势,积极主动地与企业联系,校企联姻,文化融通,引导企业专家和技术骨干参与学校的人才培养模式改革、基地建设、课程开发和课程教学、实训指导等专业建设工作。企业为学校提供足量的生产实践岗位,接受学生参加生产实践,接受教师实践锻炼,提供技术开发、产品研发条件,共同推进工学结合的高职教育发展。

### (二)实现基地功能最大化

基地是高职教育工学结合的主要平台,需要具备多种功能。通过基地"两化"建设,使学校与企业紧密结合,学习与工作紧密结合,技能学习和人才需求紧密结合,生产经营与教学科研紧密结合,学生培养和企业用人紧密结合。基地同时集教学实训、科技研发、社会培训、技能考证和成果展示为一体,实现基地功能的多样化和最大化,充分发挥基地在高职教育工学结合中的人才培养功能、社会效益与经济效益。

### (三)促进教学与社会融合

工学结合的本质是教育与社会紧密结合。高职院校通过发挥自身应有的社会服务功能,服务当地经济社会发展,将实训基地建设、技能型紧缺人才培养、应用研究和技术开发等工作有机结合起来,充分发挥实训基地的系统功能和作用。基地"两化"建设,特别是校内基地生产化建设,使学校能紧密联系经济社会发展实际,把教学活动与开展社会服务结合起来,不断提升服务能力,建立基地可持续发展的良性循环机制,达到利益共享、文化通融的目的。

### (四)缩短毕业生就业适应期

当前,用人单位对毕业生的工作经验和实践能力越来越重视,让学生尽量缩短毕业适应期,迅速成为用人单位需要的高素质技能型专门人才,实现毕业与就业的无缝过渡,是高职院校教学与人才培养面临的关键问题。通过基地"两化"建设,真正实现工学结合,让学生在直接面向生产、建设、管理和服务一线的真实环境中,先"真刀真枪"地实战,使其了解现代企业的组织结构与经营规则,了解企业工作过程。教育实现了以学生在社会生活和职业实践中的真实经历为出发点，学生逐步形成职业实践所需的社会归属感、责任意识和职业创造性，这是学生求职时的"工作经验"，对其职业发展具有深刻意义。

## 四、实现基地"两化"的保障

### （一）有效落实教学计划

高职院校要与行业、企业专家共同讨论研究，制定符合当前人才需求的专业定位和培养规格，明确核心技能，继而优化培养方案和教学计划，使人才培养任务有明确的标准和要求。在教学过程中，还应根据需要不断调整教学大纲，使之始终与产业、专业发展实际相符。在教学活动中，要营造真实或近乎真实的职业实践情境，学生按照行业规范开展行动并完成符合质量、经济、环保要求的工作成果，获取工作经验、知识和技能。在制订工学结合的教学计划时，可将三年的培养目标分解成阶段性目标，并将重点阶段性实训目标落实到具体的校内外基地实训课程和实训项目上，通过实践课程体系来保障，确保实训时间和指导教师的落实。让实训指导教师和学生都清楚各个阶段的实训内容、目标和考证要求，有效地解决实践教学随意性问题，确保实践教学的系统性、计划性和可控性。特别是在有效推动实践教学开展的每一环节，加强教育督导和考核工作，切实促进实践教学质量的提高。

### （二）专业教学团队建设

工学结合人才培养模式应该具有两大功能：一是提高学生的职业素养，二是带动专业教学团队建设。基地"两化"建设与一支高素质的、专兼结合的教学团队的打造相辅相成。针对专任教师，一方面安排教师定期下基地锻炼，以有效提高教师的专业技能；另一方面，选派教师参加各种专业、课程培训，提高教师设计课程和组织教学的能力，使教师明确"教什么"和"怎样教"。同时，加强对教师职业能力的考核，并与岗位聘任挂钩，促使教师取得双师证书且与实际能力相匹配。针对兼职教师，要加强专职和兼职教师的一体化管理。目前，高职院校的兼职教师大多来源于基地的技术人员、能工巧匠，应将他们统一编入课程组，加大兼职教师在实践教学中的课时量安排，切实解决兼职教师挂名不到位、不能真正指导实践教学的问题；在教学、科研等方面统一管理，发挥其在专业建设过程中应有的作用，使基地兼职教师真正成为专业教学团队的重要成员。

### （三）课程改革与发展

工学结合离不开课程改革，课程改革的过程实际上是工学结合的过程，也是基地"两化"建设发挥效益的前提与保障。高职教育专业课程的逻辑主线是实践获得,教材应该按照实际操作过程中各个环节的相关性进行组织和编写。因此,要充分利用校内外基地的综合资源,紧紧围绕专业核心技能的形成,重新构建专业课程体系。将课程内容与工作内容紧密结合起来,从对应的实践中选择"教什么",确定教学的目标和内容载体,开发基于工作过程的优质课程。引导教师与基地合作开发实训教材,引进基地的生产案例、实际项目、操作流程,提高实训教材的指导性,引导教师了解企业现实条件,灵活开展教学活动并不断调整优化教学活动策略。

### (四)开展社会服务

目前,高职院校基地建设正处于探索阶段,特别需要社会和企业在资金、设备和先进技术等方面的支持,只有打开学校大门,为社会和企业提供广泛的服务,才能得到来自多方面的支持。基地要利用自身的设备和技术优势,主动为企业生产订单产品,提供产品研发、技术推广、员工培训和咨询等服务,帮助企业解决技术难题,并与企业开展科研合作,共同完成工程改造和开发科技产品,加速科技成果的转化工作,实现基地资源的社会化。社会服务和提升学校的核心竞争力是良性循环与互动的关系,学校的社会服务能力增强了,学校培养的人才质量过硬了,学校的知名度与美誉度就会提升,影响力就会提高。而学校的核心竞争力越强,就越能吸引更多的企事业单位参与到人才培养的过程、实践教学的管理、教学质量的评价中来,从而逐步完善以学校为核心、政府来引导、企业和社会都参与的工学结合的人才培养体系。

**参考文献:**

[1]马树超.工学结合:职业教育模式转型的必然要求[J].教育发展研究,2005(16):10—12.

[2]杜世禄.高职院校校外实训基地建设的思考[J].教育发展研究,2007(Z1):113—115.

[3]楼一峰.工学结合人才培养模式的新理念、策略和程序[J].职教论坛,2007(17):20—21,26.

[4]陈解放.基于中国国情的工学结合人才培养模式实施路径选择[J].中国高教研究,2007(7):52—54.

[5]马树超.工学结合:职业教育与用人单位对接的关键举措[J].职教论坛,2007(1):42—44.

[6]刘紫婷.高职院校工学结合人才培养模式的实践与探讨[J].中国高教研究,2007(8):48—49.

# 基于就业导向的高职专业建设研究①

随着高校毕业人数的增加,我国大学生就业形势日趋严峻。这对贴近市场办学的高职院校来说无疑是一个严峻挑战。在挑战面前,高职院校应该根据区域经济发展要求和市场需求变化,以就业为导向,灵活调整专业结构,加强专业内涵建设,从而增强学生的就业意识和就业能力。

## 一、高职专业建设关系到学生就业

高职教育与经济、生产、劳动力就业市场有着紧密联系。因此,要从根本上解决高职毕业生就业难问题,完善高职院校的专业建设是一种思路。高职院校专业建设集专业开发、专业设置、专业调整、专业教学为一体,包括专业布局、人才培养模式构建、课程建设与改革、专业教学团队建设、实训基地建设、社会服务等方面的内容。同时它是高职院校内涵建设的核心,也是提高人才培养质量的关键。抓好专业建设,既能为高职院校发展确定方向,又能为高职院校人才培养质量提供保障,还能为高职学生顺利就业奠定基础。从国际经验来看,世界上高等教育发达的国家,当大学毕业生遭遇类似就业危机的情况时,往往采取相应措施调整专业设置,从而为学生就业提供支持。当前,我国高职院校已基本完成从规模建设到内涵发展的转型,专业建设已成为提升办学水平的一个重要方面。教育部启动的"国家示范性高职院校建设计划",在全国遴选了 440 个产业覆盖广、办学条件好、产学结合紧密、人才培养质量高的特色专业进行重点建设,以期引领高职院校加强专业内涵建设,提高高职教育的整体水平。因此,高职院校要抓住机遇,认真反思专业建设状况,并从社会和市场需求角度出发,切实加强自身的专业建设。

## 二、高职专业建设中存在的主要问题

由于我国高职教育起步较晚,因此专业建设基础还比较薄弱,专业课程体系未能凸显重实践、重技能的特点。从整体上看,专业设置滞后、专业定位不准、专业内涵不深等问题直接影响到高职教育特色的形成,并制约着高职

① 本文发表于《教育发展研究》2009 年第 13/14 期第 31—34 页.

教育自身的发展。

### (一)专业设置滞后

高职教育转入内涵发展阶段后,各校的专业建设仍处在无序状态。因而现阶段多数院校在专业设置上全局规划性不强、特色不鲜明,仍然滞后于内涵发展的要求。其中,很多院校只是简单地根据市场的短期需求设置专业,社会需要什么职业岗位,学校就创造条件办一些与此匹配的专业,短期行为十分明显。但有时等到人才培养出来后,学校却发现原来对应于职业岗位而培养的专业人才在市场上已经饱和,学生所学的知识和技能无法适应用人单位的需求。比如,前几年许多学校争相设置的财政、金融、电子商务、外贸等商科类热门专业,在本次金融危机冲击下,这些专业的毕业生就业就变得十分困难,而且这种情况可能会延续较长一段时间。由此可见,如果不能前瞻性地设置专业,不解决专业设置滞后的问题,很容易造成毕业生的就业困难。

### (二)专业定位不准

准确定位人才培养目标,是高职毕业生能否适应市场需求的前提。高职教育主要培养应用性、高技能人才,与普通本科教育相比,更强调应用性知识和技能的传授和训练,注重学生动手能力的培养;与中等职业教育相比,更强调层次较高、较复杂的职业技能训练,注重学生综合职业能力的培养;与职业培训相比,更强调知识、技能、素质的系统化培养,关注学生的职业成长和可持续发展。但现状表明,某些高职院校培养目标的定位已经偏离方向:一是定位过高,把培养目标定位在理论型和研发设计型人才;二是定位过低,把培养目标定位在低层次、低技能的操作人员。这样高职教育便失去自身的特色,趋同于普通本科教育、中职教育或社会职业培训,使高职毕业生难以在劳动力市场中找到适合自己的岗位,也不能在与其他就业层次的求职者竞争岗位时突出自己的优势。

### (三)专业内涵不深

内涵建设是提升高职人才培养质量的重要保障,更是高职专业建设的必然要求。但是,前些年很多高职院校的专业建设往往追求增加数量和扩大规模,没有很好地按照高职教育的发展规律和要求展开专业内涵建设,产生了诸多问题:(1)一些专业与社会职业岗位(群)虽然接轨但不紧密,品牌专业所占比例很小;(2)课程体系针对性不强、系统性不够,无论是公共课程、专业基础课程还是专业课程,既不及时更新教材内容,也没有针对专业的人才培养规格进行有效的教学设计;(3)实践教学体系不完善、管理制度不规范,硬件与软件的配置都不能很好地满足培养应用型高技能人才的要求,实训基地的利用率也不高,实训基地的资源优势和功能没有充分发挥。这些问题直接影响到高职人才培养的质量,突出表现为毕业生职业能力与用人单位要求之间存在严重脱节,进入市场的毕业生只能称为"半成品"。这些问题如果得不到解决,就无法从根本上缓解高职毕业生就业难。

## 三、基于就业导向的高职专业建设策略

针对目前高职专业建设中存在的问题,高职院校有必要以就业为导向,拓宽思路,从调整专业设置、改进人才培养方案、加强专业内涵建设等方面入手进行专业建设。

### (一)调整专业设置

根据产业规划调整专业结构。产业规划是国家制订的对产业中长期发展的计划,预示着产业结构调整和产业升级的发展趋势。产业规划的实施和取得成效需要较长的时间,具有滞后效应。高职院校的专业设置存在滞后性,总是比行业企业需求与发展"慢一拍"。如果高职院校参照产业规划来调整专业结构,就能紧紧抓住产业的发展趋势,使学校的专业走向与产业发展趋势同步,从而使人才培养适应产业结构动态调整带来的人才需求结构的变化。

根据产业周期调整专业规模。产业周期是产业成长期、成熟期和衰退期的总称。高职院校要掌握和了解各个专业对应的产业所处的产业周期,并根据周期及时调整专业规模。产业处于成长期,可以适当扩大专业招生规模;产业处于成熟期,可以维持现有招生规模,将主要精力放在专业内涵的深入和拓展上,着力提高人才培养质量;产业处于衰退期,应逐步缩小专业招生规模,考虑专业转型或者最终取消相应的专业设置。参照产业周期来调整专业招生规模,就能在数量和质量上有的放矢地培养人才,使人才培养规模与行业需求相对应。

根据市场需求调整专业方向。高职院校要紧盯市场,及时通过行业交流、企业走访、劳动市场调研等渠道,了解各行业的就业状况和人才需求变化,判断和预测人才需求的变化趋势,及时、动态地调整专业方向。对于人才市场不需要的、学生就业困难的专业应考虑逐步压缩招生数量,对于市场需求量大的专业,要增加招生数量。同时,要结合区域经济社会发展实际,开设面向新职业的专业。比如,近几年会展业逐渐成为一些大城市的新兴产业,创造的直接收入超过百亿元,未来发展需要会展设计师、经营策划师等专业人才;又如,近年来房地产、建筑业的迅速发展,已使家具设计师、项目经理等成为新职业,社会对这方面的人才需求很大。对此,高职院校可以在原有相近专业基础上,通过拓展专业方向或开设新专业,为培养相应的人才创造条件。

### (二)适时改进人才培养方案

落实毕业生跟踪调查制度。毕业生就业率、就业岗位、收入和职位晋升等情况,直接或间接地反映学校专业建设的成效。开展毕业生跟踪调查是高职院校适应市场办学的需要。学校应通过年度调查,了解毕业生就业质量,并将调查结果作为评定教学质量及教学变革的依据,并适时调整专业人才培养方案,使之变得更加完善和合理。

引入社会评价机制。高职院校应主动与用人单位沟通,听取用人单位对本校毕业生的评价,了解用人单位对高职人才的切实需求、整体上学生就业的优势和不足。在人才培养和教学管理等主要环节上,可以引入行业企业标准和要素,为检验人才培养质量和修正人才培养目标提供依据。近年来金华职业技术学院建立社会评价机制的实践已取得一些成效,该校推行的专业建设年度实绩考核,明确要求在专业培养方案、人才培养模式创新、毕业生质量、校内基地生产化程度等指标上必须有相应的社会评价分值。

发挥专业指导委员会的作用。各专业(群)应成立由基地、行业企业管理人员、技术专家与学校教师共同组成的专业指导委员会,并在其指导下完成产业需求调查、找准就业岗位,同时按照行业企业标准确定培养目标和培养规格,然后以职业能力培养为主线设计课程体系与培养方案,落实基础理论和实践教学大纲,指导学生、教师了解专业培养目标、培养规格、课程体系、工作过程和技能实训等。专业指导委员会还应从整体、宏观角度剖析人才培养方案,及时发现存在的问题,并提出建设性意见,帮助高职院校不断修正、改进人才培养方案。浙江金融职业技术学院在这方面凭借完善的专业指导委员会工作机制,建立了调控专业培养目标的专家、市场跟踪、评估和实施"四大系统",以此促进专业人才培养方案的优化和实施。

### (三)深化专业内涵建设

加强课程体系改革。课程体系改革是专业改革的核心,高职院校应抓住契机,全面梳理课程和教材,在课程设置和教学内容上进行相应的调整和改革。首先,要以学生职业岗位能力培养为着眼点,调整课程目标,明确专业核心课程和主干课程的建设目标并制订建设计划,依据不同专业人才培养规格精心构建课程体系,建设能体现职业性、技术性和示范性的精品课程。在保持基本课程体系完整的基础上,淘汰不适应社会发展的课程,引入技能型人才培养的相关专业课程,编撰特色教材。其次,要在摸清与专业对应的实际工作过程的基础上,按照层层分解的职业岗位能力要素和"实际、实用、实践"的原则,选择并整合基于工作过程的课程教学内容;通过校企深度合作,以工作任务为载体,以专业核心技能培养为目标,与行业企业共同编写满足工学结合要求的专业特色教材,包括专业基础教材、职业技能教材和生产性实训教材,使课程改革、教材开发与企业需要的紧缺型人才培养相对应。

完善实训基地功能。通过实训基地开展实践教学,是训练学生实践技能的有效方式。高职院校要逐步完善校内外实训基地,增强实训的针对性、系统性和有效性,切实提高学生的职业素质和职业技能。校内实训基地应实行企业化管理、市场化运作,按照工厂、车间实际布局,营造企业氛围,模拟操作过程和工艺流程,使学生在校期间就能熟悉企业的工作环境。另外,要通过校企合作建立装备水平较高、优质资源共享的稳定的校外实训基地,加强校外基地教学过程中的监控,满足顶岗实习、工学结合、工学交替等实践教学环节的需要。要通过校内外实训基地的共同作用,切实提升学生的实践技能,促使学生的学习环节与工作环节接轨,以满足市场对高职毕业生的技能要求。宁波职业技术学院的"学习型"生产性实训基地、深圳职业技术学院的"工业中心"、山东商业职业技术学院的校外"实习商场"等都是实训基地建设的成功模式。

提升师资团队水平。提升师资团队水平是专业内涵建设的重要方面。教师的理论水平和实践能力的强弱影响到学生职业能力的高低。高职院校要制订专兼结合的专业教学团队的建设规划,实施师资培养系统工程,努力提高"双师型"教师的教学、科研、实践能力;有计划地开展多种形式的专业教师实践技能培训,让他们实际参与生产和技术改造,了解新工艺,学习新技术,积累实践经验,从而提高专业素质、实践教学能力和实训指导水平。目前很多高职院校推行的"访问工程师"、教师下企业锻炼、"回炉"培训、双向兼职等都是很有效的做法。另外,有些学校从企业选聘高技能兼职教师,指导学生的实践教学,并且对专任教师与兼职教师实行团队化的有效管理,通过取长补短实现专业教学团队整体素质和能力的提升,既能促进学生职业能力的培养,又能为学生就业打下良好基础。

增强专业服务和辐射能力。高职院校可以通过增强专业服务与辐射能力,深化专业内涵。首先,以应用型研究所为载体,紧密结合地方经济建设发展,重点开展区域支柱产业领域的研究;积极开展面向社会实际需要的应用技术研究与新产品、新工艺开发等科技服务,通过与紧密型企业在研究项目、研究力量上的联结,深化产学研合作。其次,通过政校企合作,多途径、多渠道地建立各类职业技能资格培训认证站点,有计划地开展继续教育、考证培训、职业技能鉴定、企业培训、农业培训和其他培训,拓展职业技能培训和考证服务规模。通过专业的社会服务,高职院校能提升自身的专业水平,加强与社会及行业的联系,为培养高技能的人才奠定良好基础。湖南铁道职业技术学院的铁道类专业通过开展企业技术创新、经营性实训、送教进厂、设备故障"名医"等"四项服务",实现了"教师成为企业兼职工程师、学生成为企业准员工、实训车间成为企业车间、企业项目成为教学任务"的"四个转变",便是社会服务与专业内涵发展形成良性互动的一个范例。

**参考文献:**

[1]姜大源.高等职业教育的定位[J].武汉职业技术学院学报,2008(2):5—8,11.

[2]邵庆祥.论金融危机背景下高职院校的应对策略[J].中国高教研究,2009(1):45—48.

[3]黄丽.以就业为导向推进高等职业教育改革与发展[J].廊坊师范学院学报,2008(3):76—77,80.

# 就业能力:高职院校专业改革的风向标①

当前,高职院校毕业生就业形势空前严峻。一方面,中国正处于社会转型时期,面临着农村富余劳动力向非农产业和城镇转移、体制转轨、经济转型、结构调整以及高校扩招等带来的沉重的就业压力。另一方面,对中国这样还处于工业化初期、以加工为主的国家来说,世界性的经济动荡带来的一个显著影响就是就业岗位的缩减。尤其是沿海地区的外向型企业和劳动密集型企业,情况更为严重。统计资料显示,2008年仅广东关停并转的外向型企业总数就达4900多家,涉及就业人员总数约57万人。

日益严峻的就业形势对高职院校办学无疑是一个巨大的挑战,作为与经济和生产紧密联系的教育类型,高职教育与劳动力就业市场有着更为紧密的联系。对于高职院校来讲,加强专业改革,强化就业能力对解决就业问题和保持高职教育持续、健康发展尤为关键。

高职教育专业建设是集专业开发、专业设置、专业调整、专业教学为一体的工作,包括专业布局、人才培养模式、课程、专业教学团队、实践实训、科研、社会服务等方面内容。专业建设是高职院校内涵建设的核心,也是提高人才培养质量的关键。特别是在遭遇就业危机的情况下,高职院校更要脚踏实地、有针对性地从社会和市场需求角度出发,通过采取调整专业设置等类似措施,促进学生就业。

## 一、高职专业建设中存在的主要问题

由于我国高职教育起步较晚,专业建设基础较为薄弱,在专业设置和课程体系中没有凸显高职教育重实践、重技能的特点。从整体上看,专业设置滞后、专业定位不准、专业内涵建设不深等问题仍制约着高职教育的发展。

### (一)专业设置滞后

在高职教育发展初级阶段,各高职院校的专业设置呈现出一种"无序"状态。转入内涵发展阶段后,高职专业建设必然要实现从无序到有序的转变。然而,在现阶段,多数高职院校的专业设置全局规划性不强、高职特色不鲜

---

① 本文发表于《中国职业技术教育》2009年第10期第46—48页.

明,仍然滞后于内涵发展的要求。另外,很多高职院校通常是根据市场的短期需求设置专业,社会需要什么样的职业岗位,学校就办什么样的专业,短期行为明显。随着经济技术的不断发展和市场需求的不断变化,等到2~3年的人才培养周期结束后,原来供不应求的专业可能市场已经饱和,学生所学的知识和技能可能已不是市场所需。可见,如果不根据市场需求预测前瞻性地设置专业,不解决专业设置的滞后问题,很容易造成毕业生就业困难。

### (二)专业定位不准

要使高职毕业生适应市场需求,首先要找准高职人才培养的定位,找准人才的发展空间。高职教育作为一种类型、层次,主要目的在于培养具有应用技能的人才。与学术型普通高校相比,高职教育更强调应用性和技能性,注重学生动手能力的培养;与中等职业教育相比,高职教育更强调层次较高的、较为复杂的职业技能训练,注重学生综合职业能力的培养;与职业培训相比,高职教育更强调知识、技能、素质的系统化训练,注重学生素质和长远职业能力的培养。目前,有些高职院校培养目标的定位偏离了应有的方向,走进两种误区:一是定位过高,把培养目标定位在理论型和研发设计型人才;二是定位过低,把培养目标定位在低层次、低技能的操作人员。这样高职教育很容易失去自身特色,趋同于普通高等教育、中职教育和社会职业培训,使高职毕业生难以在劳动力市场中找到适合自己的岗位,而在与其他就业层次的求职者竞争岗位时往往又难以突出自己的优势。

### (三)专业内涵不深

内涵建设是提升高职人才培养质量的重要保障,更是高职专业建设的必然要求。但是,很多高职院校的专业建设往往停留在表面,追求数量的增加、规模的扩大,没有深入挖掘潜力,从内涵提升上求发展,存在着与社会岗位接轨不紧密、教学运行机制不健全、实训体系不完善、课程体系针对性不强、师资质量不高等问题。这些问题直接影响到高职人才培养的质量,突出表现在高职毕业生的职业能力与用人单位对其要求之间的脱节。如不解决这一问题,高职毕业生就业难问题就无法从根本上得到解决。

## 二、基于就业导向的高职专业改革策略

针对目前高职专业建设中存在的这些问题,高职院校有必要以就业为导向,深入调研、拓宽思路,从调整专业设置、改进专业建设方案、完善专业内涵等方面不断深化专业改革。

### (一)全局思考,前瞻性调整专业设置

**1. 根据市场需求调整专业方向**

高职毕业生就业要遵循劳动力市场的供求规律。高职院校要紧盯市场,及时通过行业交流、企业走访、劳动力市场调研等渠道,了解各行业的就业状况和人才需求变化,了解他们所需人才的技能、素质特点,前瞻性地判断和预测人才需求的变化趋势,及时、动态地调整专业方向。对于人才市场不需要的、学生就业困难的专业应考虑逐步压缩招生量,对于市场需求量大的专业要增加招生量。

**2. 根据产业规划调整专业结构**

产业规划是国家对产业中长期发展的计划,也预示着产业发展的趋势。当前高职院校专业设置存在着滞后性,总是比行业企业需求的发展"慢一拍"。如果高职院校参照产业规划来调整专业结构,就可以紧紧抓住产业未来的发展趋势,使高职专业的走向与产业发展的趋势同步,有利于高职教育适应产业结构动态调整带来的人才需求结构变化。地方性高职院校尤其要有针对性地把握国家和区域产业发展规划,根据地方产业结构特点调整专业结构。

**3. 根据产业周期调整专业规模**

产业周期是产业成长期、成熟期和衰退期的总称。高职院校应了解掌握各专业对应的产业所处的产业周期,并根据所处的周期阶段及时调整专业规模。产业处于成长期,可以适当扩大专业招生规模;产业处于成熟期,可以维持现有招生规模,将主要精力放在专业内涵的深入和拓展上,着力提高人才培养质量;当产业处于衰退期时,学校应逐步缩小专业招生规模,考虑专业转型或者最终取消相应的专业设置。参照产业周期调整专业招生规模,能帮助高职院校对产业的发展趋势进行科学的、准确的预判,可使高职院校人才培养更加有的放矢,使人才培养规模与行业需求相对应。

### (二)广泛调研,合理改进专业建设方案

**1. 落实毕业生跟踪调查**

毕业生的就业情况如何? 所学知识能否适应工作岗位要求? 收入如何? 职位是否得到晋升? 职位晋升后,学校所学的知识是否够用? 这些问题,都能直接或者间接地反映学校专业建设方案的有效性。开展毕业生跟踪调查,是高职教育按需办学的要求。根据毕业生的反馈情况适当调整专业建设方案,可以使专业建设方案更合理、更有效。

**2. 引入社会评价机制**

高职院校要主动与用人单位沟通联络,听取用人单位对本校毕业生的评

价,了解用人单位对高职人才的切实需求,了解学生是否受单位欢迎,了解本校毕业生整体的优势和不足,为检验人才培养质量和修正人才培养目标提供依据。在人才培养和教学管理的主要环节以及各类教学评价指标中引入行业企业标准和要素,不断完善专业建设方案。

### (三)着眼落实,深入完善专业内涵建设

#### 1.完善实训基地建设

通过实训基地开展实践教学,是训练学生实践技能的有效方式。高职院校要逐步完善校内外实训基地,增强实训的针对性、系统性和有效性,切实提高学生的职业素质和技能。校内实训基地实行企业化管理、市场化运作,按照工厂车间实际进行布局和设备选型,营造企业化的职业氛围,模拟操作过程和工艺流程,使学生在校期间就熟悉企业的工作流程。另外,通过校企合作建立装备水平较高、优质资源共享的稳定的校外实训基地,满足顶岗实习、工学结合、工学交替等实践教学环节的需要。通过校内外实训基地的共同作用,切实提升学生实践技能,使学生的学习环节与工作环节接轨,满足市场对高职毕业生的技能要求。

#### 2.提升师资团队水平

师资团队水平的提升,是专业内涵建设的根本。教师理论和实践能力强,学生职业能力才有可能强。高职院校要制订专兼结合的专业教学团队建设规划,实施师资培养系统工程,努力提高"双师型"教师的教学、科研、实践能力;制订并落实专业教师到基地顶岗锻炼的长效机制,组织引导专业教师有计划地开展多种形式的实践技能培训,通过实际参与生产和技术改造,使教师了解新工艺、学习新技术、积累实践经验、提高专业素质、提升实践教学能力和实训指导水平;从企业选聘高技能兼职教师指导实践教学,并将专任教师与兼职教师进行团队化管理,通过取长补短实现专业教学团队整体素质和能力的提升。

#### 3.加强课程体系改革

课程体系改革是专业改革的核心,高职院校若想化就业危机为契机,就要全面梳理课程和教材,在课程设置和教学内容上做相应的调整和改革。首先,要以培养职业岗位能力为着眼点,调整课程目标,明确专业核心课程和主干课程的建设目标并制订建设计划,依据不同专业人才培养规格精心构建课程体系,积极建设体现职业性、技术性和示范性的精品课程。在保持基本课程体系完整的基础上,淘汰不适应社会发展的课程,引入社会急需的相关专业课程,编撰特色教材。如北京工业职业技术学院的法律文秘专业,适应市场需求,重点引入"速录"课程,使学生的速录技能成为就业竞争的优势和特

色技能,极大地改变了学生就业状况。其次,要在摸清专业对应的实际工作过程的基础上,按照层层分解的职业岗位能力要素和"实际、实用、实践"的原则,选择并整合基于工作过程的课程教学内容;通过校企深度合作,以工作任务为载体,以专业核心技能培养为目标,与行业企业共同编写满足工学结合要求的专业特色教材,包括专业基础教材、职业技能教材和生产性实训教材,使课程改革、教材开发与企业所需技能相对应。

4.增强专业服务与辐射能力

高职院校还可以通过增强专业服务与辐射能力,改善就业状况。首先,以应用型研究为载体,紧密结合地方经济建设发展特点,重点开展区域支柱产业领域的研究;积极开展面向社会实际需要的应用技术研究与新产品、新工艺开发等科技服务,通过与紧密型企业在研究项目、研究力量上的联结,深化产学研合作。其次,通过政校企合作,多途径、多渠道地建立各类职业技能资格培训认证站点,有计划地开展继续教育、考证培训、职业技能鉴定、企业培训、农业培训和其他培训,拓展职业技能培训和考证服务规模。通过专业的社会服务,提升自身的专业水平,加强与社会及行业的联系,为学生就业打好基础。

总之,高职院校要根据区域经济社会发展特点和学校自身办学基础条件,以就业为导向,找准专业定位,深化专业内涵,有效推动高职专业建设的改革和发展,为培养高素质、高技能的高职人才奠定良好基础。

**参考文献:**

[1]姜大源.高等职业教育的定位[J].武汉职业技术学院学报,2008(2):5—8,11.

[2]邵庆祥.论金融危机背景下高职院校的应对策略[J].中国高教研究,2009(1):45—48.

[3]黄丽.以就业为导向推进高等职业教育改革与发展[J].廊坊师范学院学报,2008(3):76—77,80.

[4]姜根龙.关于高职院校专业建设与改革的几点建议[J].太原大学学报,2006(1):48—50.

[5]龙伟.试论以就业为导向的高职专业建设[J].教育与职业,2006(12):13—15.

# 浙中地区城市群发展与高职教育人才培养模式的创新①

改革开放 30 年来,金华城市化实现了五次跨越,一个充满活力的浙中城市群正在加速崛起。各个城市产业互补、错位发展,逐步形成了"小企业、大集群,小商品、大市场"的经济发展模式。城市群经济社会发展的需求是高职教育产生和发展的主要推动力。随着城市群结构的逐步完善和城市功能的凸现,将会带动本区域相关产业链的发展,产生多层次的人才需求,其中需求最大的部分就是技术、技能型人才。同时,城市群发展的过程也是工业化城市化的加速过程,越来越多的企业需要高职院校积极参与到新产品研发、工艺创新等活动中去,实现校企资源的有效共享,这就要求高职院校明确人才培养的目标与规格,深化教育教学改革,提升人才培养质量。

## 一、浙中地区高职教育主要发展历程

浙中高职教育在以经济建设为中心的大背景下,伴随浙中城市群兴起和发展,大体经历了三个阶段。

### (一)初创阶段(1993—2001 年)

1993 年 9 月,金发公司、浙江省人才开发协会、浙江师范大学离退休教师协会联合行文向浙江省教委请示筹办金华大学,标志着金华高职教育事业开始起步。1994 年 1 月,浙江省教委向省政府递交了《关于要求筹建民办金华理工学院的请示》。同年 9 月,经浙江省人民政府批准筹建民办金华理工学院,挂靠浙江工业大学招生 100 名,学院下设机电工程系、建筑工程系和管理工程系。1998 年 4 月 6 日,国家教育部正式下文批准建立"民办金华职业技术学院"。同年,金华市委、市政府决定将浙江农机学校、金华农业学校、金华师范学校(含原义乌师范学校)、金华贸易经济学校等与金华职业技术学院实行并轨办学。1999 年,经浙江省人民政府批准,杭州大学义乌分校改建为义乌工商职业技术学院。2000 年,金华市委决定,将金华卫校整体升格为金华职业技术学院医学院。2001 年,经浙江省人民政府正式批准,在金华城乡建设学校基础上,广厦集团公司独家投资筹建浙江广厦建设职业技术学院,并

---

① 本文发表于《江苏技术师范学院学报》2008 年第 11 期第 27—30 页.

与浙江省电大东阳学院实行联合办学。

**（二）发展阶段（2002—2005 年）**

这一阶段是浙中高职教育通过整合校内外资源，得以快速发展的时期。为实现金华市第五次党代会的战略目标，《浙中城市群教育事业发展纲要》提出要多渠道、多层次、多形式发展高等教育事业，深化基地、招生、教学、科研、就业"五位一体"办学模式，努力整合高等教育资源，提升办学层次。各高职院校紧密结合区域经济社会发展需求，改变办学思路、创新办学模式，办学规模不断扩大，已成为金华市解放思想、改革开放、经济社会快速发展的一大亮点。一方面，整合校内资源，加强统一管理，充分调动教职员工的积极性；另一方面，积极争取政府、行业、企业的支持，开展政、校、企紧密合作。经过短短几年的超常规发展，三所规模 1000 亩以上、拥有一流教学、实验实训、运动和生活设施的高职院校在浙中大地崛起，设置专业共 100 多个，涉及信息、机电、建筑、化工、工商管理、计算机工程、外语、艺术设计、土木工程、现代文秘、旅游、国际贸易、生物、医学、师范等 20 多个专业大类，基本覆盖浙中城市群经济社会发展的主要产业。

**（三）提升阶段（2006 至今）**

根据《国务院关于大力发展职业教育的决定》等文件要求，国家实施示范性高等职业院校建设计划，浙江省也推出"示范性高职院校"建设工程，高职教育发展逐步转向内涵建设。各高职院校抓住机遇、深化改革，从人才培养模式改革、专业教学团队建设、课程改革与开发、基地建设、社会服务等方面强化专业内涵建设，形成鲜明的办学特色，全面提升办学水平。金华职业技术学院的办学经验先后在全国高职高专就业研讨会、全省职业教育工作会议、全省高等教育工作会议上作了专题发言。2006 年 9 月，"五位一体校企合作"经验交流会在金华职业技术学院隆重召开。义乌工商职业技术学院依托义乌丰富的社会资源，坚持"面向市场、面向学生、面向实践"的办学理念，建成了一所特色鲜明的高职院校。浙江广厦建设职业技术学院坚持"内强管理，外树形象，质量兴院，稳步发展"的工作方针，坚持以育人为中心，做到"招生就业、学生管理、教学工作、后勤保障"四轮驱动，协调发展。在金华市委、市政府的大力支持下，2007 年 8 月，金华职业技术学院成功跻身国家示范性高等职业院校建设行列，学校的专业、办学条件和实力得到了广泛认可。

## 二、浙中城市群发展与高职教育人才培养模式创新

1991 年，金华市第二次党代会正式提出"建设浙中小城市群的战略目标"，标志着浙中城市群建设开始纳入地方党委、政府的决策视野。1999 年的

《浙江省城市化发展纲要》把浙中地区城镇群体以"城市群"的身份,正式纳入全省城市化发展的总体部署当中。2005年,金华市第五次党代会提出"发展城市群、共建大金华"的战略主线,按照"规划共绘、设施共建、产业共树、资源共享、生态共保、优势共创"的要求,科学布局城市空间,统筹推进基础设施建设,完善城市综合服务功能,加快推动浙中城市群发展。2007年底,《浙江省城镇体系规划》提出金华-义乌将与杭州、宁波、温州一起发展成为全省四大区域中心城市、特大城市。经过多年努力,浙中城市群已经形成了几大初具规模的主导产业:汽车摩托车及配件、五金工量具、医药化工和电子信息产业等。区域经济、社会的快速发展与地方政府的全力支持为高职教育快速发展提供了良好的外部环境。随着浙中城市群建设的持续深入,对于高技能人才的需求将会持续旺盛,进一步加快了高职教育人才培养模式创新的进程。

金华"小企业大集群、小商品大市场"的经济发展模式需要大批技术应用型人才。1999年,金华职业技术学院抓住机遇在全国高职界率先开始"订单培养",与海南亚洲制药集团公司合作开办"医药营销班",从培养目标、教学计划、课程设置到师资建设均由双方共同参与,毕业生有80%到该公司就业。这不仅受到学生的欢迎,也博得了市场和行业的高度认同。2002年后,金华各高职院校积极改革创新人才培养模式。金华职业技术学院逐步理清通过紧密型校企合作深化教学科研改革的办学思路,一个"基地、招生、教学、科研、就业"一体化运作的育人模式逐渐清晰起来。其中,基地是校企联姻的基础、招生是校企互动的起点、教学是校企合作的核心、科研是校企融合的提升、就业是校企双赢的硕果。"五位一体"育人模式是第一次从系统论的角度把高职教育五个主要环节有机融合在一起的高职教育新模式,受到社会各界的广泛关注。2005年11月,全国高职教育校企合作模式创新论坛在金华职业技术学院举行,与会的教育部领导以及全国高职教育著名专家60余人充分肯定"五位一体"模式,认为该模式把校企合作从实践层面提升到理论层面,为推进校企合作提供了特定环境下的成功样板,对形成中国特色的高职教育模式具有重要的理论意义。2006年第5期《求是》杂志刊发专文《积极探索校企合作的新模式——金华职业技术学院办学的实践与思考》,评价"五位一体"育人模式"探索出了一条具有中国特色的高职教育教学、科研改革之路"。

现在,浙中地区已有四所规模较大且特色鲜明的高职院校(浙江横店影视职业学院于2008年经浙江省人民政府批准由横店集团投资举办),有在校生近4万人。这些蓬勃发展的高职院校,为浙中城市群经济社会发展培养了大批高素质的技能型人才。

## 三、浙中城市群发展趋势与高职教育工学结合推进策略

在未来较长的时期内,金华市依据"发展城市群、共建大金华"的总体战略,以体制创新和科技创新为动力,以城市群发展、新农村建设、工业强市、文化大市建设为着力点,继续推进工业化、城市化、城乡一体化,加快国际化进程,促进经济结构调整和增长方式转变,在推进区域协同发展、产业优化升级、先进文化建设、和谐社会构建等方面取得新突破,实现全面小康社会的发展目标。实施工业强市战略,重点打造以"一基地、两中心和五大产业区"为主体的八个销售收入规模超百亿元的产业集群;以市场化、产业化、社会化为导向,加快发展物流、旅游、会展等现代服务业。

**(一)改革人才培养模式,保证专业与产业有效对接**

作为城市群的有机组成部分,高职院校应确立以专业建设为重点的工作运行机制,不断改革专业人才培养模式。首先,要在充分调研的基础上,根据城市群经济社会发展情况、职业岗位群的动态变化情况、学校的行业背景、区域内专业设置情况和学校自身的办学条件等总体规划专业建设。其次,依据城市群中相关产业的主要工作任务和岗位职业能力要求,确定各个专业的人才培养目标。学校的招生、教学、就业、基地建设、师资培养、科研等工作都应紧密结合人才培养目标展开;组建以学院领导班子、专业主任和课程组长为主,政府官员、企业(行业)专家等参与的专业建设队伍;建立严密的专业建设发展规划,选好专业带头人,不断完善考核激励机制,充分发挥专业指导委员会、专业主任和课程组长在专业建设中的作用;逐步建立起预警、学术参与、管理监控等专业建设制度。另外,强化专业群建设,在专业群内建立灵活的专业设置与调整的制度,根据城市群经济社会发展的实际需要和对未来经济发展的前瞻性预测,以专业群为基础及时设置或调整专业,优化专业结构,增强专业的市场适应性,保证学校开设的专业与城市群的产业实现有效对接,为实施工学结合奠定基础。

**(二)开发基于工作过程的课程,增强针对性和实效性**

课程是实现人才培养目标的重要载体。高职院校不同专业的课程设置与编排、课程内容的选择、教学手段等都应紧密结合专业的人才培养目标,为学生构建相应的知识结构和培养职业能力服务。专业教师与企业的管理人员或技术人员合作,按照高素质技能型专门人才培养的特点和规律,以培养职业岗位能力为着眼点,紧紧围绕学生专业核心技能培养,精心构建专业课程体系,使所设课程成为一个有机整体,互相配合形成合力。通过邀请行业企业专家指导、征求课程专家意见、向一线技术人员了解工作流程与工作任

务、毕业生反馈交流等形式,以工作任务为载体,开发基于工作过程的优质课程,引进城市群行业、企业的生产案例、实际项目、操作流程,按照层层分解的职业岗位能力要素和"实际、实用、实践"的原则,将岗位典型工作任务或有代表性的产品转化为教学项目,选择并整合基于工作过程的课程教学内容,把国内外最新专业知识、技术和工艺,充分融合到课程中,编写具有很强岗位针对性、实用性且符合高职学生认知结构的教材。按照工学结合的要求,通过校企深度合作,改革教学方法,采用情景化教学、项目化教学、轮岗实训、顶岗实习等多种方式,增强学生学习的针对性和实效性。

**(三)服务经济社会发展,提升教师实践能力**

高水平的"双师型"教师是高职院校人才培养质量的重要保证。当前,高职院校大多数专业都缺乏过硬的专业教学团队。教师的专业技能、实践能力和社会服务能力不强,特别是"双师型"教师还比较缺少。通过政、校、企紧密合作,一些优势专业与行业企业合作创办专业性公司,从社会上承接项目,面向教师招投标,由中标教师带领学生共同完成,以企业要求作为项目评判依据,学校给予一定的政策支持;对于地方传统优势行业,则通过人员联结、项目联结校企共同成立应用型研究所,如电动工具研究所、汽摩配•模具研究所、电子计价秤研究所等,积极开展实用技术研究和新产品开发;充分发挥政校或校企合作共建的实训基地的综合功能,把技能型紧缺人才培养、社会培训、科技服务及科研合作等工作有机结合起来,利用自身的设备和技术优势,主动为企业生产订单产品,提供产品研发、技术推广、员工培训和咨询等服务,帮助企业解决技术难题;与企业开展科研合作,共同完成工程改造和开发科技产品,并促进科技成果的转化。学校教师在服务城市群经济社会发展的实践中逐步提升科研能力和实践能力,为有效推进工学结合提供保证。

**(四)开展基地"两化"建设,强化学生技能培养**

校内外实训基地是高职院校实施工学结合、培养高技能应用型人才的关键平台。学校与城市群内的相关企业、事业、社会团体、政府部门等共同建立各类紧密型基地。以近5万平方米的金华市科教实训基地建设为载体,在金华市委、市政府的大力支持下,筹建金华市生产力促进中心和金华市工业品展示馆,努力引进规模企业的生产规程、产品流程和生产线,营造真实或仿真的生产环境。通过政校企共建、引企入校、地方资源配置等形式,实现科教实训基地的"教学实训、科技研发、技能考证、社会培训、成果展示"五大功能。为提升基地层次和生产性实训基地比例,充分发挥基地功能,有效实施工学结合、全面提高人才培养质量,学校按照"校内基地生产化、校外基地教学化"的新理念,逐步改造和新建基地。学生对照规范的职业标准,在"两化"基地通过仿真实训、生产性实训、轮岗实训、顶岗实习、工学交替等多种形式,逐步强化操作技能,熟悉本行业先进的设备、技术路线和生产工艺,学习直接面向生产、建设、管理和服务一线的应用技术,感受现代企业的工作氛围,熟悉企业的管理制度,了解现代企业的运营规则等,真正做到学中干、干中学,增强就业竞争力,缩短工作适应期。

30年奋斗,30年求索。在浙中城市群建设背景下,金华各高职院校为高等教育大众化和区域经济社会发展做出了重要贡献。三十而立,是为一个时代划上逗号。金华高职教育将不断适应区域经济社会发展趋势,扎实推进工学结合,加强高素质技能型人才培养,为浙中城市群建设提供人才保障。

**参考文献:**

[1]马树超.高等职业教育——跨越·转型·提升[M].北京:高等教育出版社,2008:20.

[2]姜大源.关于工作过程系统化课程结构的理论基础[J].职教通讯,2006(1):7—9.

[3]李志强.国内产学研结合发展的新趋势[J].清华大学教育研究,2005(8):97—103.

[4]周文斌.坚持学研产结合服务区域经济社会发展[J].中国高教研究,2006(12):18—20.

# 职业院校内涵提升的"八大抓手"①

"十二五"时期，是我国深化改革开放、实现科学发展的攻坚时期。转方式、调结构、促发展，都对技能型、应用型人才的培养提出了越来越高的要求。职业院校如何通过自身内涵的提升进一步提高办学水平、增强社会吸引力，已成为重要课题。要提升内涵、突出办学特色、实现科学发展，可以从以下八个方面努力。

一抓发展定位。准确的发展定位，是职业院校内涵建设的重要前提，能帮助学校沿着正确的方向发展，少走弯路。职业院校要主动适应区域经济社会发展需要，摸准生产、建设、服务和管理一线对技能型人才的实际需求，找准自己的位置，更好地服务于地方经济与社会发展。坚持以服务为宗旨、以就业为导向、创新体制机制，推进产教结合，以社会需求引领专业课程的发展。积极深化"工学结合、校企合作、顶岗实习"方面的改革，强调以能力为本位，创新人才培养模式，在"内涵"上做文章，在"质量"上下功夫，在"特色"上求突破，使每一个学生都能得到更优发展，从而实现特色立校、特色发展。

二抓专业调整。专业是职业院校人才培养的主要载体。职业院校专业设置、建设和布局的科学性与有效性，决定着它的社会影响力。换言之，职业教育通过专业设置来直接为经济社会发展服务，以提高专业质量来提高社会认可度。随着新兴产业的不断涌现和对职业教育管理规律认识的不断加深，专业建设必将实现螺旋式上升。职业院校应结合自身特点，以职业岗位需求来及时、灵活调整专业设置，建立专业建设标准体系，实行专业设置"有进有退"，努力做到"学校围着市场转，专业围着产业转，人才培养围着岗位转"。要利用现有一切资源和师资力量狠抓专业精品化建设和品牌化建设，做精做细，以市场化运作的方式、经营的理念着力打造学校的品牌专业、特色专业，从而带动专业结构的整体优化和水平提升；要根据不同专业的特点设计相应的专业人才培养方案，对于专业口径宽和岗位领域宽的专业，应采用"大专业、模块化、弹性化"的专业人才培养模式，根据市场的变化及时整合知识与能力模块，调整专业培养方向。

---

① 本文发表于《职教通讯》2012 年第 11 期.

三抓课程改革。课程改革是当前职业教育内涵建设和特色发展的关键，是专业建设的基本内容。职业教育与产业的进一步融合，要求课程设置与职业岗位进一步对接，以职业岗位需求引领课程的科学设置。根据技术领域和职业岗位（群）的任职要求，以适用、够用为原则调整理论知识内容，加强职业技能的培养，按照知识、能力与素质有机结合的要求组织课程内容，形成工作过程系统化、理论实践操作一体化的课程教学体系。课程改革要通过开发项目化课程和基于工作过程的课程，精心挑选、分解企业真实的工作任务，合理组织，对接职业标准，按照学生技能培养的规律组织课程内容并安排适当的时序，逐步形成国家级、省级和校级精品课程系列。同时，通过编制易于实施的教学计划、开发校本教材等不断深化教育教学改革，提升教育教学质量。

四抓校企合作。技能型人才培养目标决定了职业院校人才培养的过程必须通过校企合作途径来实施。黄炎培指出："只从职业学校做功夫，不能发达职业教育；只从教育界做功夫，不能发达职业教育；只从农工商界做功夫，不能发达职业教育。"通过校企合作，建立合作育人的教学平台和管理平台，可以积极调动企业资源开展生产性实习和产学研合作，使学生实习实训的场所从学校延伸到企业，从模拟、仿真的实训场所延伸到真刀真枪的生产场地。企业直接参与人才培养方案的制定，实施合作教育教学，这不仅使职业院校赢得了更多的办学资源、拓展了办学空间、增强了办学实力，更重要的是，将理论与实践结合起来，提高了学生的实践能力和就业创业能力。

五抓人才质量。目前，职业教育已进入以强化内涵、提高质量为核心的发展新阶段。培养学生就业与创新能力，是职业教育的灵魂。"让课堂进入社会，把市场带进课堂"，以生产任务为教学载体，让学生体验真实的生产任务、真实的实训环境、真实的过程经历、真实的工作结果，教学过程与生产过程对接，不断创新教学内容和学业评价模式。职业院校通过开设创新教育课程、开展各种创新技术活动，培养有意愿、有能力的学生成为创业者，成为具备高技能的"小老板"，促进学生就业水平的提高和职业生涯的可持续发展。同时，通过加强学生文化基础教育、人文素质教育和思想道德教育，提高学生的人文素养、职业道德水平和职业态度，增强职业适应性。只有这样，才能促进学生全面发展。

六抓师资建设。师资队伍建设是职业院校内涵建设的重点，也是"软肋"。职业教育需要一支优秀的职业化教师团队，要求教师是实践教学的组织者和指导者，既要有较高的专业理论水平，又要有较强的实践操作能力；既要了解企业的运作情况，又要掌握职业教育规律。也就是说，职业院校的教师必须是"双师型"或具备"双师"素质，使学生既可以学到必要的理论知识，又可以掌握实际操作技能。更为重要的是,要让企业直接参与教学过程,形成学校教师到企业任职,企业专业技术骨干到学院任职的校企"交叉任职"制度。通过兼职聘请、企业实践、岗位培训、政府购买服务等方式,加快建成一支能够推动职业教育改革创新、提高质量水平、支撑现代职业教育体系建设和运行的高素质教师队伍。

七抓内部管理。职业院校内涵提升的有力武器是调动全体教职工的主人翁精神和投入教育教学的积极性。职业院校要加大学校内部管理制度建设,形成强大的内部凝聚力和创造力,从而保障职业教育的科学发展。坚持德才兼备、任人唯贤、不拘一格的用人标准,尽可能做到人尽其才,才尽其用,以人性化的情怀和以人为本的原则让全校教职工在学校的发展过程中充分发挥聪明才智和实现人生价值。要建立科学、高效、民主的评价机制,比如改革招考制度,探索多样化选拔机制;建立新型的考核考试制度,改革教学效果评价方式等。学校评价教师的教学效果,学生的考试分数仅为参考,对学生的操作能力及解决问题能力的评价指标应放在第一位。要加强教学运行的监管力度,规范教学过程管理,如建立起校系二级管理的督导制度和听课评课制度,引入企业要素实施教学评价和人才培养质量评价。要加强日常行政部门的服务机制创新,提高服务意识、服务水平和服务效率。

八抓校园文化。校园文化建设是职业院校内涵建设的重要元素,是师生精神面貌、思维方式、价值取向和行为规范的综合,是学校办学设施、管理制度、教师行为等内化后积淀出来影响师生思考和处理问题方式的气质品格。职业院校在教育改革的同时,要积极推进"产业文化进教育,工业文化进校园,企业文化进课堂"的校园环境建设,要将与专业设置有关的企业文化引进校园,将企业文化的精髓作为职业院校文化建设的一种源泉。引进企业精神文化,如人本文化、诚信文化、责任文化,从而培养学生的职业道德、爱岗敬业精神,提高学生的综合素质;引进企业管理文化,将企业严密的组织纪律性、规章制度等与学生学习及生活中的严谨态度和安全意识结合起来,建立起富有企业特色的学校管理模式。通过不断积淀具有自身职业特色的校园文化,最终提升校园文化的软实力。

# 参 考 文 献

## 国内文献

[1] 白波,张应强.高等教育大众化与高校多样化人才培养[J].黑龙江高教研究,2008(1).

[2] 陈钱敏.福建高等教育学科专业结构与产业结构、人口职业结构关系研究[D].厦门:厦门大学,2008.

[3] 蔡芳萍,王洪斌.基于社会互动理论的高校发展路径研究[J].大庆社会科学,2011(8).

[4] 陈娟.高职校园文化内涵的新解读[J].商业文化(上半月),2011(12).

[5] 陈光寰.谈高职专业建设存在的问题[J].网络财富,2009(9).

[6] 蔡永斌.高职教育与兵团区域经济发展关系研究[D].石河子:石河子大学,2011.

[7] 陈广山.基于"职业化"策略的高职专业建设研究[J].职教论坛,2008(5).

[8] 长江职业学院课题组.高职高专教育专业设置与管理问题的研究——国内外高职高专教育专业设置与管理的比较[J].湖北成人教育学院学报,2002(2).

[9] "全国高等职业教育改革与发展工作座谈会"文件起草组等.高等职业教育专业管理与专业教学资源建设情况报告[EB/OL].http://www.zjyyc.com/gzyj/2010/0915/article_42.html

[10] 陈英杰.中国高等职业教育发展史研究[M].郑州:中州古籍出版社,2007.

[11] 戴凤微,蒋海霞.区域现代服务业发展与高职专业建设的互动模式研究——以杭州为例[J].中国科教创新导刊,2010(23).

[12] 杜世禄.金华职业技术学院"五位一体"办学模式[J].高等教育研究,2005(12).

[13] 戴丹.从功利主义到现代社会交换理论[J].兰州学刊,2005(2).

[14] 董圣足,马庆发.基于专业建设的高职发展研究[J].职业与教育,2008(26).

[15] 邓远关.培养制度人性化:多样化人才培养的必然选择[J].广西民族大学学报,2007(11).

[16] 丁永香.山东省高等职业院校专业建设研究[D].济南:山东经济学院,2011.

[17] 董新伟,杨为群.高等职业院校专业设置与调整研究[M].大连:东北财经大学出版社,2009.

[18] 杜世禄.五位一体育人模式深化纵览[M].北京:文化艺术出版社,2011.

[19] 杜世禄.利益共同体[M].北京:文化艺术出版社,2010.

[20] 傅斌.高等职业教育专业设置与产业结构的适应性[J].天津市经理学院学报,2009(4).

[21] 房建州.产业结构调整背景下高等职业教育的再思考[J].江苏教育,2010(30).

[22] 访赵琦.以职业标准引领专业技术人才培养方向[N].中国教育报,2012-3-21(5).

[23] 郭志戎.高职院校专业建设中存在的问题及原因分析[J].职业时空,2008(10).

[24] 耿金岭.对加强高职院校专业建设的思考[J].安徽商贸职业技术学院学报,2004(3).

[25] 高燕南.浙江省经济社会需求与高职院校专业设置互动研究[D].金华:浙江师范大学,2011.

[26] 高职高专教育专业类教学指导委员会[EB/OL].http://baike.baidu.com/view/3614810.htm

[27] 黄尧.职业教育学——原理与应用[M].北京:高等教育出版社,2009.

[28] 黄宏伟.基于就业导向的高职专业建设研究[J].教育发展研究,2009(Z1).

[29] 黄宏伟.浙中地区城市群发展与高职教育人才培养模式的创新[J].江苏技术师范学院学报,2008(11).

[30] 虎保成.对区域高职院校校际合作共促发展的思考[J].广西教育,2011(36).

[31] 黄东昱.新建高职院校专业建设中的问题与对策[J].三门峡职业技术学院学报,2007,6(1).

[32] 韩明希,李德辉.简明人口学词典[M].兰州:甘肃人民出版社,1987.

[33] 蒋德喜.地方性高职院校专业建设现状与对策[J].湖南科技学院学报,2007,28(7).

［34］贾春增.外国社会学史(修订本)［M］.北京:中国人民大学出版社,2000.

［35］姜大源.职业教育学研究新论［M］.北京:教育科学出版社,2007.

［36］姜大源.职业学校专业设置的理论、策略与方法［M］.北京:高等教育出版社,2002.

［37］姜大源.论面向未来的职业教育专业建设方略［J］.中国职业技术教育,2000(5).

［38］楼世洲.职业教育与工业化——近代工业化进程中江浙沪职业教育考察［M］.上海:学林出版社,2008.

［39］楼世洲.新型工业化背景下高职教育制度创新探讨［J］.中国高等教育,2008(Z2).

［40］李悠.高等职业教育复合型人才培养与课程改革［J］.深圳职业技术学院学报,2003(2).

［41］粟荔.高职院校特色专业建设研究［D］.长沙:湖南师范大学,2011.

［42］李南峰,王燕,李军.高职教育专业建设浅论［J］.十堰职业技术学院学报,2005,18(3).

［43］李辉,牛晓艳.注重示范院校内涵建设打造高职校园文化［J］.中国职业技术教育,2010(8).

［44］刘向光.高职教育同质化竞争现象与对策探讨［J］.天津职业院校联合学报,2011(1).

［45］吕建林,郭舜,李建飞.区域性高职院校专业群与产业群协同发展分析——以闽西职业技术学院为例［J］.黎明职业大学学报,2011(9).

［46］梁爱文.创新高职专业建设的路径分析——基于区域经济发展的视角［J］.德宏师范高等专科学校学报,2009(1).

［47］陆颖,祝西莹.区域高职院校教学资源共享问题研究［J］.价值工程,2011(8).

［48］卢洁莹.试析我国高职院校专业建设政策［J］.职业技术教育,2010(7).

［49］李学林,苏蔓.基于社会互动理论的构建油地和谐关系研究［J］.西南石油大学学报(社会科学版),2010(5).

［50］李伟.对高职专业建设的四点思考［J］.职教论坛,2005(4).

［51］李占军.高职专业建设要素组合的逻辑顺序［J］.职教论坛,2008(2).

［52］刘宪亮.高职教育要牢固确立专业建设的核心地位［J］.徐州建筑职业技术学院学报,2009,9(1).

［53］李洛,廖克玲.高职示范性专业建设的思路与措施［J］.职业技术教育,2007(14).

[54] 卢小萱. 试论影响高职专业建设的三大因素[J]. 湖北成人教育学院学报,2007,13(6).

[55] 李先武. 湖北省区域高等教育与区域社会互动问题研究[D]. 武汉:华中师范大学,2005.

[56] 刘长虹. 高职校园文化建设研究[D]. 苏州:苏州大学,2011.

[57] 刘志超. 企业职业教育中的政府、学校、企业互动模式研究[D]. 成都:电子科技大学,2012.

[58] 林鹏. 福建省中职商贸财经类专业建设研究[D]. 福州:福建师范大学,2009.

[59] 刘虎. 高等职业院校专业建设研究[D]. 上海:华东师范大学,2011.

[60] 李艳. 校企合作——高职课程开发的超越[D]. 长沙:湖南农业大学,2007.

[61] 李芳玲. 高等职业院校专业建设及管理研究[D]. 济南:山东师范大学,2007.

[62] 林聚任,刘玉安. 社会科学研究方法(第二版)[M]. 济南:山东人民出版社,2008.

[63] 刘春生,徐长发. 职业教育学[M]. 北京:教育科学出版社,2002.

[64] 廖盖隆. 马克思主义百科要览·下[M]. 北京:人民日报出版社,1993.

[65] 马真安,孙英伟. 从高职示范院校的遴选指标体系谈专业建设内涵[J]. 辽宁高职学报,2009,9(5).

[66] [美]布劳. 社会生活中的交换与权力[M]. 孙非,张黎勤,译. 北京:华夏出版社,1988.

[67] 马树超,郭扬. 高等职业教育:跨越·转型·提升[M]. 北京:高等教育出版社,2008.

[68] 马国泉等. 新时期新名词大辞典[M]. 北京:中央广播电视大学出版社,1992.

[69] 普通高等学校高职高专教育专业和专业目录管理跟踪研究课题组,国家示范性高职院校课程开发与教学资源建设协作组. 高等职业教育专业管理与专业教学资源建设情况报告[R]. 职业技术教育,2010(30).

[70] 潘懋元,王伟廉. 高等教育学[M]. 福州:福建教育出版社,1995.

[71] 任君庆,李珍,杨静. 宁波高职院校专业建设与地方经济发展互动研究[J]. 宁波职业技术学院学报,2007(3).

[72] 任超奇. 新华汉语词典[M]. 北京:崇文书局,2006.

[73] 石伟平. 时代特征与职业教育创新[M]. 上海:上海教育出版社,2006.

［74］孙国荣,王进博,张爱荣.基于区域经济发展的高职院校专业建设机制的思考——滨州职业学院对接两区建设谋求创新发展研究与思考［J］.滨州职业学院学报,2011(1).

［75］沈建根,石伟平.高职教育专业群建设:概念、内涵与机制［J］.中国高教研究,2011(11).

［76］商圣虎,吴朝国.高等职业教育与产业结构演变关系探析［J］.职业教育研究,2010(5).

［77］谭英芝.高职院校专业设置"同质化"的危害及应对策略［J］.江苏技术师范学院学报,2009(2).

［78］覃海元,杨昌鹏.与行业标准相衔接的高职食品生物技术专业教学内容与课程体系的构建［J］.广西轻工业,2011(7).

［79］田和平.解读高职院校的特色专业建设［J］.陕西青年职业学院学报,2008(4).

［80］魏星梅,阮霞,王峰.高等教育大众化进程中高等职业教育的定位［J］.常州大学学报(社会科学版),2011(12).

［81］王贤.论高等职业教育与区域经济发展的互促关系［J］.牡丹江大学学报,2008(7).

［82］汪兴堂,陆秀英.高职校园文化定位及建设机制的研究［J］.沙洲职业工学院学报,2011(9).

［83］王庆桦.构建与行业标准相衔接的高职课程体系［J］.天津职业院校联合学报,2011(3).

［84］王清,顾庆龙,向立.高职院校专业建设与区域经济发展契合的调查研究——以扬州市为例［J］.职业技术教育,2011(2).

［85］王彬.高等职业教育学科专业建设与产业结构调整［J］.科技创新导报,2010(17).

［86］王锁荣.对建设行业企业参与校企合作的层次性及对策研究［J］.成人教育,2009(3).

［87］王前新,严权.高等职业教育专业建设研究［J］.教育探索,2008(1).

［88］徐恒亮,杨志刚.高职院校专业群建设的创新价值和战略定位［J］.中国职业技术教育,2010(7).

［89］熊惠平."微笑曲线"及其优化——高职教育发展的新话语［J］.宁波职业技术学院学报,2007(1).

［90］向洪.人才学辞典［C］.成都:成都科技大学出版社,1987.

［91］肖蔚云,姜明安.北京大学法学百科全书(宪法学、行政法学)［M］.北京:

北京大学出版社,1999.

[92] 萧浩辉.决策科学辞典[M].北京:人民出版社,1995.

[93] 俞启定.职业教育本质论[J].中国职业技术教育,2009(27).

[94] 俞启定.中国近代职业教育形成的探讨[J].中国职业技术教育,2010
(3).

[95] 袁媛媛.高校与社区互动的理论与实践[J].济南职业学院学报,2009
(3).

[96] 杨斌.基于社会交换理论的社区参与旅游发展研究[D].长沙:湘潭大学,
2008.

[97] 杨光.高等职业技术教育专业建设市场性研究[D].武汉:华中科技大学,
2004.

[98] 苑茜,周冰,沈士仓,等.现代劳动关系辞典[C].北京:中国劳动社会保障
出版社,2000.

[99] 杨金土.90年代中国教育改革大潮丛书·职业教育卷[M].北京:北京师
范大学出版社,2002.

[100] 周川.专业散论[J].高等教育研究,1992(1).

[101] 赵海燕,孙景余.高等职业教育专业建设的内涵、构成和特征浅析[J].
湖北三峡职业技术学院学报,2010(12).

[102] 赵昕.加强专业建设全面提升职业教育质量[J].中国职业技术教育,
2009(11).

[103] 张海峰,王丽娟,向南阳.整体观下高职院校专业建设的基本问题[J].
职教通讯,2006(5).

[104] 赵昕.加强专业建设全面提升职业教育质量[J].中国职业技术教育,
2009(11).

[105] 赵玉.浅析高职院校专业建设的几个问题[J].职教论坛,2009(1).

[106] 郑虹.关于高职院校专业建设问题的探讨[J].辽宁高职学报,2005,7
(6).

[107] 张海峰,王丽娟,向南阳.整体观下高职院校专业建设的基本问题[J].
职教通讯,2006(5).

[108] 张春艳.对我国高等职业教育专业建设的思考[J].沈阳工程学院学报
(社会科学版),2005(7).

[109] 张忠纯.高职教育专业建设理性思考[J].河北能源职业技术学院学报,
2005(1).

[110] 张微.高校专业设置与适应区域经济发展问题研究[J].经济研究导刊,

2008(6).

[111] 赵阳. 谈高职高专院校专业建设存在的问题及解决问题的对策[J]. 吉林经济管理干部学院学报,2009,23(1).

[112] 翟静丽. 西方教育选择理论述评[J]. 外国教育研究,2006(12).

[113] 翟国静. 简论河北省高等职业教育专业设置问题与对策[EB/OL]. http://www.lwlm.com/jiaoyulilun/201102/543102.htm

[114] 张振助. 高等教育与区域互动发展研究[D]. 上海:华东师范大学,2011.

[115] 中国社会科学院经济研究所. 现代经济学词典[C]. 南京:凤凰出版社、江苏人民出版社,2005.

[116] 金盛. 涨落中的协同:中高职衔接一体化教育模式研究[D]. 重庆:西南大学,2013.

[117] 中国社会科学院经济研究所,张卓元. 政治经济学大辞典[M]. 北京:经济科学出版社,1998.

[118] 王丹宁. 从共生互动关系看高等职业教育与区域经济的发展——以韩国专门大学为例[D]. 上海:上海师范大学,2011.

[119] 王玲莉. 区域经济视野下高等职业教育专业建设[D]. 长沙:湖南农业大学,2013.

[120] 赵志群. 职业教育与培训新概念[M]. 北京:科学出版社,2004.

## 国外文献

[1] Renate W, Dekker-Groen A M, Biemans H J A, et al. Using an Instrument to Analyze Competence-Based Study Programmes: Experiences of Teachers in Dutch Vocational Education and Training [J]. Journal of Curriculum Studies, 2010,6(42).

[2] Hallinan M T. Vocational Secondary Education, Tracking and Social Stratification[M]. Springer US,2006.

[3] Career Cluster Institute. A Brief History of Career Clusters:Supporting a New Vision for CTE[EB/OL]. http://www.careerclusters.org/index.cfm.2006.

[4] Min W, Tsang M C. Vocational Education and Productivity:a Case Study of the Beijing General Auto Industry Company [J]. Economics of Education Review,1990(9).

[5] Ashton D N, Green F. Education,Training and the Global Economy [M]. Edward Elgar Publishing,1996.

［6］Richard G. Education and Long-run Development in Japan ［J］. Journal of Asian Economics,2010(14).

［7］Bishop J H，Mane F. The Impacts of Career-technical Education on High School Labor Market Success［J］. Economics of Education Review, 2009 (4).

［8］Toner P. The Role of Vocational Education and Training in Attracting Foreign Investment from Multinational Companies［J］. National Centre for Vocational Education Research,2004(4).

［9］Van Meter D S,Van Horn C E. The Policy Implementation Process:A Conceptual Framework［J］. Administration and Society,2005,6.

［10］Vedung E. Public Policy and Program Evaluation［M］. New Brunswick (U. S. A) and London(U. K):Transaction Publishers,2011.

［11］Federal Policy on Research Misconduct［EB/OL］http://www. aps. org/policy/statements/upload/federalpolicy. pdf. 2013-09-25.

# 索 引

## （以拼音为序）

# 后　记

新书付梓出版,感触良多的不仅是因为一项工作的终结或者是结果,更多的是自己在这个过程中的经历与收获。不管怎样,工作多年之后出版一部专著,总是一件让人特别高兴的事情。

新书出版,首先以最诚挚的敬意感谢我的恩师俞启定教授,他以大家的气度、深邃的思维、广阔的视野使我对职业教育有更为深入的认识。新书从编辑到出版倾注了恩师大量的心血和汗水。他国际化的视野、前沿而精髓的学术造诣、严谨勤奋的治学风格,都让我永志不忘,这些宝贵的资源将继续深刻影响着我日后的工作和生活。在此谨向我的恩师俞启定教授致以崇高的敬意和衷心的感谢!

感谢我的师兄浙江师范大学楼世洲教授,他总是适时点拨于困顿之中,并为我提供大量珍贵的学术资料和参考文献,兄长般的关切使我能时刻感受到师门的温暖和力量。新书撰写出版过程中,诸多同门也是竭尽所能给予帮助,在此深表谢意。

新书最初的撰写思路得益于曾经工作过的单位——金华职业技术学院的工作经历,书中很多观点都是我平时工作的所思所感。如果没有在金华职业技术学院工作的宝贵经历,就不可能有本书最初的灵感之源。在此,感谢金华职业技术学院的杜世禄教授对我的提携和点拨,感谢一起共事过的同仁在工作中的包容和鼓励,不仅使我在工作中取得了长足的进步,还给我指明了职业教育的研究方向,让我有幸步入了职业教育广阔的研究领域。

新书得以出版,我还要特别感谢我的家人对我的支持和鼓励,感谢我的父母妻儿对我学习工作的理解和对家庭的默默奉献。是家的温暖给予我战胜一切困难的信心和力量,使我在繁忙的工作中得以顺利完成新书编写。

新书出版是一个契机,我将以此为动力,持续推进自己的职业教育研究,化用左拉的一句话,“职业教育研究的道路一旦选定,就要勇敢地走到底,绝不回头。”

**图书在版编目（CIP）数据**

职业教育专业建设新论 / 黄宏伟著 . —杭州：浙江
大学出版社，2014.10（2015.5 重印）
　ISBN 978-7-308-13680-8

　Ⅰ . ①职… Ⅱ . ①黄… Ⅲ . ①职业教育－专业设置－
研究－中国 Ⅳ . ①G719.2

　中国版本图书馆 CIP 数据核字（2014）第 185398 号

**职业教育专业建设新论**

黄宏伟　著

| | |
|---|---|
| **策划编辑** | 阮海潮（ruanhc@zju.edu.cn） |
| **责任编辑** | 阮海潮 |
| **封面设计** | 杭州林智广告有限公司 |
| **出版发行** | 浙江大学出版社 |
| | （杭州市天目山路 148 号　邮政编码 310007） |
| | （网址：http://www.zjupress.com） |
| **排　　版** | 杭州中大图文设计有限公司 |
| **印　　刷** | 杭州杭新印务有限公司 |
| **开　　本** | 710mm×1000mm　1/16 |
| **印　　张** | 13 |
| **字　　数** | 262 千 |
| **版 印 次** | 2014 年 10 月第 1 版　2015 年 5 月第 2 次印刷 |
| **书　　号** | ISBN 978-7-308-13680-8 |
| **定　　价** | 45.00 元 |